Agathe Nalli-Rutenberg
Das alte Berlin. Kindheit und Jugend im 19. Jahrhundert

SEVERUS Verlag

ISBN: 978-3-95801-553-1
Druck: SEVERUS Verlag, 2016
Satz und Lektorat: Katharina Gutermuth

Nachdruck der Originalausgabe von 1912

Der SEVERUS Verlag ist ein Imprint der Diplomica Verlag GmbH.
Bibliografische Information der Deutschen Nationalbibliothek:
Die Deutsche Nationalbibliothek verzeichnet diese Publikation in der Deutschen Nationalbibliografie; detaillierte bibliografische Daten sind im Internet über http://dnb.d-nb.de abrufbar.

© SEVERUS Verlag, 2016
http://www.severus-verlag.de
Printed in Germany
Alle Rechte vorbehalten.
Der SEVERUS Verlag übernimmt keine juristische Verantwortung oder irgendeine Haftung für evtl. fehlerhafte Angaben und deren Folgen

Agathe Nalli-Rutenberg

Das alte Berlin
Kindheit und Jugend im 19. Jahrhundert

Inhalt

Geleitwort 3

Vorwort zur verbesserten und sehr vermehrten Jubiläums-Ausgabe 5

Einleitung 7

Aus meiner frühesten Kindheit 9

Aus meiner Schulzeit 21

Der Sport im alten Berlin 29

Weihnachten im alten Berlin 37

Nachtwächter und Feuerwehr zu jener Zeit 45

Das Jahr 48 und vorher 47

Originelle Typen im alten Berlin 59

Gartenlokale, Kaffeekochen, Landpartien, Stralauer Fischzug 67

Wintervergnügungen, Theater, Konzerte, Bälle 79

Märkte, Ein- und Verkauf in Alt-Berlin 87

Hauseinrichtung, wirtschaftliche Verhältnisse usw. 95

Skizzen aus dem Leben einer bekannten Berliner Familie 99

Aus der Studenten- und Soldatenzeit meines Bruders Adolf 105

Nachtleben im alten Berlin 115

Von den Sagen- und Spukhäusern Alt-Berlins 145

Sankt Nikolai 171

Zum Abschied 193

Geleitwort

»Mein liebes altes Berlin!«

Das war der ursprüngliche Titel der in neuer Ausgabe zu einem stattlichen Bande unter der Bezeichnung »Das alte Berlin« nunmehr ausgewachsenen Jugenderinnerungen der mit Recht beliebten Verfasserin.

Es gibt nachgerade eine stattliche Anzahl von Büchern, die sich mit der neualterlichen Geschichte und Entwicklung unserer Hauptstadt beschäftigen und dabei gern die eigenen Lebenserinnerungen der Verfasser zu Grunde legen, aber sie sind alle sozusagen »männlichen Geschlechts«. Wie nun unsere schöneren und besseren Hälften in ihrer Jugend gefühlt und empfunden, wie sie im alten Berlin gelacht und geliebt, gedacht und gedichtet, wie sie die kleine Welt des damals, wenn auch haupt- und residenzstädtischem, doch noch so unendlich kleinbürgerlichen Berlins in sich aufgenommen, erfahren und erfasst haben – das alles lässt uns die Verfasserin im richtigen Milieu gleichsam wie in einem weiblichen Kaleidoskop erscheinen.

Ich gehöre derselben Altersklasse an und kann daher als spreewassergetaufter Altberliner alles, was Frau N.-R. uns aus ihren Erlebnissen und Erfahrungen mitteilt, gewiss vollan würdigen, aber es liegt in der weiblichen Auffassung und Darstellung solcher biografischer Einzelheiten und Geschehnisse doch noch etwas Eigenartiges, was uns Männern abgeht und selbstverständlich abgehen muss, und gerade darin finden wir die verdienstvolle Besonderheit und die eigentliche Berechtigung, den interessantesten Reiz des vorliegenden Buches.

Über verschiedene heimatkundliche Ausführungen, namentlich im Kapitel XVI wird man verschiedener Meinung sein, dafür bietet uns wiederum Kapitel XVII eine ansprechende und bequeme Wanderung durch unsere so viel Schönes und Ergreifendes enthaltenden Friedhöfe.

Noch eins zum Schluss: auf den ersten Blick erstaunt und stutzt man, dass die weibliche Feder uns den Abschnitt »Nachtleben im alten Berlin« bringt. Was wird das wohl werden?, fragt man sich, vergisst aber, dass die Frau und die Jungfrau das »Leben im Dunkeln«, wollend oder nicht wollend; unter männlichem Schutz, aber nicht gar selten auch ohne den letzteren, kennen lernt. Die Verfasserin hat hier tiefe Einblicke trotz der Dunkelheit getan, vorsichtig stößt sie nirgends darin an, zieht sich vielmehr geschickt und in launiger Weise aus dem wirren und verwegenen mitternächtigen Treiben ungefährdet heraus. Ebenmäßig und ebenbürtig schließt sich hieran Humor und Witz im alten Berlin, mit vielen scherzhaften Redensarten und Ausdrücken.

Alles in allem ein fesselndes, erheiterndes, belehrendes Werkchen, dem Leserkreis beiderlei Geschlechts bestens empfohlen.

Ernst Friedel

Vorwort zur verbesserten und sehr vermehrten Jubiläums-Ausgabe

Als ich vor fünf Jahren das Büchlein: »Mein liebes altes Berlin« schrieb, ahnte ich nicht, welch eine freundliche, geradezu liebevolle Aufnahme dies kleine Werk in allen Kreisen meiner Vaterstadt und, namentlich auch in der Presse, finden würde!

Ein so großes und so lebhaftes Interesse wurde dem Werkchen von allen Seiten entgegengebracht, dass mich dies mit Staunen, aber auch mit der innigsten Freude erfüllte!

Von Menschen, die ich in meiner frühesten Kindheit gekannt, und die ich seither nicht wiedergesehen hatte, erhielt ich Briefe oder Besuche. Alte Beziehungen aus ferner Jugendzeit, die längst abgebrochen waren, wurden von neuem und dauernd geknüpft – alles durch dies Büchlein! Und mit Recht kann ich daher sagen, dass »Mein liebes altes Berlin«, eigentlich einen Abschnitt in meinem Leben gebildet und mir den Abend meines Daseins gleichsam mit lichtem Sonnenschein gefüllt hat! Aber gar oft wurde mir dann auch gesagt: »Warum hast du dich so kurz gefasst? Warum hast du uns nicht mehr aus dem reichen Schatze deiner Erinnerungen vom alten Berlin erzählt?«

Und so habe ich denn dem Wunsche vieler gewillfahrtet und eine zweite Auflage des alten Berlins vom Stapel gelassen, in welcher auch manches, was in dem ersten Werke vielleicht nicht ganz genau und richtig angegeben, berichtigt und verbessert ist, in der ich auch noch vieles vom Witz und Humor der alten Berliner erzähle, vor allem aber ein besonderes Kapitel den alten Häusern und Bauten gewidmet habe, an welche sich die Sagen der Vorzeit knüpfen – jenen Bauten, die leider immer mehr aus der alten Stadt verschwinden, je größer und moderner sich dieselbe im Laufe der Zeiten gestaltet.

Möge nun dies neue Werk dieselbe Freude bereiten und das gleiche Interesse in allen Berliner Kreisen, wie auch weiter hinaus im deutschen Vaterland, erwecken, wie es das erste Büchlein getan hat – das ist mein inniger Wunsch!

Und mit diesem Segenswunsche im Herzen sende ich das Buch hinaus in die Welt, gleichsam als einen Denkstein für eine liebe, vergangene Zeit, der die Erinnerung leuchtend und wach erhalten möge im flutenden Lebensstrom der großen modernen Stadt an das einstige kleine, stille und doch so liebe »Alt-Berlin«!

Berlin , November 1912.

Einleitung

Jetzt, da die Sonne meines Lebens sich dem Abend zuneigt und ihre goldenen Strahlen auf den Pfad, den ich durchwandert, zurückwirft, drängt es mich dazu, in kurzen Umrissen das aufzuschreiben, was ich auf dieser Lebenswanderung, besonders in den Jahren der Kindheit und ersten Jugendzeit, gesehen und erfahren habe.

Die Erinnerung, von ihrem Strahlenschimmer umglänzt, steht gleichsam neben mir und flüstert mir ins Ohr, was ich niederschreiben soll.

Die bunten Bilder schweben vor dem Auge des Geistes vorüber wie die Träume, die man in den Flammen des spielenden Herdfeuers sieht, wie die Töne, die man am dunkelnden Abend in dem Rauschen des Herbstwindes draußen vernimmt – sie bilden keine Erzählung in systematischer Reihenfolge, sondern sind eher einem wundersamen Kaleidoskop zu vergleichen, das bei der kleinsten Berührung dem Auge eine wechselnde Erscheinung zeigt.

Wir Bejahrten, die wir jetzt auf einen Zeitabschnitt zurückschauen, welcher nach dem Ausspruche Salomos die Dauer eines Lebens umfasst, können wohl sagen, dass wir in dieser Spanne Zeit nicht ein, sondern zwei, drei Existenzen durchlebt haben.

Denn, wenn wir bedenken, wie einfach, wie still und ruhig in unserer Kindheit das Leben des einzelnen dahinfloss, wie langsam und gemessen sich damals die Welt fortbewegte, und welche Riesenschritte vorwärts sie seitdem gemacht hat – so könnten wir glauben, anstatt uns in der Wirklichkeit zu befinden, von einem Trugbild unserer Fantasie gefesselt zu sein!

Seit sechzig Jahren, seitdem das Eisenbahnnetz sich über die Erde gebreitet hat und den Verkehr und die Verbindung zwischen den entferntesten Ländern vermittelt hat – wie ist es da anders geworden auf unserem kleinen

Planeten! Schlag auf Schlag sind neue Erfindungen ins Leben gerufen und in Werktätigkeit gesetzt worden – die Telegrafie, die Elektrizität haben Riesenschritte vorwärts getan und aus der alten eine ganz neue Welt geschaffen.

Einen solchen Riesenschritt vorwärts wie in der neuesten Zeit tat auch einst im Mittelalter die Kultur, als die Buchdruckerkunst, das Pulver erfunden, als Amerika entdeckt worden! Auch da pulsierte plötzlich ein neues Leben durch die Welt, aber dennoch war die Bewegung lange nicht eine so großartige, wie sie unsere Zeit charakterisiert! – –

Und keine Stadt der Welt, oder wenigstens der alten Welt, repräsentiert wohl dies gewaltige Wachsen, diesen ungeheuren Fortschritt der neuen Zeit in so hohem Maße, wie gerade Berlin, des Deutschen Reiches Hauptstadt!

Ja, die alten Berliner, die vor sechzig, siebzig Jahren an den Ufern der Spree das Licht der Welt erblickt haben, können sich wohl fragen, wenn sie jetzt durch die Stadt mit ihrem unglaublichen Verkehr, mit ihrem fast fieberhaft pulsierenden Getriebe wandern – ob denn dies wirklich und wahrhaftig dieselbe einst so stillefriedliche, einfache Stadt sei, in der sie ihre Kindheit; ihre Jugend verbracht haben!

Nach zehn, vielleicht zwanzig Jahren – da wird es auch solche alten Berliner nicht mehr geben, da gehört Berlin allein dann den Neuen, den Jungen, den Zugewanderten, dann wird es ganz vergessen sein, wie es einst hier gewesen – in der großen, ungeheuren Weltstadt hat man ja dann überhaupt nicht mehr Muße dazu, sich in Erinnerungen zu vertiefen und längst verblichene Bilder wieder zu beleben; denn mächtig wirkt auf den einzelnen der ihn umtosende Kampf der *Gegenwart!*

Und gerade deshalb, da es jetzt noch an der Zeit ist, will ich die lieben, alten Erinnerungen von meiner Vaterstadt aufschreiben. Diejenigen, die mit mir einst jung gewesen sind in unserm alten Berlin, werden diese Plaudereien gern hören. Aber auch denjenigen, die nicht am Strande der Spree geboren, die von nah und fern eingewandert sind, wird es von Interesse sein, wenn sie lesen, wie es früher hier gewesen! Und wenn sie dann das Einst mit dem Jetzt vergleichen, werden sie staunen über die Größe des Wechsels, welchen uns die neue und die neueste Zeit gebracht hat!

Berlin, Dezember 1907.

I
Aus meiner frühesten Kindheit

Meine Wiege hat im wahrsten Sinne des Wortes an den Ufern der Spree gestanden; denn ich bin in der Straße: »An der Fischerbrücke«, die sich ganz in der Nähe des Flusses befindet, geboren. Als kleines Kind pflegte ich zu sagen – wenn man mich nach meinem Geburtsorte fragte: »*Auf der Fischerbrücke!*« – zur allgemeinen Heiterkeit der Anwesenden. Der Zugang zur Fischerbrücke war damals, bis zu den fünfziger Jahren, durch einen Schwibbogen vom Mühlendamm aus. Dieser Bogen war so niedrig, dass Wagen, die mit Heu beladen waren und hindurchfuhren, dort festsaßen.

Getauft wurde ich in der Kirche Sankt Nikolai. Eigentlich gehörte die Gemeinde, in der ich geboren war, zur Petrikirche, doch, da diese abgebrannt und noch nicht wieder neu erbaut worden war, so musste die Nikolaikirche für dieselbe eintreten. Da ich das erste Kind meiner Eltern war, so wurde das frohe Ereignis meiner Taufe mit einer solennen Feier begangen. Nur Herren waren zu dem Feste geladen, wie mir meine Mutter später öfter lächelnd erzählte, und es wurde gar viel getoastet und getrunken. Unter den Gästen befanden sich natürlich auch meine Paten: Doktor Adolf Zabel, der spätere Redakteur der Nationalzeitung, der Philosoph Bruno Bauer, Herr Karl Krause, der jüngere Bruder des Kommerzienrats Fr. W. Krause, der das große Wein- und Bankgeschäft in der Leipziger Straße begründet hat, und andere mehr. Diese Herren waren intime Freunde meines Vaters, des Doktors der Philosophie Adolf Rutenberg.

Mein Vater war damals Lehrer der Geografie und Geschichte an der Königlichen Kadettenschule, die sich zu jener Zeit in der Neuen Friedrichstraße befand. Er war ein ausgezeichneter Pädagoge, ein Freund und Verehrer des Direktors Diesterweg und hat uns Kindern in späteren Jahren öfter einige Episoden aus seiner Lehrzeit bei den Kadetten, die mit unbegrenzter Liebe und Hochachtung an ihm hingen, erzählt. Ich erinnere mich sogar, dass er uns zuweilen geistvolle Gedichte vorgelesen hat, die irgendein begabter Schüler spottlustig über Lehrer oder Einrichtung des Instituts gemacht und diese dann vertrauensvoll meinem Vater zur Einsicht und zum Andenken übergeben hatte.

Eine dieser Poesien war ganz besonders amüsant. Sie handelte von einem Lehrer, der sich bei den Kadettenschülern keinen rechten Respekt zu verschaffen wusste, und den sie, seiner langen hageren Gestalt wegen »Stift« genannt hatten. Einmal passierte diesem unglücklichen Herrn Stift etwas sehr Komisches. Während er eifrig damit beschäftigt war, irgend ein Rechenexempel oder eine mathematische Figur mit Kreide auf die große Tafel zu zeichnen, wurde es hinter seinem Rücken unheimlich still und ruhig in der Klasse, die er sonst nie zum Schweigen bringen konnte. Als er sich schließlich verwundert umdrehte, sah er zu seinem Staunen, dass sich auf den Schulbänken auch nicht ein einziger Junge mehr befand. Die Bengel waren alle leise, einer hinter dem andern, zu den Fenstern, die sich zu ebener Erde befanden, hinausgestiegen, und die ganze Klasse war frisch und fröhlich in Luft und Sonnenschein draußen auf dem Hofe versammelt. Ingrimmig lief Herr Stift zu dem Direktor der Anstalt und beklagte sich bei demselben über diese unglaubliche Tat seiner Schüler. Sogleich begleitete der Direktor den armen Lehrer zurück in seine Klasse, um an den frechen Bengels ein Strafexempel zu statuieren. Doch – wie groß war das Erstaunen beider! Da saßen die Jungens alle Mann für Mann gereiht auf den Bänken, ein jeder auf seinem Platze, und blickten still und bescheiden die beiden Eintretenden an!

Meine Eltern waren gleichfalls beide in Berlin geboren; nur meine Großeltern waren eingewandert. Die von Vaters Seite waren aus Mecklenburg gekommen und die mütterlicherseits stammten, glaube ich, aus Österreich.

Mein Vater hatte meine Mutter »durch das Fenster« kennen gelernt. Sie war eine Schlosserstochter und wohnte mit ihren Eltern im eigenen Hause in der Wallstraße, nahe der Splittgerbergasse. Dort saß sie parterre Tag für Tag am Fenster, eifrig mit einer Näherei beschäftigt, was damals das Haupttagewerk einer sittsamen Bürgerstochter ausmachte. Mein Vater, den sein Weg öfter durch diese Straße führte, hatte bald das bildschöne junge Mädchen hinter dem Fensterrahmen bemerkt, und machte nun, um ihr seine Bewunderung zu zeigen, regelrechte »Fensterpromenaden«. Endlich aber, da er mit dieser Verehrung aus der Ferne nicht weiter kam, versuchte er, sich der Familie zu nähern. Zunächst bestellte er sich einen neuen Hausschlüssel in der Werkstatt ihres Vaters, und so war der Weg gefunden, der dann zum Ziele einer glücklichen Ehe führte.

Als ich geboren wurde, lebten meine beiden Großväter nicht mehr, sondern nur die Großmütter. An der Mutter meines Vaters, die zwar eine einfache, doch sehr kluge und energische Frau war, hing ich mit großer

Begeisterung. Sie war, da sie in der ersten Zeit der Ehe meiner Eltern in unserem Hause lebte und sich ungemein viel mit mir beschäftigte, eine wahre Märtyrerin des lebhaften und jedenfalls auch sehr verzogenen Kindes. Während ich auf ihrem Schoße saß, musste sie mir Märchen und Fabeln ohne Ende erzählen. Am meisten aber belustigte es mich, wenn sie mir etwas aus der Franzosenzeit mitteilte; denn sie hatte mit ihrem Manne bereits in Berlin gelebt, als der erste Napoleon siegreich in Preußens Kapitale eingezogen war. Sie hatte – wie sie oft erzählte – mit vielen andern Bürgerfrauen Schanzen geschippt vor den Toren Berlins, um die Stadt vor dem »Erbfeind« zu schützen.

Im Übrigen war dann der Aufenthalt der Franzosen in Berlin oft ganz belustigend gewesen. Bei der Verständigung der Fremden mit ihren Wirten, wo sie einquartiert waren, kam es oft zu komischen Szenen. Ein Leibgericht des Franzmanns war Schoten mit Krebsen, und um dies von der Hausfrau zu erlangen, pflegte er zu sagen: »Koch sie mir das Ding – macht auf, springt raus sieben Perschonen! Und dazu noch das – das – wird rouge in die Kochtopp!«

Das musste sie mir oft erzählen, und wenn ich dann herzlich darüber lachte, pflegte sie stets hinzuzusetzen: »Ja, ja, die Franzosen als Feinde waren uns Berlinern lieber, als die Russen als Freunde.« Von einem Gerichte, das dagegen die Russen sehr gern aßen, sprach öfter meine Mutter. Ihr Vater hatte erzählt, dass die Russen, welche 1813 bei ihm einquartiert waren, gewöhnlich eine Wassersuppe bekamen, welche mit dem Fett von Talglicht-Enden gekocht worden war. Die schwarzen Lichtschnuppen schwammen in der Brühe herum, an gebratenen Speck erinnernd. Gewürzt wurde die Suppe tüchtig mit Salz, dann reichlich Schwarzbrot hineingeschnitten – und das aßen dann die Kerle wie toll! – So wenigstens hatte es der Großvater erzählt.

Für die Königin Luise hegte meine Großmutter eine hohe Verehrung. Sie erzählte mir mit Wonne, wie einst mein Vater – damals ein zweijähriges Knäblein mit wundervollen blonden Locken – in der Krausenstraße, wo meine Großeltern wohnten, auf dem Damme spielte, als die schöne, liebenswürdige Königin gerade vorbeifuhr. Als sie das hübsche Kind erblickte, das in Gefahr schwebte, überfahren zu werden, ließ sie augenblicklich die Equipage halten und den Kleinen zu sich in den Wagen heben, um ihn zu herzen und zu küssen.

Und dann zeigte die Großmutter mir stolz eine schöne blonde Locke, die sie dem Kinde an jenem Tage abgeschnitten hatte, um sie als eine liebe Erinnerung an jenes denkwürdige Ereignis aufzubewahren.

Von der Straße an der Fischerbrücke waren wir nach der Wassergasse gezogen, wo mein Bruder Adolf, der nachmalige Amtsgerichtsrat – der auch nun schon lange im Grabe ruht – geboren wurde. Natürlich habe ich aus jener Zeit noch keine persönlichen Erinnerungen; was ich aus derselben weiß, stammt nur vom Hörensagen. Erst als wir später in der Kronenstraße wohnten – ich zählte damals drei Jahre – entsinne ich mich deutlich eines Weihnachtsabends. Noch sehe ich die Stube vor mir im flimmernden Glanze des Weihnachtsbaumes und unter ihm das große Reitpferd, das ich als Geschenk erhielt und das man zu meinem Entzücken auf seinen Rädern quer durch das Zimmer rollen ließ. Aber besonders steht jener Abend deshalb so hell in meinem Gedächtnis, weil mein lieber Vater von uns Abschied nahm; denn in derselben Nacht reiste er fort von uns. Er fuhr nach Köln am Rhein – damals noch mit der Post – wo er die Redaktion der »Rheinischen Zeitung« übernehmen sollte.

Er hatte nämlich seinen Beruf als Lehrer aufgegeben und sich der politisch-literarischen Laufbahn zugewandt. Damals ein sehr undankbares Geschäft; denn ich entsinne mich noch sehr gut – freilich aus etwas späteren Jahren – wie bitter er sich oft darüber beklagte, dass ihm der Zensor die besten Stellen aus seinen Korrespondenzen, die er für freisinnige Zeitungen schrieb, gnadenlos fortgestrichen hatte, wodurch natürlich auch das Honorar, welches er für seine Arbeiten erhielt, bedeutend geschmälert wurde.

Ein Jahr nur blieb mein Vater in Köln, denn dann wurde die Zeitung ihrer zu freien Richtung wegen verboten.

Während der Abwesenheit meines Vaters war meine Mutter mit ihren drei Kindern (unsere Familie war in der Kronenstraße noch durch ein Schwesterchen vermehrt worden), aus der Stadt hinaus vor das Anhaltstor gezogen, und von da an kann ich eigentlich erst von wirklichen persönlichen Erinnerungen reden. Es war dies im Jahre 42; ich zählte vier Jahre. Unser Mutterchen wollte dem Vater gern ihr Bild mit dem der Kinder in die Ferne schicken. Fotografien existierten damals noch nicht; aber Lichtbilder, von dem Franzosen Daguerre erfunden und nach ihm Daguerrotypen genannt, wurden schon in Berlin angefertigt. Und lebhaft entsinne ich mich noch heute, wie mein Bruder und ich uns eines Tages mit der Mutter auf dem flachen Dache eines hohen Hauses befanden, auf welchem wir drei gelichtbildert werden sollten.

Während der Künstler damit beschäftigt war, den Apparat zur Aufnahme fertigzustellen, mussten wir zwei Kleinen unaufhörlich gewarnt werden, bei unserem Umherschweifen auf dem Dache nicht zu nah an den Rand desselben zu kommen, um nicht hinunter in die Tiefe zu stürzen. Diese ganze Prozedur hat wohl einen tiefen Eindruck auf mich gemacht, da ich mich heute ihrer noch so lebhaft erinnere.

Das Bild – meine hübsche junge Mutter in sitzender Stellung, in jedem Arme eins ihrer Kinder – war denn auch ein recht gelungenes und wurde später gleich einem Kleinod in unserer Familie lieb und wert gehalten.

Wir waren in das Haus meines Onkels, des Bruders meiner Mutter, des Schlossermeisters Spiller, gezogen. Er hatte dieses Haus, das eben erst vollendet war, selbst erbauen lassen, und da es sich außerhalb der Stadt vor dem Tore befand, so kam es uns vor, als wären wir weit fort von Berlin, direkt aufs Land gezogen!

Die Stadt war damals noch mit einer Mauer umgeben und fast vor allen Toren befanden sich unmittelbar daranstoßend Wiesen und Felder. So war es natürlich auch vor dem Anhaltstore.

Die Tore Berlins waren im allgemeinen sehr einfach gehalten; sie bestanden meist nur aus einem eisernen Gitter. Eines der schönsten – das Brandenburger Tor ausgenommen – aber war das Rosentaler Tor in seiner architektonischen Ausführung. Es hatte drei Portale, in der Mitte ein größeres für Fuhrwerke und Reiter bestimmt; von jeder Seite dann ein kleineres für Fußgänger. An eines derselben anschließend befand sich ein kleines Gebäude, welches die Steuerbehörde inne hatte (wie dies bei allen Toren Berlins der Fall war), und an dem zweiten war die mit Soldaten besetzte Wache angebracht.

Für die Berliner Jugend war es immer ein Gaudium, wenn die Bauernswagen, besonders die, welche mit Heu beladen waren, nach etwas Steuerbarem untersucht wurden. Dann fuhren die Steuerbeamten mit zwei Meter langen Eisenstangen, die unten geschlitzt waren, in das Heu hinein. Und wehe dem Bauern, wenn etwa ein Sack mit Mehl unter dem Heu versteckt lag! Denn dann musste die ganze Ladung abgetragen werden, zum Ergötzen der Berliner Rangen, die ungestraft auf dem Heu herumtollten!

Auch war es damals Sitte, dass, wenn aus der Stadt beim Rosentaler Tor eine Leiche nach dem Sophien-Kirchhof in der Bergstraße befördert wurde, die Wache hervortreten und das Gewehr präsentieren musste, während die Trommel dazu wirbelte – als Ehrenbezeugung für den Toten.

Meines Onkels Hans in der Schöneberger Straße Nr. 19 (jetzt Nr. 33) war eines der ersten in jenem neuen Viertel vor dem Tore, das dann in späteren Jahren immer mehr bebaut wurde und zu dem sogenannten Geheimratsviertel heranwuchs. Auf einem Postamente über der Tür seines Hauses hatte mein Onkel, der, wie schon erwähnt, eine große Schlosserei besaß, den Sankt Petrus mit dem Himmelsschlüssel in der Hand anbringen lassen, der auch heute noch dort seine Stelle behauptet*.

---

* Dies war früher das bekannteste Kleidergeschäft Berlins. Es befand sich in der Jägerstraße.

Früher, in noch weit älteren Zeiten, als die, von denen ich rede, gab es viele solcher Häuser mit eigenartigen Abzeichen in Berlin, an die sich dann auch Mären und Sagen knüpften, so z.B. das Haus mit dem Neidkopf in der Heiligengeiststraße, das mit der Rippe am Molkenmarkt, das mit den drei Blutflecken, welches sich einst in der Lindenstraße befand u.a.m..

Als sich das Geheimratsviertel vor dem Anhaltstore vergrößerte, brauchte es natürlich auch eine Apotheke, da man die Medizin nicht immer erst aus der Stadt holen mochte. Die erste Apotheke draußen bei uns war die »Phemelsche« in der Bernburger Straße Nr. 3. – Ich mochte sieben oder acht Jahre zählen, als sie eröffnet wurde. Es war eines Sonntagmorgens, als meine Tante Spiller mir feierlich einen Groschen reichte, indem sie sagte: »So, jetzt jeh' un hole for'n Jroschen Keenigsreicherpulver! Als Handjeld for Herrn Phemel. Du bist'n kleenet Mejen un wirst ihn Jlick bringen!«

Die erste Kirche, die im Geheimratsviertel gebaut wurde, war die Lukaskirche neben dem Apothekerhause. Die Berliner nannten sie die »Wurschtkirche«, weil Herr Schlächtermeister Niquet, der ein Geschäft in der Bernburger Straße besaß, viel Geld zum Baue beigesteuert hatte.

Das Spillersche Haus ist dann später auch die Wiege des Telegrafenwesens geworden; denn das ganze Hintergebäude, welches nach der Bahnhofstraße hinausführt, die damals zur Zeit des alten Bahnhofs doppelt so breit war, als sie heute ist, war vom untersten bis obersten Stockwerk an Herrn Halske vermietet, der dort seine Erfindungen auf dem Gebiete der Telegrafie praktisch ausarbeitete.

Zu der Zeit jedoch, als wir im Hause wohnten, war vom Telegrafen noch keine Rede; denn kaum hatte man ja erst mit dem Bau der Eisenbahnen begonnen. Die Anhalter und Potsdamer Bahn waren die ersten, welche von Berlin aus angelegt wurden. Der Anhalter Bahnhof, der sich ganz in der Nähe unseres Hauses befand, war noch sehr primitiv.

Wir Kinder – unsere Familie war im Laufe der Jahre auf fünf Geschwister herangewachsen – spielten täglich ganz unbehelligt auf dem weiten Hofe des kleinen Bahnhofsgebäudes und tummelten uns in den Warenschuppen und auf den Rollwagen umher, auf denen die Güter fortgeschafft wurden. Überhaupt waren wir fast immer »draußen«. Jede freie Stunde, die wir nicht in der Schule verbrachten, oder mit Schularbeiten beschäftigt waren, verlebten wir in Luft und Sonne.

Dabei waren wir immer, selbst im Winter, nur leicht gekleidet; denn unser Arzt, der spätere Geheime Sanitätsrat, damals Doktor Heinrich Simonson, ein Studienfreund meines Vaters, huldigte bereits der neueren Erziehungsmethode. Er war durchaus für Leibesübung und für Abhärtung der Kinder – nur keine Verpimpelung.

Beiläufig will ich hier ein paar Worte über die Stellung des Arztes in jener Zeit einschalten, weil ich später wohl nicht mehr Gelegenheit dazu finde. Jede gute Familie hatte ihren Hausarzt, der für ein sehr mäßiges Honorar jährlich, von Zeit zu Zeit – ungerufen – seine Visite machte, um sich nach dem Gesundheitszustande der Familie zu erkundigen.

Der Arzt war gleichsam der Hausfreund, mit dem man vieles besprach, was zu den Interessen der Familie gehörte, und auf dessen Rat man Wichtigkeit legte.

Ich hatte schon als junges Ding eine hohe Meinung von unserm Arzte und setzte ein unbedingtes Vertrauen in seine Kunst. Dies beweist folgendes kleine Ereignis: Einer meiner Spielgefährten, ein Knabe von vielleicht sechs oder sieben Jahren, war gestorben – ich glaube, am Typhus – und ich ging zu seinen Eltern, die im Nachbarhaus wohnten, um mir die kleine Leiche anzusehen – die erste, die ich in meinem kurzen Leben sah!

Stumm blickte ich lange auf das, unter weißen Rosen gebettete, blasse Kind, dann sagte ich plötzlich sehr ernsthaft und bestimmt zu der weinenden Mutter: »Ja, wenn Sie unsern Doktor Simonson geholt hätten, dann wäre der kleine Karl nicht gestorben!«

Ein höchst beliebter und populärer Arzt in Berlin war – doch vor meiner Zeit – der alte Doktor Heim. Scherzend erzählte man von ihm, dass er, um seine große Praxis zu bewältigen, nicht fuhr, sondern durch die Straßen ritt und vor dem Hause seiner Klienten haltend, dieselben bitten ließ, aus dem Fenster zu gucken und die Zunge herauszustrecken, damit er sich von ihrem Gesundheitszustande überzeugen konnte.

Ich fahre in meiner Erzählung fort.

Vor dem Anhaltstore zogen sich, wie ich schon sagte, weite Wiesenflächen und Felder hin; außer meines Onkels Hause standen nur noch wenige Gebäude in der Schöneberger Straße; man lebte dort vollständig wie auf dem Lande. Die Leute kannten sich alle untereinander. Die Hauswirte unterhielten gegenseitige Freundschaft und besuchten sich oder fanden sich abends bei einem Glase Bier in einem kleinen Restaurant am Bahnhof zusammen.

Auf den Wiesen wuchsen im Sommer Blumen in Hülle und Fülle. Wir sammelten die gelben Butterblumen, die kleinen Sonnen glichen, die weißen Gänseblümchen und die zarten Wiesennelken und flochten uns Kränze. Täglich hatten wir frische Kränze im Haar von selbst gepflückten Blumen. Welch idyllisches Leben! Als ich in späteren Jahren – ich war noch ein junges, eben erwachsenes Mädchen – einmal durch eine der Straßen in der Nähe des Anhaltstores ging, und dort in einer verlorenen Ecke ein Stückchen Rasen erblickte, aus dem ein paar Butterblumen hervorguckten, fiel mir jene Kindheitsidylle ein und diese gleichsam wehmütige Erinnerung gestaltete sich zu einem Gedichtchen:

> Kleine Blume dort am Wege,
> Mahnst mich an die ferne Zeit,
> Wo mich noch so sehr ergötzte
> Dein goldgelbes Strahlenkleid!
>
> Wo ich dich so gerne pflückte
> Und zu einem Kranze wand,
> Wo den Schmetterling ich jagte,
> Den ich auf der Blüte fand.
>
> Jetzt geh ich an dir vorüber,
> Und es sieht mein Blick dich kaum,
> Deiner Blätter goldner Schimmer
> Grüßt mich wie ein ferner Traum.
>
> Kleine Blume dort am Wege,
> O, wie schön war jene Zeit,
> Da mich noch so sehr ergötzte
> Dein goldgelbes Strahlenkleid!

An heiteren Tagen im Sommer wurden draußen auf den Wiesen die Betten gesonnt. Das war für uns Kinder dann immer ein besonderes Fest; denn dann tummelten wir uns in der Nähe der Betten fröhlich umher und suchten uns, wenn wir müde waren, ein weiches Plätzchen auf denselben zum Ausruhen. Vor Untergang der Sonne wurden sie dann hereingeholt und waren doppelt so hoch wie vorher und ganz warm und duftig von Luft und Sonne.

Vom Anhaltstore bis zum Halleschen Tore zog sich an der Mauer entlang die Hirschelstraße hin. Dort befanden sich weite große Gärten, die verschiedenen Besitzern gehörten. Einer der größten und schönsten war der Schmidtdsche Garten. In diesem kaufte man wundervolle Blumensträuße, die immer erst frisch geschnitten wurden, wenn man kam, sie zu bestellen, und ebenso herrliches, frisch gepflücktes Obst – für wenig Geld.

Überhaupt war Berlin damals eigentlich eine Gartenstadt. Fast hinter jedem Hause befand sich, im Anschluss an den großen freundlichen Hof, ein hübscher Garten, oft auch mit Lauben für die Hausbewohner, die dort ihren Nachmittagskaffee einzunehmen pflegten. Besonders weit ausgedehnt waren diese Gärten in der Friedrichstraße, in dem Teil, der von der Kochstraße bis zum Halleschen Tore führt. Diese Gärten reichten meist bis an die Hinterhäuser der Wilhelmstraße.

In dem Hause Friedrichstraße 235 wohnte in den vierziger Jahren der Dichter Adalbert Chamisso. Der Garten sowie das Gartenhaus, in welchem er viele seiner herrlichen Dichtungen schuf, existiert noch jetzt. Mit Vergnügen erinnere ich mich noch heute besonders an einen dieser großen, wunderbar schönen Gärten. Er gehörte zu einem stattlichen Hause in der Friedrichstraße, dessen Besitzer ein Freiherr von Maltzahn war. Mein Vater war Lehrer in der Maltzahnschen Familie gewesen und mit dieser auch später noch in freundschaftlicher Verbindung geblieben.

Seine frühere Schülerin, die junge, schöne Baronin Luise von Maltzahn, liebte uns Kinder sehr und lud uns öfter zu sich ein. Sie spielte mit uns und machte uns hübsche Geschenke; aber eine besondere Freude war es stets, wenn wir uns draußen in dem weiten Garten tummeln und so viel süße Stachel- und Johannisbeeren pflücken durften, als es uns gefiel. Zu jener Zeit, als wir hinaus vor das Anhaltstor zogen, existierte der heutige Kanal, der sich rings um Berlin zieht, noch nicht. Derselbe wurde erst nach dem Jahre 1848 angelegt, da König Friedrich Wilhelm IV. die Leute aus dem Volke, denen es an Arbeit fehlte, beschäftigen und ihnen Broterwerb geben wollte. Statt des Kanals lief damals der sogenannte Schafgraben durch Wiesen und Fluren dahin. Ich erinnere mich noch ganz deutlich dieses idyllischen Grabens, der von hohen schattigen Bäumen umgeben war. In der Nähe des heutigen Hafenplatzes hatte man in jenem Gewässer ein kleines Bad für den Sommer eingerichtet, das freilich äußerst primitiv und nur von einem Bretterzaun umgeben war. Es hieß »Zum blauen Himmel«. Warum, weiß ich nicht mehr. Vielleicht, weil der Zaun blau angestrichen war oder weil man unter dem offenen Himmelszelt zu baden pflegte. In den Brettern des Zaunes waren verschiedene Astlöcher und durch diese schauten, wenn die schönen Damen der Nachbarschaft im Bade waren, die Männer jener reizenden Frauen gar eifrig hindurch. Sie entschuldigten sich untereinander damit, dass ja ein jeder nur nach seiner eigenen liebenswürdigen Ehehälfte blicke.

Kinder passen und merken auf alles, oft weit mehr, als die Erwachsenen es glauben, und so habe auch ich damals, so klein ich noch war, öfter jene Bemerkung aufgeschnappt und diese für etwas ganz Selbstverständliches gehalten. –

Der Anhalter Platz war nicht gepflastert. Wenn es regnete, standen große Pfützen auf ihm, durch die man mühsam waten musste, wenn man nach der Anhalter Straße gehen wollte. Abends war dann der Platz sehr dunkel;

er wurde nur durch eine einzige, trüb brennende Laterne, die in der Mitte desselben stand erhellt. Diese elende Beleuchtung dauerte viele Jahre hindurch, so dass mein Vater sich schließlich an die Stadtverwaltung mit der Bitte wandte, dem weiten Platz doch etwas mehr Licht zukommen zu lassen, da man ja allabendlich in Gefahr schwebte, sich dort Arme und Beine zu brechen.

Am Tage wurden sehr oft ganze Herden von Rindern, die von außerhalb mit der Bahn angekommen waren, über den Platz getrieben, um dann durch die Stadt zu den respektiven Schlächterläden befördert zu werden, wohin sie verkauft worden waren. Jeder Schlächter schlachtete für sich und hatte hinten auf dem Hofe sein Schlachthaus. Wir Kinder hatten stets eine große Furcht vor den Rindern; denn diese waren von der langen Bahnfahrt scheu und wild geworden und wollten sich, wenn sie draußen auf dem weiten Platz angelangt waren, nicht durch das Tor treiben lassen. Sie rissen oft ihren Treibern aus und rasten dann durch die angrenzenden Straßen.

Mit Schrecken denke ich noch daran, wie eine dieser wildgewordenen Kühe mich verfolgte! Wehe mir, wenn ich nicht so geübt im Laufen gewesen wäre! Ich floh durch die Schöneberger Straße, das Tier immer hinter mir drein. Ich rettete mich in das Haus meines Onkels, die Kuh stürzte mir nach durch die weit offene Haustür bis über den Hof. Und ich war erst in Sicherheit und aus der Gefahr des Aufgespießtwerdens heraus, als ich mich auf die Treppe meiner Tante geflüchtet hatte.

In dem neuen Viertel vor dem Anhaltstore entstanden bald hübsche, kleine Bier- und Kaffeegärten, in denen man im Sommer abends unter den grünen Bäumen sein Glas Bier trinken und mit den Nachbarn, die sich auch dort einfanden, über die Ereignisse des Tages plaudern konnte. Mein Vater, der den Tag über eifrig in seiner Studierstube gearbeitet hatte, ging des Abends gern mit meiner Mutter in einen dieser Gärten, sich hier der Abendkühle zu erfreuen. Und da im Sommer die Tage lang sind und wir Kinder nicht so zeitig zu Bett geschickt wurden, so durften wir in der Regel die Eltern bei diesem Ausgang begleiten. Da kam es denn einmal vor, dass mein Vater, der gerade zu bequem war, sich erst noch am Abend umzukleiden, ganz einfach in seinem Hausanzuge ausging, das heißt: angetan mit seinem langen blumigen Schlafrock, den er immer im Hause trug und den roten Saffian-Stiefeln, dabei die lange Pfeife im Munde, die ihn nie verließ, bis er sich nachts zur Ruhe legte. Das kleine Ende bis zum Garten, meinte er, könne man ja wohl auch im Schlafrock zurücklegen; die Freunde und Nachbarn würden sicher nichts dagegen haben.

Das konnte man damals tun – in *Berlin*! Im Getriebe der heutigen Millionenstadt, da kommt es einem vor, als hätte man diese Idylle nur geträumt!

Diese hübschen Sommerabende verlebten wir jedoch erst, nachdem mein Vater aus Köln zu uns zurückgekehrt war. Wie ich schon erwähnt, währte seine Abwesenheit gerade ein Jahr. Im Winter war er von uns gegangen am Weihnachtsabend, und den Winter darauf kehrte er zu uns zurück.

Ganz unerwartet trat er eines Abends um die Dunkelstunde zu uns ins Zimmer, in seinen langen, mit Schnee bedeckten Mantel gehüllt – denn draußen wirbelte ein Schneegestöber – die warme Pelzmütze auf dem Kopfe.

Wir Kinder erkannten ihn im ersten Augenblicke nicht, denn er trug einen dichten Bart, den er bei seinem Fortgehen nicht gehabt hatte. Mein Brüderchen, das ein sehr nervöses Kind war, flüchtete vor dem fremden Manne in einen Versteck. Und als die Mutter ihn aus demselben hervorholte und ihn fragte, weshalb er denn davonliefe, erwiderte er schluchzend: »Ich jräme mir so!« Er meinte wohl: »Ich fürchte mich sehr!«

Der Bart meines Vaters, der etwas ins Rötliche spielte, musste denn bald dem Barbier zum Opfer fallen. Solche Demagogenbärte waren damals nicht erlaubt. Damals war gar manches verboten, auch das Rauchen der Herren auf der Straße. Warum dies letztere nicht gestattet wurde, ist mir nie recht klar gewesen. Aus hygienischen Gründen? Damit die Luft nicht verunreinigt wurde? – Kaum! Heute ist man darin weniger sorgsam. – Tausende von Autos verpesten jetzt mit ihrem üblen Benzingeruch und der Rauchwolke, die sie hinter sich lassen, das bisschen Luft, was dem Bewohner der Großstadt überhaupt noch zur Verfügung steht und kein Schusterjunge ruft, wie es dazumal öfters geschah: »Hier, Herr Schutzmann (damals Gendarm), da roocht eener!« – Der Junge meinte aber gar nicht einen rauchenden Herrn, sondern *ganz was anderes!* Die alten Berliner werden es wohl noch wissen!

II

Aus meiner Schulzeit

Der erste Schultag. Welch ein Ereignis im Leben eines Kindes! Ich war noch nicht sechs Jahr alt, als ich eines Morgens, ein kleines Körbchen, das mein Frühstück enthielt, am Arm, in Begleitung meines lieben Vaters, meinen ersten Weg zur Schule antrat.

Wir wohnten damals noch immer in der Schöneberger Straße, doch nicht mehr im Hause meines Onkels, sondern am Anhaltsplatze, im Eckhause, das dem bekannten Maler, Herrn Professor Remy, gehörte. Und die Schule, die ich besuchte, befand sich in der Kochstraße, nahe der Friedrichstraße. Es war die Königliche Elisabeth-Schule.

Die Schulverhältnisse Berlins waren damals ziemlich verschieden von denen heutzutage. Für die Mädchen gab es meist nur Privatschulen, und zwar höhere und mittlere Töchterschulen. Außerdem existierten noch die sogenannten Volksschulen, die zusammen von Knaben und Mädchen der niederen Stände besucht wurden, und die auch unter privater Leitung standen. Kommunalschulen, wie sie heute in so großer Menge von der Stadtverwaltung in Berlin errichtet sind, mit unentgeltlichem Unterricht, gab es damals nicht. Auch das ärmste Kind musste sein Schulgeld entrichten.

Die Elisabethschule nun war keine Privatanstalt. Sie stand unter dem Protektorat der Königin Elisabeth, der Gemahlin Friedrich Wilhelms IV. und hing zusammen mit der Königlichen Realschule, deren Haus dicht an das der Elisabethschule grenzte und auch mit dem Königlichen Friedrich-Wilhelms-Gymnasium, das sich schräg gegenüber an der Ecke der Koch- und Friedrichstraße befand.

Ganz früher, das heißt in der Mitte des achtzehnten Jahrhunderts, befand sich »die Töchterschule der Realschule« wie damals die Elisabethschule genannt wurde, in dem gleichen Gebäude, mit der Realschule und niemand hatte etwas dagegen einzuwenden. Erst Direktor Spillete bestrebte sich, dies Zusammenleben der beiden Schulen aufzuheben, was ihm in der Folge auch gelang.

Der Begründer dieser drei Anstalten auf der Friedrichstadt war Johann Julius Hecken einer der eifrigsten und begabtesten Schüler August Hermann Frankes. Er fand, als er von Friedrich Wilhelm I. im Jahre 1738 als Prediger an die Dreifaltigkeitskirche in Berlin berufen wurde, den Jugendunterricht an den Schulen in jener Parochie in einem wahrhaft trostlosen Zustande. Ein unvermögender, betagter Einwohner, eine alte Frau und ein Unteroffizier vom Garnisonregiment, das waren die Schulhalter, in deren dürftigen Heimstätten sich einige Kinder beiderlei Geschlechts ziemlich unregelmäßig versammelten, um in den allerersten Grundlagen des Wissens unterwiesen zu werden.

Mit unendlicher Mühe und Ausdauer gelang es Hecker, aus diesen dürftigen Anstalten bessere Parochialschulen zu schaffen und diese schließlich in das Haus in der Kochstraße Nr. 66 überzusiedeln, das ihnen anfänglich nur zur Miete überlassen wurde, doch endlich am 29. März 1747 in ihren festen Besitz überging. So entstanden also damals die Realschule und die damit verbundene Töchterschule.

Später, wie schon erwähnt, gelang es den Bemühungen des Direktors Spilleke, die beiden Anstalten voneinander zu trennen, und im Jahre 1827 zog die Töchterschule in ihr neues Heim, nämlich in das Haus der von Kolmschen Erben, Kochstraße 65, also der Realschule benachbart, das für 24 000 Taler gekauft worden war. Die feierliche Einweihung fand am 20. August, vormittags, statt und am 28. September erfolgte die Gewährung der Bitte, welche Spilleke der Kronprinzessin Elisabeth vorgelegt hatte, das Protektorat der Mädchenschule zu übernehmen, und von da an führte die Anstalt den Namen: Königliche Elisabethschule.

Zu der Zeit, da ich in die Schule trat, hatten die drei Anstalten, also das Friedrich-Wilhelms-Gymnasium mitgerechnet, als gemeinsamen Leiter den Direktor Ranke, der in einem Hause der Elisabethschule gegenüber in der ersten Etage wohnte.

Es war ein einstöckiges Haus, wie ja überhaupt die meisten älteren Häuser Berlins nur ein-, höchstens zweistöckig waren. Die Parterrewohnung hatte der bekannte Prediger Deibel, ein Schüler Schleiermachers, inne, welcher erster Prediger an der Jerusalemskirche war. Das Haus des Direktors hatte einen weiten, lustigen Hof, mit Bäumen bestanden, wo die Schülerinnen der ersten Klasse, die stets zum Geburtstag des Direktors, der in den schönen Monat Mai fiel, eingeladen wurden, sich mit kindlichen Spielen, wie Fanchon-Zeck, der Plumpsack geht rum u.dgl. mehr zu vergnügen pflegten. Die Elisabethschule hatte außer dem Direktor Ranke noch einen speziellen Direktor für sich allein, den Professor Müller, der ein schon bejahrter Herr war. Ein Sohn desselben war als zweiter Prediger an der Jerusalemskirche angestellt. Die Schule bestand aus elf Klassen, von denen die acht unteren einen halbjährigen Kursus hatten, während der der drei ersten ein Jahr lang währte. Der Lehrer, von dem ich in der untersten Klasse – sie hieß damals sieben B – den ersten Unterricht empfing, war Fritz Wetzel aus der berühmten Lehrerfamilie der Wetzels. Einer seiner Brüder, Eduard Wetzel, war der vorzüglichste Lehrer der Geografie und der deutschen Sprache, den ich je kennen gelernt. Er unterrichtete im Lehrerinnenseminar der Königlichen Töchterschule in der Schützenstraße Nr. 8, der heutigen Königl. Augustaschule in der Kleinbeerenstraße, die damals unter der Leitung des Schulrats Bormann, dann unter der des Direktor Merget stand, in der ich zwölf Jahre später, als ich noch nicht ganz achtzehn Jahre alt war, das Examen als Lehrerin machte.

Als ich bei Herrn Fritz Wetzel meinen ersten Lesestudien oblag, war der Unterricht schon in eine neue Ära getreten. Das alte ABC-System des Buchstabierens war abgeschafft worden, und man hatte die Lautier-Methode eingeführt, nach der die Kleinen fabelhaft schnell lesen lernten. Ein neuer frischer Geist wehte durch das früher starre und beschränkte Schulwesen, der Geist Pestalozzis und Diesterwegs. Es wurde nicht mehr mechanisch auswendig gelernt und das Gelernte dann verständnislos hergeplappert, sondern es wurde der sogenannte Anschauungsunterricht erteilt. Das Kind sollte selbst sehen, begreifen, urteilen und dann das Begriffene selbständig wiedergeben. Ich erinnere mich mit Vergnügen noch des ersten Anschauungsunterrichtes, den uns Fräulein Grunack erteilte; es wurden zu demselben die Wilkeschen Bildertafeln benutzt, die lange in den Schulen heimisch geblieben sind, und die das Leben im Hause, im Felde, Garten und Walde anschaulich darstellten und dem Kinde einen weiten Horizont eröffneten, der ihm im praktischen Leben einst nützlich werden musste.

Einen ganz ausgezeichneten Unterricht im Schönschreiben erteilte uns Herr Laquiante, der selbst eine so wunderbar schöne Handschrift schrieb, wie ich sie selten wieder gesehen habe. Beiläufig will ich hier noch bemerken, dass man, als ich schreiben lernte, sich nicht der Stahlfeder bediente. Dieselben existierten noch nicht. Man schrieb allgemein mit Gänsefederposen, die in den unteren Schulklassen häufig vom Lehrer selbst für die Kleinen zugeschnitten wurden. Für mich speziell besorgte dies gewöhnlich mein lieber Vater schon zu Hause.

Welch eine glückliche Zeit, diese Schulzeit! Wieviel liebe, freundliche Erinnerungen knüpfen sich an sie! Zehn Jahre hindurch besuchte ich die Elisabethschule, zehn frohe Kinderjahre! Viermal wurde am Tage der Schulweg zurückgelegt, außer am Mittwoch und Sonnabend, wo am Nachmittage kein Unterricht war.

Ein Fest für uns Kinder war es stets, wenn unsere Gönnerin, die Königin Elisabeth kam, der Schule einen Besuch zu machen. Sie kam immer, ohne vorher angekündigt zu sein, ein oder zweimal im Jahre. Wenn wir unten im Hausflur das Gerassel eines Wagens vernahmen, dann ging es wie ein elektrischer Schlag durch das Herz der Kinder, und eins flüsterte dem andern zu: »Die Königin kommt!«

Madame Schlathau, angetan mit einer eleganten Mantille, die für den Fall eines Besuches Ihrer Majestät stets bereit lag und von den Kindern deshalb »die Königsmantille« genannt wurde, machte die Honneurs. Die Königin ging durch alle Klassen, in Begleitung ihrer Hofdame, überall für einige Zeit mit Interesse dem Unterricht zuhörend, hier und da mit einem Kinde freundlich und herzlich sprechend, es vielleicht auch wegen seines Eifers huldreich lobend.

Zu Weihnachten und oft auch zu Ostern wurden Geschenke, die die Königin der Anstalt geschickt hatte, an fleißige Schülerinnen verteilt. Sie bestanden in Büchern, Zeichnungen u.dgl. mehr.

Eine ganz besondere Freude aber erwartete die Kinder der Elisabethschule, als am 10. Mai 1847 das hundertjährige Bestehen der Schule gefeiert wurde. Ich war kaum acht Jahr damals alt, aber noch erinnere ich mich wie heute des herrlichen Festes, das von einem wolkenlosen Frühlingshimmel und lichtem Sonnenschein begleitet wurde! Als ich dann im Jahre 1897 auch an der hundertundfünfzigjährigen Jubelfeier der Anstalt teilnahm, welche im Saale des Arnimschen Hotels »Unter den Linden« stattfand, kam ich in einem Toaste, den ich darbrachte, auf jenen wundervoll schönen, längst entschwundenen Tag vor fünfzig Jahren zurück.

>»Heut sind die weiten Räume gar festlich all' geschmückt
An langen Tafeln sitzen die Kleinen hochbeglückt!
Was solch ein Kinderherzchen sich nur ersehnen mag,
Das wird ihm heut gespendet am hohen Festestag!
Kaffee und Schokolade und süßer Sahnenschaum,
Dazu dann Kuchen, Brezeln – es scheint ein Märchentraum.
Frau Schlathau, schön geschmücket, hält an den Tischen Wacht,
Sie sorgt für alle freundlich, dass jedes wird bedacht.
Und als das Mahl beendet, hebt Scherz und Kurzweil an,
Da wird getanzt im Saale, so gut ein jedes kann.
Und unten auf den Höfen, wo's schattig ist und kühl,
Da tummeln sich die Kleinen im frohen Lauf und Spiel.
Da spielt man Katz' und Mäuschen und Plumpsack geht umher,
Abklatschen, Ringlein stechen und was des Schönen mehr!

Herr Wetzel, Gries', Laquiante, Herr Palm sind all' dabei,
Die Fräuleins Grunack, Heinicke, sie spielen frisch und frei.
So geht in Glück und Wonne zu rasch der Tag dahin
Und heimwärts kehrt ein jedes mit dankbar frohem Sinn. – «
usw.

Die höheren Klassen nahmen jedoch nicht an dieser Feier teil; sie waren speziell von Ihrer Majestät nach Potsdam eingeladen worden, um dort im königlichen Schlosse auf das Reichste und Beste bewirtet zu werden. Indessen schienen die Schülerinnen nicht zufriedengestellt zu sein; denn sie erzählten uns neugierigen Kleinen bei ihrer Rückkehr, dass die Lakeien, welche all die Delikatessen herumreichen sollten, dieselben einfach auf die Tafel gestellt hätten, so dass die jungen Mädchen, die in ihrer Schüchternheit nicht wagten, tapfer zuzugreifen, zu ihrem Leidwesen sehen mussten, wie all die leckeren Sachen – ungegessen – vor ihren sichtlichen Augen wieder davongetragen wurden! – Da hatten wir es im Schulhause doch besser gehabt! –

Besonders wunderbar anheimelnd ist mir in der Erinnerung die Zeit vor Weihnachten. Da wurde eifrig gesammelt für die Armen, an Wäsche, Kleidern, Büchern, Spielzeug – denn schon einige Tage vor dem Feste fand eine große Christbescherung für arme Kinder im Schulsaale statt. Der Konditor Schilling an der Koch- und Friedrichstraßen-Ecke schickte für diesen Abend auch immer mächtige Körbe voll Weihnachtsstollen, die dann den Kleinen zu ihren übrigen Geschenken mit aufgebaut wurden.

Um diese Zeit vor dem Feste wurde uns Schülerinnen auch erlaubt, an den Nachmittagen noch eine Stunde nach dem Unterrichte bleiben zu dürfen, um an den Weihnachtsgeschenken, die zu Hause doch geheim gehalten wurden, zu arbeiten.

Freilich war es ja nach 4 Uhr, wenn der Unterricht beendet war, stockdunkel und eine Beleuchtung gab es damals nicht in den Schulen. So brachte sich dann jedes Kind sein Kerzchen mit, und die vielen Lichtchen, die auf den Schultischen aufgepflanzt waren, gaben schon eine Vorfeier des Weihnachtstages. Welch eine Seligkeit bot jene Stunde fleißiger Arbeit in dem großen, kerzenerhellten Schulzimmer! Und dann, wenn all die Lichtchen gelöscht waren und man im Halbdunkel die breiten Treppen des Schulhauses hinuntertappte, lachend, kichernd, scherzend, um in fröhlicher Weihnachtsstimmung durch die kalte Winternacht nach Hause zu eilen und sich an warmem Kaffee zu erquicken – ach, wie war das Leben so reich bei all seiner Einfachheit und Bescheidenheit, welch ein Glanz, welch eine Fülle von Poesie lag über dem Dasein des Kindes gebreitet! – – –

Der Unterdirektor, Herr Professor Müller, von dem ich vorhin gesprochen, starb, als ich die zweite Klasse erreicht hatte. Es herrschte nun in der Schule für einige Zeit ein schreckliches Interregnum, in welchem ein jeder Lehrer der Anstalt ein bisschen auf seine Weise regierte, bis endlich wieder ein geordneter Zustand eintrat mit der Ernennung des Herrn Prediger Flashar zum Direktor. – Ein idealerer Lehrer als er hat wohl kaum je in einer Schule sein Amt ausgeübt! All die Schülerinnen, die ihn gekannt und an seinem interessanten Unterricht teilgenommen haben, werden sich noch heute seiner mit Enthusiasmus und Dankbarkeit erinnern! Seine Geschichtsstunden, wo er gewöhnlich mit auf dem Rücken gefalteten Händen im Schulzimmer auf und niederging, dabei seinen Vortrag haltend, waren einfach faszinierend.

Und wenn er in den deutschen Stunden die korrigierten Aufsätze zurückgab, und hier und da in geistreicher Weise fehlerhafte Stellen kritisierte, kamen die Mädchen über seine oft so komischen Bemerkungen kaum aus dem Lachen heraus.

Die erste Klasse, die er mit seinem Geiste beherrschte und beseelte, war ein Paradies, in dem das Lernen ein Vergnügen war! Drei Jahre von diesem Paradiesleben wurden mir zu Teil; denn drei Jahre lang besuchte ich die erste Klasse. Jeder Morgen, an dem ich zu einem neuen Schultag erwachte, war ein Fest für mich. Aus einem bis dahin nur mittelmäßig strebsamen Kinde wurde ich die eifrigste, lernbegierigste Schülerin – aus Begeisterung für den geliebten Lehrer!

Und so wie ich dachte wohl die ganze Klasse; alle die Mädchen schwärmten für den kleinen Herrn mit den ausdrucksvollen schwarzen Augen und dem geistvollen Munde – leider wurde er, noch in der Blüte seines Lebens – viel zu früh seinem edlen Wirkungskreise durch den Tod entrissen!

Aber nicht nur für die Lehrer der Elisabethschule interessierten wir Mädchen uns, sondern ebenso bekannt waren uns auch die Lehrer des Friedrich-Wilhelms-Gymnasiums und der Königl. Realschule, mit welchen beiden Lehranstalten wir ja gleichsam in naher Verbindung standen.

Besonders befanden sich unter den Professoren des Gymnasiums einige Originale, die jedenfalls noch den alten Berlinern, welche einstmals die Schüler derselben gewesen, in lebhafter Erinnerung geblieben sind.

Da war vor allem der Professor Yrem, der Ordinarius der Prima, welcher schon meinen Vater unterrichtet hatte und dann später auch der Lehrer meines Bruders Adolf gewesen. Gewöhnlich wurde er »Ichem« genannt, in Bezug auf seinen Unterricht, den er in der griechischen Sprache erteilte. Aber auch Aufsatz und Literatur gehörten zu seinem Dominium. Herr Yrem war ein höchst begabter, doch dabei sehr nervöser Mann, der so viel

Eigenheiten besaß, dass sie schon ans Unglaubliche streiften. Nur einige Beispiele davon will ich hier erzählen. Ein früherer Schüler besuchte den Professor einmal während der Ferien draußen in der Sommerfrische.

Der alte Herr ging eine Weile mit seinem Besuche im Garten auf und nieder, dabei in höchst interessanter Weise mit ihm plaudernd. Mit einem Male aber sagte er: »Jetzt wollen wir bis an die Türe gehen!« – Gut also: Sie schritten bis zur Tür und kehrten dann wieder um. Da – urplötzlich – wandte sich der Professor um, und den jungen Mann, der seinen Wink nicht verstanden hatte, zornig anblickend, rief er mit Stentorstimme: »*Gehen Sie! Sie töten* mich mit Ihrer Gegenwart!« Nicht viel besser als jenem Besucher, erging es meinem Bruder Adolf. Auch dieser pflegte, nachdem er lange schon die Schule verlassen, den geliebten Lehrer aufzusuchen und dann mit ihm längere Spaziergänge durch Feld und Flur zu machen. Auf einem dieser kleinen Ausflüge blieb der Professor einmal stehen, als ein hübsches Blümchen am Wege seine Aufmerksamkeit gefesselt hatte.

Er war in der Botanik sehr bewandert, und so erklärte er denn meinem Bruder in liebevollster Weise die Eigenart dieses Pflänzleins. Mein Bruder, der sehr kurzsichtig war, bückte sich und streckte die Hand nach der Blume aus. – »Pflücken Sie das Blümlein nicht!«, rief der Professor heftig und dozierte dann weiter.

Adolf hörte aufmerksam zu; aber in seinem Eifer, die Blume in der Nähe zu betrachten, brach er sie dann, ganz die Warnung von vorhin vergessend, dennoch vom Stielchen. Zornfunkelnd sah ihn sein Lehrer an.

»Gehen Sie fort!«, donnerte er dem Missetäter zu. »Und kommen Sie *nie* wieder!«

Einmal bestellte sich Professor Yrem in einem Restaurant sein Leibgericht: Sauerkraut und *Erbsen*! Der Kellner brachte das Gewünschte. Doch sofort befahl ihm der Professor, die Speisen zurückzunehmen, indem er erklärte: »Ich habe gesagt: Sauerkraut und *Erbsen*! Das will heißen *wenig* Sauerkraut und *viel* Erbsen! Bringen Sie also das Essen, wie ich es gefordert habe!«

Ein anderer Lehrer des Gymnasiums, Professor Bresemer, wurde wegen seiner drolligen Bemerkungen, die zum Teil aus seiner großen Zerstreutheit hervorgingen, geradezu eine Berühmtheit. Diese unfreiwilligen Witze des Professors – von seinen Schülern »Brekiaden« genannt – wurden von ihnen gewissenhaft aufgezeichnet und pflanzten sich so von Generation zu Generation unter den Lernenden fort. Ich will hier nur einige dieser Aussprüche anführen, derer ich mich gerade noch erinnere:

I. »Sie, Müller! Legen Sie sich doch nicht so weit zum Fenster hinaus! Wenn Sie dann rausfallen, ist es wieder keiner gewesen!«

2. »Lachen Sie doch nicht, Schmidt! Sie lachen gewiss über mich! Ich wüsste sonst nichts weiter, was hier lächerlich sein könnte!«

3. (Beim Beginn des Unterrichts.) »Ich sehe wieder viele, die nicht da sind!«

4. »Mukus bedeutet nicht allein die *Mauer*, sondern eine jede gemauerte Erscheinung.«

5. »Sie taten sehr unrecht, Schulze, dem Herrn Professor X. bei seinem Begräbnis nicht das Geleit zu geben! Ein *solcher Mann* stirbt leider nicht alle Tage!« usw.

Und schließlich war auch Professor Walter, der hauptsächlich in der Geschichte und Geografie unterrichtete und gleichfalls einige Zeit den Turnunterricht leitete, sehr populär und beliebt unter seinen Schülern.

In den Ferien pflegte er mit einer Anzahl von Knaben wunderschöne Fußtouren zu machen, namentlich durch das Riesengebirge, das damals nur selten von Reisenden besucht wurde. Die weiten Wanderungen durch Deutschlands Gauen, wie sie heutzutage in den Feiertagen und in der Ferienzeit von den Schülern gemacht werden, waren in jener Zeit, wo die Verkehrsmittel noch sehr im argen lagen, erst wenig im Gebrauche.

Professor Walter wurde von den Gymnasiasten mit seinem Spitznamen »*Bulle*« genannt, wahrscheinlich wohl seiner breiten, intelligenten Stirn wegen. Und seine hübschen Töchter – er besaß deren sechs – die auch den Jungen bekannt waren, denn die Familie wohnte im Schulgebäude, hießen daher alle »Bulletten«!

III

Der Sport im alten Berlin

Turnen

Während für die geistige Ausbildung des weiblichen Geschlechts also damals schon ein bedeutender Fortschritt getan wurde, lag die Pflege der körperlichen Kräfte noch ziemlich im Argen. Z.B. vom Turnen der Mädchen hatte man noch keine Ahnung! Ein weibliches Wesen musste fein säuberlich zu Hause sitzen, seine Pflichten als Schülerin erfüllen, der Mutter, soviel es ging, bei der häuslichen Arbeit zur Seite stehen und im Übrigen sich durch Bescheidenheit und gute Sitte auszeichnen – alles andere war vom Übel! – Alle Übung des Leibes – mit Ausschluss des Tanzes – war verpönt für ein junges Mädchen.

Wie gern hätte ich geturnt! Doch wo und wie konnte dies geschehen? – Ich spreche hier nur von jener Zeit, da ich zehn, zwölf Jahre alt war; denn etliche Jahre später entstanden ja dann auch Mädchenturnvereine (hauptsächlich unter Dr. Angersteins Leitung), die ich auch besuchte.

Um nun aber auch als Kind schon etwas von der Kunst des Turnens zu erlernen, begleitete ich meinen Bruder Adolf öfter Sonntagsvormittags nach der Hasenheide zu dem Turnplatz hinaus. Sie war noch ein richtiger Wald damals, die schöne Hasenheide. Man wanderte hinaus zu ihr von dem Halleschen Tore aus, vor dem sich im Sommer die goldgelben Kornfelder ausdehnten, in dem die blauen Kornblumen in reicher Fülle standen.

Auch vom Kottbuser Tore – wenn man in jener Gegend der Stadt wohnte – gelangte man auf angenehmem Wege zur Heide. Man schlug dann den Pfad über die mit Gänseblümchen besäte, weit sich ausdehnende Schlächterwiese ein, in deren Mitte sich das Türkengrab befand, das uns Kindern immer ein ganz besonderes scheues Interesse einflößte. Ein vornehmer Türke, der fern seiner Orientheimat gestorben, hatte, da er nicht auf einem der christlichen Kirchhöfe beerdigt werden sollte, auf der Schlächterwiese seine letzte Ruhestatt gefunden, die von einem hohen eisernen Gitter eingefriedet war.

Wie ein Märchentraum, so schön erschien mir stets der Turnplatz, inmitten der Heide, mit all seinen Turngeräten, seinen Recken, Barren und Plätzen zu Sprungübungen. Wenn ich nicht irre, hatte als Nachfolger des Turnvaters Jahn Herr Maßmann, der mir mit seinen langen, auf die Schultern herabfallenden weißen Haaren noch deutlich in der Erinnerung steht – er wohnte in unserer Nähe am Hafenplatze –, viel für die Herstellung und Ausstattung dieses Turnplatzes getan.

Derjenige, welcher zur Zeit, als mein Bruder das Friedrich-Wilhelm-Gymnasium in der Friedrichstraße besuchte, den Turnunterricht dort leitete, war der sehr tüchtige Turnlehrer Feddern.

In der Hasenheide empfing ich also als kleines Mädchen von meinem Bruder den ersten Unterricht im Turnen. Der Eintritt in den Turnplatz war freilich, wenn nicht gerade Turntage waren (Mittwochs und Sonnabends), dem Publikum verboten. Wir kehrten uns indessen nicht an dies Verbot, sondern kletterten ganz einfach über das geschlossene Gitter.

Frei und ungebunden wuchsen wir überhaupt auf, in Luft und Sonne, die rechten eigentlichen Berliner Straßenkinder! Wie wäre es jetzt wohl möglich – bei dem heutigen Getriebe und Verkehr auf den Straßen und Plätzen –, dass die Kinder, Mädchen und Jungen, auf der Straße Zeck und Jagd spielten, wie wir es einst getan! Sobald ich aus der Schule gekommen war und meine Schularbeiten notdürftig fertiggestellt hatte (öfter geschah dies auch erst später), war ich auch schon unten auf der Straße und versammelte meine Spielgefährten um mich her. Ein sehr beliebtes Spiel der Kinder – wenn es nicht sogar eine Leibesübung genannt werden kann – war zu jener Zeit das *Stelzenlaufen*. Ich entsinne mich nicht, seit einer langen Reihe von Jahren je wieder Kinder bei diesem Sport gesehen zu haben. Aber damals gab es fast in jeder Familie ein Paar Stelzen, mit denen sich die Knaben und Mädchen vergnügten.

Auch ich verstand es, geschickt auf diesen hohen Holzbeinen umherzustelzen. Mit Leichtigkeit überschritt ich die breiten Rinnsteine, lief ungefährdet rasch über die Straßendämme dahin und machte mit den andern Wetten, wer von uns auf einer Stelze am längsten hüpfen könnte, ohne zu ermüden.

Ob jener Sport für die Entwicklung des Körpers gerade sehr dienlich und fördernd gewesen, weiß ich nicht. Jedenfalls aber stärkte und stählte er die Beinmuskeln.

Von allen Spielen liebte ich indessen zwei am meisten. Es waren »Räuber und Stadtsoldat« und »Jagd«. Dies letztere wurde von uns am öftesten gespielt. Durch die Schöneberger Straße und um den ganzen Anhaltsplatz herum ging die wilde Jagd. Meistenteils war ich der Jäger und die Jungen wurden, wenn ich sie eingefangen hatte, meine Hunde, die mit mir das Wild verfolgten. Im Laufen tat es mir keiner der andern gleich. Dreimal umkreiste ich den weiten Anhalter Platz in schnellem Lauf, – das hatte ich mit den andern Kindern gewettet –, ohne einzuhalten ein einziges Mal.

Als mich einmal einer meiner Lehrer bei solch einem Spiel zufällig auf der Straße traf und ich errötend und verlegen vor ihm stillstand und knickste, sagte er vorwurfsvoll: »Ei, ei, eine Schülerin der dritten Klasse treibt sich hier mit den Jungen auf der Straße herum!«

Ich war allerdings schon in der dritten Klasse, aber ich war doch erst zehn Jahre alt! Ich habe öfter in späteren Jahren über jenen strengen Ausspruch nachgedacht. Eigentlich war er doch ungerecht; denn gereichte es uns nicht zum Segen, dass wir in harmlosem Spiel so frei und ungebunden in frischer Luft emporwuchsen und dadurch unsere Kräfte stählten und stärkten für den späteren Kampf des Lebens? – Ob wohl die heutige Jugend, deren Nerven nicht mehr so hart sind, wie es die unseren waren, einst das leisten wird, was wir in einem langen arbeitsamen Leben gewirkt haben? –

Aber nicht immer wurde gerannt und gejagt. Oft saßen wir alle am sinkenden Sommerabend vor den Häusern, so wie es in einer kleinen Stadt zu sein pflegt, auf dem Simse der Kellerfenster, und ich erzählte den Kindern, die sich um mich versammelt hatten, Märchen. Ich erfand diese, während ich sprach und konnte sie endlos ausdehnen. Dennoch erschienen sie den Zuhörenden stets zu kurz, und ich musste weiter erfinden. Öfter aber erdichtete ich auch Spukgeschichten, die ich dann so gruselig und schaurig vortrug, dass ich mich schließlich selbst zu graulen anfing, und es kaum wagte, zitternd und bebend die dunklen Treppen – denn im Sommer wurde an den Abenden selten das Gas auf der Treppe angezündet – zu unserer Wohnung hinaufzuschleichen.

Schlittschuhlaufen

Eine andere Leibesübung, die auch noch wenig gebräuchlich war zur Zeit meiner Kindheit, war der Eislauf. Selbst von Knaben wurde jener der Gesundheit so zuträgliche Sport wenig geübt und für Mädchen wurde er geradezu für *unweiblich* gehalten. Da sich mein Vater in seiner freien Anschauung für Erziehung der Kinder diesen spießbürgerlichen Ansichten, gottlob, nicht anschloss, so erhielten wir Kleinen an einem schönen Weihnachtsabend jedes ein Paar Schlittschuh geschenkt. Damals waren es noch wirkliche Schuhe mit hölzernen Sohlen, an denen die Eisen befestigt waren. Innen waren sie mit einem kleinen eisernen Dorn versehen, den man in den Hacken des Stiefels einschlagen musste.

Auf dem Hafen des Kanals, an der Schöneberger Brücke, machten wir die ersten Anfänge in der Kunst des Eislaufes. Es war gerade ein herrlicher Winter, kalt und klar, mit prächtigen, sonnenhellen Tagen. So konnten wir nach der Schulzeit noch jeden freien Augenblick zum Eissport benutzen, ehe die frühe Dunkelheit hereinbrach.

Die Eisbahn, d.h. den Hafen mit dem Kanal (von der Schöneberger Straße aus bis zum Halleschen Tore), der ganz zugefroren war, hatte ein Herr Steinicke in Pacht, der selbst in seiner Bude saß und das Geld für den Eintritt in Empfang nahm. Wir hatten von unserem Vater ein jedes ein Abonnementsbillett für den ganzen Winter bekommen, und dies kostete ganze zehn Silbergroschen nach damaligem Gelde!

Unter all den schönen Tagen ist mir ein Nachmittag auf dem Eise noch ganz besonders im Gedächtnis geblieben, wegen des wunderbaren Vergnügens, das er uns Kindern bereitete!

Herr Steinicke hatte nämlich ein Eisfest oder vielmehr einen Karneval auf dem Eise arrangiert, der von dem herrlichsten Wetter begünstigt war. Es war zwar furchtbar kalt, aber klar und hell; die Luft glitzerte ordentlich im Sonnenglanz.

Die kleinen Eisläufer waren alle in mehr oder weniger fantastischen Kostümen erschienen, in bescheidener Weise ausstaffiert, wie es in jener einfachen, patriarchalischen Zeit gebräuchlich war.

Ich erinnere mich noch ganz besonders eines Spielgefährten, eines vielleicht zehnjährigen Knaben, der sich als Mädchen angeputzt hatte. Er trug ein weißes, ausgeschnittenes Kleid mit kurzen Ärmeln, das er von seinem Schwesterchen geborgt hatte und lief – trotz der eisigen Kälte – stolz und selig in diesem Kostüme umher.

Herr Steinicke selbst war als Bär verkleidet und saß in dieser zottigen Umhüllung auf einem Stuhlschlitten, vor sich einen großen Eimer, ganz mit Bonbons angefüllt, von denen er von Zeit zu Zeit Hände voll unter die ihn umkreisende jauchzende Jugend streute.

Natürlich fehlte auch nicht die Musik an dem Feste. Und als sich, pünktlich um zwei Uhr, der Karnevalszug gesammelt hatte, ging es im lustigen Tempo, die Musik voran, hinter dieser der Bär im Schlitten, und im Gefolge desselben all die fröhlichen Kinder, über den weiten Hafen hinweg, dann den Kanal entlang bis zum Halleschen Tore und von diesem denselben Weg wieder zurück.

Am Ufer oder auch auf dem Eise entlang promenierten die Eltern der glücklichen Kinder und sahen vergnügt dem heiteren Treiben zu.

Ich glaube kaum, dass in Berlin seitdem je wieder ein so fröhliches und trotz seiner Einfachheit so originelles Eisfest gefeiert worden ist.

Im ganzen war uns die Zeit zum Schlittschuhlaufen bei der Kürze der Tage, und da wir ja auch nachmittags Schule hatten, nur spärlich zugemessen; denn am Sonntage, wo wir ja am ehesten hätten vom Eislaufe profitieren können, war er während des Gottesdienstes in den Kirchen streng verboten.

Und an eine Beleuchtung der Eisbahn am Abend war natürlich nicht zu denken, nicht damals und noch viele Jahre später nicht. Wenn es dunkelte, musste man, oft mit schwerem Herzen, die Bahn verlassen. Dann erschien der Ordner und Aufseher in Gestalt eines Konstablers und trieb die Kinder mit strengen Worten vom Eise herunter.

Einmal, als meine Schwester und ich uns in sinkender Nacht, als die letzten auf der Bahn, eilig die Eisen abschnallten, stand plötzlich der Gefürchtete neben uns. Doch, anstatt zu schelten über unsere Verspätung, fragte er uns in leutseliger Weise nach unseren Namen.

»Ich heiße Agathe! Und ich, Luzie!«, war die Antwort. «

»Ach«, sagte er –, »also Agathe aus dem Freischütz und Luzie von Lammermoor!«

Das imponierte uns! »Ist das ein gebildeter Man!i«, sagten wir.

Außer dem Hafen und dem Kanal gab es zu jener Zeit noch eine Menge anderer Eisbahnen in und um Berlin herum. Man lief viel auf den Gräfeschen Wiesen.

Das waren die weiten überschwemmten Wiesenflächen bei Moabit, deren Besitzer Gräfe hieß. In der Nähe dieser Wiesen befand sich das Café Liebow, wo man sich nach dem anstrengenden Eislaufe mit Kaffee und Kuchen stärkte. Später wurde der Kanal an der Rousseau-Insel und vor allem auch der »Neue See« in den Parkanlagen des Tiergartens zur Eisbahn benutzt. In manchen Jahren war auch die Spree zugefroren. Im allgemeinen waren die Winter damals härter, als jetzt.

Nichts Herrlicheres kannte ich, als ich herangewachsen war, als solch eine Schlittschuhpartie in angenehmer lustiger Gesellschaft auf der Spree zu machen; hinaus nach Stralau, Treptow, wohl auch über den Rummelsburger See zu laufen! Wie prächtig schmeckte nach solch einem weiten Laufe dann der heiße Kaffee oder der dampfende Punsch in einem der kleinen ländlichen Lokale draußen!

In ganz einfacher Weise stellten sich öfter die Berliner Kinder auch selbst eine Eisbahn her, auf der sie sich ganz »kostenfrei« bewegen konnten.

Wenn nämlich so ein recht kalter Winterabend war, wo alles, wie man zu sagen pflegt, zu Stein und Bein fror, pflegte ein mir befreundeter kleiner Junge, der mit seinen Eltern in der Taubenstraße; in der Nahe des Bullenwinkels wohnte, den Pumpenschwengel des dort stehenden Brunnens (in Gemeinschaft mit andern kleinen Bengels) mächtig zu rühren, so dass der herabstürzende Wasserstrahl nicht nur den Rinnstein großartig erweiterte, sondern sich auch noch über den halben Straßendamm ergoss, wo er bald zu Eis erstarrte.

So war denn für den folgenden Tag die schönste Schlittschuhbahn hergestellt, auf der sich dann die liebe Jugend in der freien Zeit nach dem Schulbesuche gar fröhlich und lärmend munter umhertummelte!

Der Eissport hat seit jenen längst entschwundenen Tagen ja ungeheuer an Ausdehnung gewonnen in dem mächtig bevölkerten Berlin und wird von Jung und Alt jetzt eifrig betrieben. Aber die Plätze für den Sport sind verhältnismäßig nicht ebenso gewachsen, und daher sind die Eisläufer des heutigen Tages auf den von Menschen wimmelnden Bahnen weit mehr beengt und bedrängt, als wir Glücklichen es damals waren, da uns Wenigen die weiten Wiesen-, Fluss- und Seeflächen zur Verfügung standen. Alles gehörte uns damals, der Berliner Jugend.

Bade- und Schwimmanstalten

Noch weniger als das Schlittschuhlaufen war in meiner Jugend das Schwimmen für Mädchen gebräuchlich. Aber, obgleich ich als Kind nicht schwimmen konnte – ich lernte es erst, als ich achtzehn Jahr alt war –, so liebte ich es doch leidenschaftlich, kalt zu baden. Es gab damals wohl reichlich Badeanstalten in Berlin, denn die Berliner waren von jeher große Freunde des kalten Wassers – aber jene Anstalten waren meist etwas entfernt von der Stadt. Da war z.B. im Garten vom Schlosse Bellevue bei Moabit das schöne Wellenbad, das sich im Besitze einer Frau Landgraf befand. Dorthin wanderten die Berliner fleißig zur heißen Sommerszeit, den angenehmen Spaziergang durch den schattigen Tiergarten benutzend. Das war wohl zu Anfang der fünfziger Jahre. Fahrgelegenheiten gab es nicht dort hinaus; höchstens hätte man eine Droschke nehmen müssen, was ja das Baden gleich wieder verteuert hätte.

Im Tempelhofer See – Tümpel, wie er heutzutage heißt – wurde auch viel gebadet. Verschiedene Damen aus der Gegend vor dem Anhalter Tore fuhren im Sommer alltäglich zum Baden nach Tempelhof hinaus. Morgens schon um fünf Uhr hielt ein großer Kremser in der Schöneberger Straße; dieser führte die Badenden hinaus zum See und brachte sie um acht Uhr bereits wieder zurück, damit die Wirtschaft daheim nur ja nicht unter dem Fernsein der Hausfrau zu leiden hatte.

Meine Tante Spiller, die regelmäßig an diesem Badeausflug teilnahm, lud mich öfter dazu ein. Ich war dann freilich hernach in der Schule so müde, dass ich am liebsten ausgeschlafen hätte, anstatt dem Unterricht folgen zu müssen.

Öfter gingen wir Kinder auch zu Fuß des Sonntagsvormittags nach Tempelhof hinaus, um dort zu baden, und kamen zu Fuß auch wieder zurück. Überhaupt, was wir damals an Fußwanderungen leisteten, da man keine Gelegenheit hatte, billig zu fahren, grenzt wirklich an das Unglaubliche. Ich wundere mich jetzt noch im Stillen darüber, wenn ich daran zurückdenke.

In der Pfuelschen Schwimmanstalt neben der Pionierkaserne am Schlesischen Tore war ein Verwandter von uns Direktor. Er hatte seine Amtswohnung mit einem Gärtchen in der Anstalt selbst und besaß dort auch ein kleines Badehaus, das für den Gebrauch seiner Familie bestimmt war. Zu diesem Badehäuschen pilgerte ich als elfjähriges Kind mit einer Cousine von mir im Sommer zweimal in der Woche an den schulfreien Nachmittagen, Mittwochs und Sonnabends, damit wir uns dort kostenfrei in den kühlen Wellen der Spree erquicken könnten. Man denke nur von der Dessauer Straße vor dem Anhaltischen Tore aus – wir waren nämlich schon wieder gezogen, denn das oftmalige Wohnungswechseln war ein Spezialvergnügen meiner lieben Mutter, die selbst in der großen Bibliothek meines Vaters kein Hindernis fand –, also von der Dessauer Straße aus durch die ganze Stadt in der glühend heißen Nachmittagssonne zu Fuß, und nach dem Bade dann wieder so zurück! Das war eine Leistung! Denn Berlin war ja damals, die jetzigen ausgedehnten Vorstädte abgerechnet, gerade so groß wie es jetzt ist, nur dass die Straßen nicht so dicht bebaut waren, aber Verkehrsmittel außer den Droschken und ein paar Omnibussen gab es überhaupt nicht. Man verließ sich eben auf seine Jugendkraft und seine gesunden Beine, um die geliebte Vaterstadt nach allen Richtungen bis an die entferntesten Enden zu durchkreuzen und auch zu den umliegenden waldumkränzten Ortschaften und Dörfern zu gelangen.

Später, wie ich schon vorhin angedeutet, lernte ich dann Schwimmen, und zwar im sogenannten »Suchlandschen Bade«. Dieses Bad bestand nur aus einem großen Bassin, das ein alter Herr mit Namen Suchland – ich glaube, er war Schlossermeister gewesen – mit kühnem Unternehmungsgeiste, draußen vor dem Halleschen Tore in der Nähe des Planufers, hatte ausbaggern lassen und das dann in Verbindung mit dem Kanale war gesetzt worden, um das Wasser ab- und zuzuleiten. Diese Anstalt wurde eine Zeitlang – es war wohl im Sommer 56 – sehr stark von den in der Nähe wohnenden Familien besucht, was den alten Suchland höchlichst erfreute. Wir trafen ihn zuweilen abends in einem Biergarten am Kanal, wo er zufrieden seine Weiße trank und in drolliger Weise von all den Ereignissen, die sich in seinem Bade abspielten, erzählte.

»Sie glauben gar nicht, wieviel Gold- und Wertsachen da im Wasser verloren gehen und sich dann unten im Sande verscharren; besonders die Trauerringe von all die Damens! Neulich hat wieder ein blutjunges hübsches Weiblein bitterlich geweint, dass sie ihren Trauerring verloren! Wir haben nachgesucht, aber ihn nicht gefunden.«

Der alte Suchland dachte allen Ernstes, Trauerring wäre der richtige Name für *Ehering*; in manchen Fällen hätte er ja wohl auch Recht haben können. – In dieser ziemlich primitiven Anstalt arrangierte ich einmal ein hübsches Masken-Schwimmfest. Die an demselben teilnehmenden Damen mussten eine jede in irgendeinem für den Zweck passenden Kostüm erscheinen. Eine schöne junge Frau war als Bacchantin gekleidet; sie trug auf dem Kopfe einen Kranz von Trauben und Weinblättern. Eine andere erschien als Student, das Cereviskäppchen auf den blonden Locken, den Schläger in der Rechten. Ich selbst war im Kostüm einer Nymphe; im langen gelösten Haare hingen Wasserlilien und grüne Schilfranken.

Zu schön geordnetem Zuge, mit der Musik voran-, die in einem Leierkasten bestand, welchen eine der Damen in Bewegung setzte, zogen wir feierlich um das ganze Bassin herum, und dann – auf ein gegebenes Zeichen – sprang von dem Sprungbrett eine nach der andern der kühnen Schwimmerinnen hinab, bis das Wasser von all den malerisch ausschauenden jugendlichen Gestalten gar lieblich angefüllt war.

Ein lautes Hoch und Hurra tönte da plötzlich durch den klaren Sommermorgen fröhlich schallend zu uns herüber, und als wir die Köpfe aus dem Wasser reckten, erstaunt, woher wohl diese Töne kommen konnten, erblickten wir auf den Zinnen des ganz nahen Gasometers die Väter der Stadt versammelt, die dort irgendeine Inspektion zu machen hatten, und die bequem in unsern offenen Baderaum von oben hineinschauen konnten. Jedenfalls erfreuten sie sich höchlichst an den da drinnen sich abspielenden originellen heiteren Szenen. Nun, wir ließen uns nicht stören durch die würdigen Herren da oben. Das Fest nahm seinen weiteren Verlauf, und nachdem wir uns genügend an unseren Schwimmkünsten erfreut hatten, erquickten wir uns nach der gehabten Anstrengung reichlich an Kaffee und Kuchen, der auf blumengeschmückten Tischen serviert wurde.

IV
Weihnachten im alten Berlin

Wo findet sich wohl ein Kind, dessen Herz nicht höher schlägt bei dem Gedanken an das schöne Weihnachtsfest, das nicht in seliger Freude erglüht, wenn das Christfest naht mit all seinen Überraschungen, seinem Lichterglanz und grünen Tannenbäumen! Wenn dies jetzt so der Fall ist, so war es das noch weit mehr in jener Zeit, da ich Kind war; denn damals, wo man so viel ruhiger und stiller als heutzutage lebte, wo es der Zerstreuungen und Vergnügungen soviel weniger gab, hatte das Weihnachtsfest eine noch weit größere Bedeutung als heute, für die Kleinen, wie auch für die Erwachsenen. Es warf gleichsam seinen Strahlenglanz über den ganzen langen, dunklen Winter und erhellte die Tage desselben vor seinem Erscheinen mit fröhlicher Erwartung und nach seinem Verschwinden noch mit seliger Erinnerung.

Weihnachten! Ganz von Poesie umwoben, in mystischem, überirdischem Lichte erglänzend, schön und geheimnisvoll wie ein Märchen im Zauberlande – so erschien mir als Kind stets jenes Fest!

Welche Freuden, unsagbar reich, unbeschreiblich groß bot es uns Kindern dar! Wochenlang vor dem Feste wurde davon gesprochen, dafür gearbeitet, das ganze Dasein und Leben drehte sich um dasselbe. Und wie viel herrliche Genüsse gab es schon in der Zeit vor Weihnachten!

Da war vor allem die Ausstellung in dem Krollschen Etablissement! Kroll lag in den vierziger Jahren ganz einsam draußen im Tiergarten wie ein Haus im tiefen Walde! Ich erinnere mich noch deutlich, wie wir an einem Abend vor Weihnachten im Schlitten – denn es war reicher Schnee gefallen – durch den dunklen Tiergarten hinausfuhren mit fröhlichem Schellengeläute, und wie uns dann das große Krollsche Gebäude mit seinen vielen Lichtern gleich einem Feenpalaste entgegenstrahlte!

In den weiten Sälen drinnen befand sich eine Ausstellung von Gropiusschen lebensgroßen Figuren und Gruppen, die sich bewegten und allerhand komische Szenen darstellten. Auch ein kleines Puppentheater war da, auf dem die Leute geschäftig hin und her liefen, Wagen, von Pferden gezogen, dahinrollten, Schneeflocken herabwirbelten u.dgl. mehr. Im Tunnel unten war ebenfalls ein Theater, auf dem die ergötzlichsten Dinge vorgeführt wurden. Außer von Gropius wurden diese Weihnachtsausstellungen bei Kroll, die in jedem Jahre Neues und Überraschendes brachten, meist von Herrn Hiltl, dem Vater des königlichen Schauspielers, geleitet.

Er besaß ein großes Tapezier- und Dekorationsgeschäft in der Wilhelmstraße, nicht weit von den Linden.

Das Krollsche Etablissement war damals das Anziehendste der ganzen Weihnachtszeit für uns Kinder, wie auch für die Erwachsenen. Es hatte überhaupt für Berlin eine gewisse Bedeutung, da es für Feiern und Festlichkeiten die größten und passendsten Räume von allen andern derartigen Gebäuden besaß.

Eine große Anziehungskraft übte auf uns Kinder auch das Puppentheater im Hotel de Russie aus, das jedesmal zur Weihnachtszeit seine Vorstellungen gab, wo liebliche Feen mit blondem oder mit braunem Haar in märchenhaft duftiger Kleidung erschienen, und gute oder böse Geister, Zauberer und Hexen ihr Wesen trieben. .

Ehe wir zu dieser Vorstellung gingen, wurde uns Kindern von unserm Vater gewöhnlich noch ein anderer Genuss bereitet, indem wir von ihm zum Konditor geführt wurden. Und zwar wählte er dazu stets die Steherische Konditorei an dem Gendarmenmarkt, wo er Stammgast war und täglich nachmittags seinen Kaffee einzunehmen pflegte. In jener Konditorei versammelten sich damals die literarischen und politischen Größen Berlins. Dort wurden die neuesten Zeitungen gelesen, über die Tagesfragen und die wichtigsten politischen Ereignisse disputiert und oft auf das lebhafteste debattiert. Die Herren, die bei Steher verkehrten, kannten einander alle, denn sie trafen sich täglich. Das Publikum dort glich einer Privatgesellschaft. Ein ständiger Gast z.B. war der alte General Pfuel, der Geh. Baurat Langhans, der Erbauer des Brandenburger Tores und des neuen Opernhauses nach dem Brande von 1843, der Schriftsteller Dr. Max Ring, Rellstab und viele andere mehr.

Ehe ich weiter erzähle, möchte ich hier noch ein paar Worte über den General von Pfuel einflechten, der eine sehr populäre Persönlichkeit in Alt-Berlin war, die jedes Kind kannte, und der sich um unsere Stadt bedeutende Verdienste erworben hat.

Sein Leben ist ein äußerst bewegtes und höchst interessantes gewesen. Als blutjunger Leutnant verließ er den preußischen Dienst und reiste mit seinem Freunde Heinrich von Kleist, dem bekannten, unglücklichen Dichter, nach Paris. Auf der Reise dorthin hatte er Gelegenheit, während die Postkutsche in einem Dorfe hielt, in dem dort befindlichen Teiche das Schwimmen der Frösche zu beobachten.

Er kam auf den Gedanken, es ihnen nachzumachen (man pudelte nämlich dazumal noch beim Schwimmen), und da ihm dies sehr gut gelang, so nahm er sich vor, diese neue Schwimm-Methode beim Militär einzuführen.

In Paris hatten die beiden Freunde die, damals für einen Deutschen seltene Chance, der Krönung Napoleons beizuwohnen.

Später machte Herr von Pfuel, der wieder in preußische Dienste getreten war, die Schlacht von Jena mit, und dann zog er 1809, im österreichischen Heere, gegen Napoleon. In Prag, wo er in Garnison lag, gründete er um jene Zeit, seinen lange gehegten Lieblingsplan ausführend, die erste Muster-Schwimmschule, welche dem Kaiser Franz so gut gefiel, dass er ihn nach Wien berief, damit er dort eine gleiche Schwimmanstalt, wie die in Prag, einrichtete.

Durch die Vermittlung des Ministers von Stein, mit dem er eng befreundet war, trat Pfuel hierauf in russische Dienste, wo ihm vom Kaiser Alexander, der ihn sehr huldvoll aufnahm, der Befehl über eine Kosaken-Brigade übergeben wurde.

Er veranlasste auch, dass man der Helene Prohaska, die siegreich unter seiner Fahne gefochten, später ihr Denkmal setzte.

Nach der Einnahme von Paris wurde General Pfuel Kommandant eines Teiles der französischen Hauptstadt, und ihm verdanken wir es besonders, dass die Viktoria mit ihrem Siegeswagen wieder auf unser Brandenburger Tor zurückkehrte.

Nach Beendigung des Krieges wurde dann, auf Veranlassung des Ministers von Hardenberg, durch General Pfuel auch in Berlin eine Muster-Schwimmschule für das Militär angelegt, welche noch heute, vorbildlich für alle ähnlichen Anstalten, bei uns besteht. Im Jahre 1848 war Herr von Pfuel Gouverneur von Berlin und machte sich durch seine Milde und seine Fürsprache, mit der er für die Freiheitskämpfer eintrat, allgemein beim Volke beliebt.

Obgleich er, durch den Einfluss der Gegenpartei veranlasst, für einige Zeit seines Amtes entsetzt wurde, bekleidete er dann auf den Wunsch König Friedrich Wilhelms IV., der ihm sehr wohlwollte, bis zum November 1848 die Stelle eines Ministerpräsidenten.

Dies also ein kurzer Abriss des Lebens des interessanten Mannes, dessen ich mich mit seinen weißen Haaren und geistvollen Gesichtszügen aus meiner Kindheit noch lebhaft erinnere.

Ich fahre in meiner Erzählung fort. Wir Kinder wurden, wenn wir mit unserm Vater in der Konditorei erschienen, von den dort gerade anwesenden Herren als zu ihrem Kreise gehörige kleine Bekannte begrüßt und hörten dann andächtig den eifrigen Gesprächen und Disputationen zu, ohne natürlich etwas davon zu verstehen. Dabei verzehrten wir vergnügt die uns dargebotenen Leckerbissen. Diese bestanden in der Regel in wunderbar großen, innen mit Sahne gefüllten Zuckerkuchen, Baisers genannt, welche nur einen Groschen kosteten. Ja, ja, das billige Berlin von damals! In allen Konditoreien, besonders in der von Schilling, Ecke der Koch- und Friedrichstraße, in der von Voß in der Anhaltstraße, auch in der Schaußschen in der Jägerstraße, bei Kranzler Unter den Linden, konnte man sich an einem süperben Apfel-, Kirsch- oder Pflaumenkuchen, für den man nur einen Groschen zahlte, fast satt essen, so groß war er! Und wenn man noch einen Sechser dazulegte, so bekam man einen ganzen *Berg* köstlichster Schlagsahne auf das Kuchenwunder gehäuft.

Da ich von den Vorstellungen gesprochen, die zu Ehren des Christfestes in der Zeit vor diesem stattfanden, muss ich auch noch die Ausführung der schönen Transparentbilder erwähnen, die alljährlich vor Weihnachten von dem herrlichen Gesange des Domchors begleitet, in der Königl. Akademie stattfand und die Herzen der Anwesenden in eine gehobene, echt weihnachtliche Stimmung versetzte.

Das Schönste aber aller Ereignisse um die Weihnachtszeit herum war für uns Kinder der Weihnachtsmarkt! Am 10. Dezember, gerade an meinem Geburtstage, wurde er immer aufgebaut, und mir war es dann stets so zumute, als ob ich den ganzen Markt als Festgeschenk erhielte!

Der Markt nahm mit seinen Buden den weiten Schlossplatz, auch den Lustgarten und hauptsächlich dann noch die Breite Straße ein, und wenn auch seine ganze Einrichtung eine ziemlich primitive war, so hatte er doch für die Kinderseele einen eigenartigen Zauber!

Vor dem Hause, welches schon damals die Vossische Zeitung inne hatte, in der Breiten Straße Nr. 8, stand die Pfefferkuchenbude der Firma Deska Reichel. Diese aufzusuchen, um sich ihre Weihnachtsvorräte an Pfefferkuchen zu besorgen, verschmähten selbst die Mitglieder des Königlichen Hofes nicht. Dort kaufte unser geliebter Kronprinz, der spätere Kaiser Friedrich, bis zum Jahre 1869 um die Weihnachtszeit stets persönlich seinen Honigkuchen. – Welch ein Leben und Treiben herrschte, besonders am Abend, in jenen Straßen! Da waren vor allem die Waldteufel! Sie ertönten nicht nur auf dem Christmarkte, sondern in allen Straßen der Stadt, und wenn wir ihr Brummen und Sausen draußen hörten, hüpfte uns das Herz vor Freude; denn nun wussten wir: Weihnachten ist nahe!

Außer den Waldteufeln gab es Knarren, Trompeten, Pfeifen; dann eine Menge von Ausrufern, welche mit lauter Stimme ihre Ware anpriesen – ein Mann mit einem Hahn in der Hand: »Vorne pickt er, hinten nickt er!« Ein anderer, der den fleißigen Sägemann arbeiten ließ: »Alles, was hier bimmelt, bammelt, zippelt, zappelt – kostet nur einen Silbergroschen!« Das alles einte sich auf dem Weihnachtsmarkte zu einer, zwar die Ohren betäubenden, doch unser Kinderherz innig erfreuenden Musik, und dazu erfüllte der Geruch der frisch gebackenen Schmalzkuchen aus den Kuchenbuden die kalte, reine Winterluft. Besonders anheimelnd aber war der Duft der Honig- und der Pfefferkuchen! – An dieser Stelle will ich auch noch an die »Raute« erinnern, eine Spezialität Berlins, welche damals eine Lieblingsspeise der kleinen Leckermäuler war. Diese »Rauten« waren kleine Tafeln, die aus Sirup und Mohn hergestellt wurden, und von denen das Stück zwei Pfennige kostet. Wie manchen mühsam ersparten Pfennig habe ich in meiner Schulzeit für »Raute« dahingegeben!

Mit dem würzigen Geruch der Pfefferkuchen auf dem Christmarkte mischte sich dann herzerfrischend der harzige Duft der kleinen und großen Tannenbäume, die zum Verkauf ausgestellt waren!

In jener Zeit pflegte man in Berlin den Kindern zu Weihnachten statt des frischen Tannenbaumes oft nur eine sogenannte »Pyramide« aufzubauen, die man von einem Christfest bis zum andern verwahren konnte. Es war dies ein Holzgestell mit buntem Papier und Goldflitter bedeckt; indessen in unserm Hause erschien zu Weihnachten stets ein wirklicher, frisch duftender Waldbaum, und zwar von fabelhafter Größe. Er musste bis an die Decke reichen, sonst hatte er in unsern Augen nicht den richtigen Wert.

Unter dem Baume in dichtem Laube waren dann die Weihnachtsschäfchen aufgestellt. Diese Schäfchen verkauften arme Kinder, die auf dem Weihnachtsmarkte in irgendeiner Ecke kauerten, spärlich nur in ihre dürftige Kleidung gehüllt, und die mit ihrem Körbchen am Arm fortwährend den klagenden Ruf ertönen ließen – durch all das Getöse und den Lärm um sie her: »Einen Dreier das Schäfchen! Nur einen Dreier!«

Oft war es bitter kalt, wenn wir so abends im Lichterglanz über den Weihnachtsmarkt wanderten; der Schnee knisterte unter unsern Füßen und im Frost verklammten uns die Finger, aber das fühlten wir nicht. Schnee und Kälte gehörten ja zu Weihnachten. – Heuer ist der Weihnachtsmarkt verschwunden, aber auch den Schnee und den Frost scheint er mit sich genommen zu haben; denn – mit Ausnahme des letzten Winters, der allerdings etwas reichlich mit seiner Schneespende gewesen ist – sind unsere Winter in Deutschland, wie schon früher erwähnt, jetzt milder und wärmer als damals.

Doch, was die Heizungsmittel betrifft, so war man weniger gut versorgt, als man es jetzt ist. In den großen Kachelöfen, die eine Eigentümlichkeit Berlins sind – denn in vielen Städten, namentlich in Süddeutschland und am Rhein, behilft man sich mit eisernen Öfen – wurden damals keine Kohlen gebrannt. Man heizte viel mit Torf, der aber oft, wenn er noch etwas feucht war, sich schwer anzündete und auch leicht Rauch erzeugte. In dem Hause meiner Eltern wurde stets mit Buchenholz geheizt, was ja sehr angenehm und reinlich, aber doch recht kostspielig, war. Der Tag, an dem Holz gefahren wurde, war stets von großer Wichtigkeit; vor allen Dingen wünschte man sich dazu trockenes und helles Wetter. Gewöhnlich fuhr man einen Haufen Holz; die Kloben wurden vor dem Hause abgeladen und gleich dort oder vielleicht auch auf dem Hofe von den dazu angenommenen Arbeitern zersägt und klein gehauen. Dann wurde das kleine Holz in Kiepen entweder hinauf zum Boden, meist aber in den Keller getragen, wo es sorgfältig aufeinander geschichtet wurde. Die Berliner, die über alles ihre Witze machten, hatten auch diesen Holzkauf mit ihrem Humor bedacht. Sie pflegten zu sagen, wenn es ans Bezahlen des Holzes ging: »Nun ja, also – Zwei Mann einen Haufen gemacht, gepackt und in den Keller geschmissen« – machte so und so viel.

Auch die Beleuchtungsverhältnisse waren im Ganzen damals ziemlich primitiv; dazu war das Brennmaterial nicht gerade sehr billig. Petroleumlampen kannte man nicht, da ja noch kein Petroleum in Deutschland eingeführt war. In einigen Häusern brannte man Gas in den Zimmern, doch für gewöhnlich hatte man und besonders zum Schreiben und Lesen sogenannte Studierlampen. Das waren Schiebelampen, meistenteils von Messing oder Bronze, die mit Öl gebrannt wurden und ein recht helles, doch etwas gelbliches Licht spendeten. Dies war indessen sehr gesund für das Auge; jedenfalls erhitzte und blendete es nicht, wie es die Gasflamme tut.

Uns Kindern wurde der Segen einer solchen hellbrennenden Lampe immer als ein wahres Göttergeschenk vorgehalten; denn unsere Eltern und Großeltern hatten sich in ihrer Jugend mit der Beleuchtung eines Talglichtes oder einer Funzellampe begnügen müssen, um die sich die ganze Familie versammelte und bei denen auch die Kinder ihre Schularbeiten machen mussten. Dies letztere erzählte uns besonders immer einer unserer Lehrer, der Herr Oberlehrer Schulz, der uns in der Naturkunde und der Botanik unterrichtete; er konnte es uns nicht genug in die Seele prägen, wie gut wir daran wären gegen ihn in seiner Kindheit mit dem armseligen Talglicht auf dem Tische, um das sich alle drängten und das so oft mit der Lichtschere geputzt werden musste, wenn der Docht lang und schwelend geworden war – wir die Bevorzugten der *Neuzeit* mit dem hellen Licht der Öllampe! – Ach, wenn Herr Schulz einmal jetzt durch Berlins Straßen abends wandern könnte – was würde er wohl dann erst sagen bei all der blendenden Beleuchtung der elektrischen Flammen, bei diesem Meere von roten, grünen, gelben Leuchtkugeln, welche ihr Licht über die Schaufenster und die Kaufläden erstrahlen lassen – na, überhaupt, wenn einer, der vor sechzig, siebzig Jahren hier gelebt hätte, plötzlich aus dem Grabe auferstände und Berlin sähe, wie es *jetzt* geworden – er würde seinen Augen nicht trauen, sich in eine Märchenwelt voll Spuk und Zauber versetzt glauben! – –

V

Nachtwächter und Feuerwehr zu jener Zeit

Die Häuser wurden damals, wie es ja bis in die neuere Zeit der Fall war, allabendlich Punkt 10 Uhr vom Nachtwächter, deren jeder seinen bestimmten Bezirk hatte, geschlossen. Hatte nun jemand seinen Hausschlüssel, der immer ein bedeutendes Volumen besaß und die Tasche fast zerriss, vergessen und hörte auch niemand von den Seinigen oben im Hause sein lautes Händeklatschen, das um Einlass bat, so begann er mit dröhnender Stimme nach dem Wächter zu rufen. Dieser saß gewöhnlich, besonders in kalten Winternächten, in irgendeinem warmen Kaffeekeller, bis seine Pflicht ihn hinausrief; denn allstündlich musste er seinen Bezirk durchwandern und die Stunde, die es geschlagen, auspfeifen.

So hörte man denn oft des Nachts den lauten Ruf: Wächter, Wächter! durch die stillen Straßen ertönen und fühlte sich um so behaglicher in seinem warmen Bette, wenn man dachte, dass jemand draußen frierend in der Winternacht stand und warten musste, bis der Wächter seine Runde machte.

Aber schrecklich war es, wenn aus der Ferne und dann immer näher kommend, das Tuten des Nachtwächters erschallte, das »Feuer« verkündete, und wenn darauf die Spritzen durch die Straßen rasselten. Dann fragte man sich ängstlich: »Wo mag es nur brennen? Hoffentlich nicht in unserer Nähe!«

Die Berliner Feuerwehr, die heutzutage eine Musteranstalt ersten Ranges ist, befand sich in jener Zeit noch in sehr primitivem Zustande.

Auf den Türmen der Hauptkirchen im Mittelpunkt der Stadt, wie der Nikolai-, Petri-, Werderschen und Marienkirche, gab es damals noch die Turmwächter, welche Nachts dort oben Wache halten mussten. Sobald der Wächter einen Feuerschein in irgendeinem Teile der Stadt bemerkte, schwenkte er dort oben eine brennende Laterne als Zeichen der Gefahr und tutete. Bei einem kleinen Feuer zeigte er eine weiße Laterne und bei

Großfeuer eine rote. Bei dem letzteren wurde auch von allen Türmen Sturm geläutet.

Sobald der Nachtwächter davon Kenntnis erhalten, dass in der Stadt Feuer ausgebrochen, begann auch er in den Straßen seines Bezirkes zu tuten, was einen schauerlichen Klang hatte. Mit ihm vereinten sich die Tamboure und Hornisten der Wachen, um die Einwohner, speziell ihres Bezirkes, zu alarmieren.

Jedes Haus hatte die Verpflichtung, wenn an ihm die Reihe war – die Häuser hatten zu jenem Zweck ihre betreffenden Nummern –, eine Person, mit dem Feuereimer versehen, an die Brandstelle zu schicken. Ebenso mussten die Pferdebesitzer die Pferde liefern, um die Wasserkübel, die Feuertinen, wie man sie nannte, die neben den Straßenbrunnen standen, an den Ort des Feuers zu schaffen, wie auch die Spritzen, die im Spritzenhause aufbewahrt wurden.

Nur wenige Personen waren angestellt, um die Spritzen und Löschgerätschaften in Ordnung zu halten, welche daher oft bei der Benutzung versagten. Und so geschah es bei all dieser Umständlichkeit denn oft, dass das Feuer schon weit um sich gegriffen hatte, dass zuweilen das Haus auch schon niedergebrannt war, ehe die Retter zur Stelle kamen.

Ein furchtbares Feuer muss das gewesen sein, welches am 19. September 1809 die Petrikirche zerstört hatte. Meine Mutter sprach noch öfter mit Schrecken von diesem Brande. Damals hatten die Schlächter ihre Buden mit den Verkaufswaren auf dem Platze an der Kirche aufgebaut, und als das verheerende Feuer wütete, flogen die brennenden Fleischstücke und Speckseiten umher und erhöhten dadurch noch die entsetzliche Gefahr für die umliegenden Häuser und den ganzen daran stoßenden Stadtteil.

VI
Das Jahr 48 und vorher

Die Revolution in Berlin am 18. März 1848 machte auf mich, obgleich ich freilich ihre politische Bedeutung noch nicht verstand, doch einen tiefen Eindruck. In unserm Hause wurde viel von Politik gesprochen, und da ich öfter zugegen war, wenn dies geschah, so bildete ich mir darüber meine eigenen kindlichen Ideen und schwärmte im Grunde meines Herzens für die Freiheit des Volkes und für die Einigkeit und Größe unseres deutschen Vaterlandes.

Wie ich schon früher bemerkt, hatte mein Vater, nachdem er seine Stellung als Lehrer an der Kadettenschule aufgegeben, sich ganz der politischen Tätigkeit zugewendet und sich der liberalen Partei, oder den Demokraten, wie sie damals hießen, angeschlossen. »Gegen Demokraten helfen nur Soldaten!« sang damals das spottlustige Volk der Berliner.

Schon als Student hatte er sich eifrig für die Burschenschafter interessiert, die die Einheit Deutschlands und ein deutsches Kaiserreich erstrebten und die mit Stolz die schwarz-rot-goldenen Farben an ihren Mützen trugen. Wie er später oftmals erzählte, hatte er den jungen Freiheitsschwärmern dringend geraten, keine Listen von den Namen der Verbündeten zu machen, damit, wenn je eine solche der Polizei in die Hände fallen sollte, nicht sogleich alle Beteiligten bekannt werden müssten. Seine Warnungen waren aber vergebens gewesen, und viele der jungen Leute, wie Fritz Reuter, wie dessen Freund, der Captein (aus den Ollen Kamelle: Meine Festungstid) und all die andern wurden dann ein Opfer ihrer Unvorsichtigkeit. Meinem Vater, der auf keiner Lisie verzeichnet stand, konnte der Kriminaldirektor Dambach, jener edle Recke, der den armen Reuter und seinen Freund im Gefängnisse auf dem Hausvogtei-Platze bis aufs Blut peinigen ließ, nichts anhaben.

Mein Vater erzählte öfter sehr ergötzlich, wie er »Onkel Dambach«, als ihn dieser in ein notpeinliches Verhör nahm, abzuführen wusste.

»Sie wollen mir durchaus die Ehre antun, Herr Direktor, und von mir behaupten, dass ich zu den Burschenschaftern gehöre. Das aber kann ich auf keinen Fall zugeben. Sehen Sie einmal, Herr Kriminaldirektor Dambach, wenn ich Ihnen nun z.B. sagen würde, Sie seien ein Schuft, ein Schurke, ja ein Schurke! Sie würden (dabei hohnlächelnd), Sie würden es doch nicht glauben, nicht wahr? – So ist es auch mit mir! Wenn Sie von mir behaupten, ich sei ein Aufrührer, ein Umstürzler – so sage ich Ihnen gleichfalls: Nein, das glaube ich Ihnen nicht! Und wie wollen Sie mir die Wahrheit Ihrer Aussage beweisen?« –

So kam denn mein Vater glücklich an der ihm drohenden Gefahr der Festungshaft vorüber. Manchem seiner Freunde ging es nicht so günstig. Edgar Bauer z.B., der Bruder seines Schulfreundes Bruno Bauer, verbüßte wegen Erregung von Missvergnügungen gegen die Regierung, Beleidigungen der Religionsgesellschaften und Majestätsbeleidigungen in der Schrift: »Der Streit der Kritik mit Kirche und Staat«, eine dreijährige Festungsstrafe in Magdeburg, von der er durch die Amnestie am 18. März 1848 wieder freikam.

Ich erinnere mich Edgar Bauers noch sehr genau aus meiner Kindheit. Er war ein bildhübscher, sehr fideler junger Student, der, wenn er uns besuchte, mit mir damals vielleicht vier- oder fünfjährigem kleinen Dinge lustig im Zimmer auf und nieder zu tanzen pflegte, was mich in Entzücken versetzte. Dann verschwand er für lange Zeit aus unserm Gesichtskreis. Erst anfangs der sechziger Jahre sahen wir ihn wieder, als er, nach der von König Wilhelm bei seiner Thronbesteigung erlassenen Amnestie mit Frau und Kindern von England aus der Verbannung nach Berlin zurückkehrte.

Ich besuchte die Familie öfter, und es interessierte mich lebhaft, wenn mir Frau Bauer vieles aus dem Leben und Treiben der Exilierten, mit denen sie in London in Berührung gekommen, erzählte. Vor allem aber machte mir ihre Schilderung von Edgars Flucht nach England einen besonderen Eindruck.

Er lebte mit seiner jungen Frau damals – es war im Jahre 1851 – in Altona, als eines Abends spät einige Polizisten in seiner Wohnung erschienen, um nach verbotenen Schriften bei ihm Haussuchung zu halten. Herr Bauer war schon im Bette, stand aber sogleich auf, um sich notdürftig anzukleiden. Seine Frau, die sehr resolut war, sagte indessen zu den Beamten, sie möchten mit ihr zur Bodenkammer hinaufsteigen, dort seien in Kisten die wichtigsten Papiere ihres Mannes verborgen. Während die Leute wirklich ihrem Vorschlage folgten und mit der schnell angezündeten Laterne der Frau vorangingen, wechselte diese in der Eile noch ein paar Worte mit ihrem Manne und deutete auf die Kommode, in der sich ihre Ersparnisse befanden.

Als die Gestrengen dann nach längerem Umhersuchen unter den Manuskripten oben einige Schriften konfisziert hatten und in die Wohnung unten zurückkehrten, war das Nest leer!

Edgar Bauer hatte schleunigst die ihm gegebene Frist benutzt und war entflohen, indem er sich durch den Garten hinaus auf das freie Feld gerettet hatte. Und das Komische bei der Sache war noch, dass er, da er in der Eile nicht seinen Hut gefunden, sich der Kopfbedeckung von einem der Männer des Gesetzes bedient hatte, der nun ohne Hut heimkehren musste.

Selbstverständlich verfolgte man den Entflohenen, aber man konnte seiner in der Dunkelheit der Nacht nicht mehr habhaft werden. Von Hamburg aus entkam er dann glücklich nach-London, wohin er seine Frau auch nachkommen ließ.

Auch eines andern interessanten Vorfalles entsinne ich mich noch dunkel; das muss aber wohl im Anfang der vierziger Jahre gewesen sein. In unserer guten Stube stand eines Vormittags feierlich die Tafel gedeckt, mit dem besten Porzellan versehen, mit funkelnden Gläsern und gefüllten Flaschen daneben. Und als ich kleiner Knirps verwundert fragte, was denn das zu bedeuten habe, sagte mir die Mutter bedeutungsvoll: »Heute würde der Vater wahrscheinlich Besuch von dem berühmten Dichter Hoffmann von Fallersleben bekommen.« Ich sollte aber beileibe nicht davon sprechen, zu niemandem; denn der Dichter sei heimlich in Berlin. Wüsste man von seinem Hiersein, so würde er augenblicklich unter Schloss und Riegel gesetzt werden!

Ich wunderte mich im Stillen darüber, was denn der Mann, der so schöne Gedichte gemacht, so Schlimmes könne verbrochen haben – er kam aber dann wohl nicht, wenigstens erinnere ich mich nicht, ihn gesehen zu haben.

Im Studierzimmer meines Vaters hing ein Bild des Dichters (nach damaliger Zeit, wo es noch keine Fotografien gab, eine Lithografie), das er selbst meinem Vater geschenkt und unter dasselbe geschrieben hatte:

> Und bist du nur ein Glöcklein,
> Frisch auf, frisch auf, mein Sang!
> Es stürzt auch die Lawine
> Von eines Glöckleins Klang!

Auch ein Porträt des bekannten ungarischen Dichters Carl Beck, das mein Vater gleichfalls von ihm selbst erhalten, trug die eigenhändige Unterschrift des Dichters:

> Abfiel von mir mein eignes Leid;
> Ich trinke meine ganze Seele
> Der Menschheit zu!

Ich pflegte, als ich lesen gelernt hatte, diese Unterschriften zu entziffern und las bei Beck, der ziemlich undeutlich geschrieben hatte, immer statt *Leid*, mein eigner *Leib*! Da wunderte ich mich denn darüber, was von dem Manne wohl konnte übriggeblieben sein – der Leib abgefallen und die Seele fortgetrunken! – Aber ich fragte nie nach Aufklärung; ich hielt auch das für selbstverständlich.

Da ich gerade von Bildern rede, so will ich noch eine kleine originelle Federzeichnung erwähnen, die stets in der Nähe des großen Schreibpultes meines Vaters hing. Sie stellte das Porträt des berühmten Philosophen Friedrich Hegel dar, der dozierend hinter dem Katheder saß. Auf der Bank dicht davor erblickte man, von hinten natürlich, mehrere eifrig schreibende Studenten. Der eine von ihnen, mit dem besonders wuschigen Kopfe voll Haare soll mein Vater gewesen sein, der seinerzeit ein eifriger Heglianer war.

Von einem späteren Besuche, den mein Vater von dem bekannten Badenschen Abgeordneten Welcker erhalten, sprach er öfter; wie er den Herrn überall in Berlin herumgeführt, um ihm die Sehenswürdigkeiten von Spree-Athen zu zeigen, auf das die alten Berliner unmaßen stolz waren (es war schon in den andern Städten Deutschlands zum Sprichwort geworden: »Bei uns in Berlin!« Denn das war das dritte Wort des echten Berliners!), und wie demselben besonders die Aussicht vom Kreuzberg aus über die ganze vor ihm ausgebreitete Stadt gefallen habe. Unter den größeren Städten Deutschlands gäbe es selten eine solche Stadt, auf die man von einem so günstigen Aussichtspunkte herabblicken könnte!

Ja, der Kreuzberg! Der spielte damals eine Rolle in der Umgegend von Berlin, schon seines schönen Denkmals zur Erinnerung an den Freiheitskrieg von 1813 und 1814 wegen! Und Denkmäler gab es ja zu jener Zeit in Berlin blutwenig!

Meine arme Mutter schwebte in jenen vierziger Jahren, wo es gärte und brodelte im Volke, während sich im geheimen die Revolution vorbereitete, stets in großer Angst um meinen Vater, wenn dieser länger als gewöhnlich ausblieb. Sie kannte sein lebhaftes, leidenschaftliches Temperament in politischen Dingen und wusste, dass stets das Damoklesschwert der Festungshaft über seinem Haupte hing.

Der Sammelpunkt der Freunde meines Vaters zum Diskutieren und Politisieren war damals ein Weinkeller in der Mauerstraße, der Herrn Karl Krause (einem meiner Paten, wie ich schon erwähnte) gehörte.

Jener Herr war der intimste Freund meines Vaters. Sie waren auf der Universität Studiengenossen und so unzertrennlich gewesen, dass sie von ihren Bekannten scherzweise »Braut und Bräutigam« genannt wurden.

Herr Krause hatte, wie auch mein Vater zuerst, Theologie studiert, doch dann im späteren Leben keinen Gebrauch von ihr gemacht.

In jenem Keller in der Mauerstraße floss beim Weine gar munter der Strom der Rede dahin. Unter den jungen Gelehrten befand sich dort oft auch eine Dame, die tapfer mit am Diskutieren teilnahm – für jene Zeit eine ungewöhnliche Erscheinung. Sie trug das Haar kurz geschnitten, nach der Art der Männer, und tauchte, was damals für Frauen etwas Ungeheuerliches war. Sie hieß Marie Dähnhardt und war ein vermögendes junges Mädchen aus Mecklenburg, ich glaube, die Tochter eines Bierbrauereibesitzers. Da ihre Eltern gestorben waren und sie über ihr Geld allein zu verfügen hatte, so war sie nach Berlin gekommen, um hier ungestört nach ihren freien Prinzipien leben zu können.

Drei der anwesenden jungen Herren bewarben sich um ihre Gunst. Es waren dies: Edgar Bauer, der damals noch Student war, dann Dr. Köppen, ein Gymnasiallehrer und Max Stirner (sein eigentlicher Name war Schmidt), der nachmalige berühmte Verfasser des Buches: »Der Einzige und sein Eigentum.« –

Marie Dähnhardt gab schließlich dem letzteren den Vorzug und beide beschlossen, sich ehelich zu vereinen.

In welcher Weise sollten sie nun aber die Ehe schließen, da sie beide Freidenker waren?

Ein Standesamt gab es damals noch nicht; der Bund der Ehe wurde einzig und allein in der Kirche vor dem Altare eingesegnet. Nach längerem überlegen beschloss man denn, sich im Hause trauen zu lassen, und zwar von einem freisinnigen Geistlichen. Man wählte dazu den damaligen Superintendenten an der Neuen Kirche, den Herrn Prediger Marot.

Ich weiß nicht genau, ob mein Vater auch bei der Hochzeit war, glaube es indessen; denn er erzählte uns öfter in seiner lebhaften interessanten Weise den folgenden Vorfall, der sich bei der Trauung ereignete.

Als der Geistliche das junge Brautpaar aufforderte, die Ringe zu wechseln, fand es sich, dass sie an diese nebensächliche Angelegenheit gar nicht gedacht hatten. Es waren keine Trauringe vorhanden. Nun war guter Rat teuer.

Da hatte einer der Anwesenden – es war wohl Bruno Bauer – einen originellen Einfall: Er zog seine lange, von Seide gehäkelte Börse hervor, wie sie damals in der Mode war, und bot ihre Ringe dem Geistlichen dar, indem er lächelnd sagte: »Im Notfalle werden es diese doch wohl auch tun?«

Prediger Marot machte ein sehr ernstes Gesicht; denn diese Auffassung einer so heiligen Sache wie die Ehe war ihm denn doch neu – trotz seines liberalen Standpunktes –, er musste sich aber nolens volens, der Not gehorchend, nicht dem eignen Triebe, in diese seltsamen Verhältnisse fügen.

Max Stirners Ehe mit Marie Dähnhardt war in der Folge keine glückliche, wie dies ja auch vorauszusehen war; denn ein Mann wie Stirner-Schmidt, der dem absoluten Egoismus das Wort redete, indem er sein berühmtes Werk: »Der Einzige und sein Eigentum« schrieb, das er allerdings seiner Frau gewidmet hatte (»*Meinem Liebchen*«, wie er sie in der Widmung nannte), hätte lieber von der Ehe fernbleiben sollen.

Ich erinnere mich, dass mein Vater erzählte, das Ehepaar habe mit dem Kapital der jungen Frau eine Milchwirtschaft in Charlottenburg eingerichtet, wo auch die Brüder Bauer zu Hause waren; denn ihr Vater bekleidete dort die Stelle eines Inspektors der Königl. Porzellan-Manufaktur. Das Milchgeschäft ging indessen nicht gut, da die beiden Eheleute wohl wenig davon verstanden. Der größte Teil des Vermögens wurde verloren, und schließlich ließen die jungen Gatten sich wieder scheiden.

Frau Stirner ging nach London, wo Frau Edgar Bauer sie kennen lernte, wie mir diese später erzählte. Dort verheiratete sie sich wieder und folgte, glaube ich, ihrem Gatten nach Australien. Endlich kam sie doch wieder nach London zurück, wo sie noch vor zehn Jahren als hochbetagte Witwe lebte. Herr Mackay, der das bekannte Buch »Max Stirners Leben« geschrieben hat, erzählte mir vor ungefähr zehn Jahren, dass er eigens nach London gereist sei, um ein Interview mit Frau Stirner herbeizuführen, damit sie ihm manches, was er zu wissen wünschte, von ihrem ersten Manne mitteilen möchte. Doch diejenige, die einst die Widmung: »Meinem Liebchen«, von dem berühmten Philosophen erhalten, ließ sich von Herrn Mackay, der ihretwegen die weite Reise gemacht, nicht sprechen, sondern ließ ihm sagen, sie habe mit den weltlichen Angelegenheiten abgeschlossen und bereite sich nur auf ihren Tod vor. Die einst so emanzipierte, freidenkende Frau war vollständig in den Händen der Priester. Und als endlich Mackay ihr einige Fragen geschrieben sandte, beantwortete sie diese in höchst missfälliger Weise über ihren ehemaligen Gatten.

Indessen war die Zeit, in welche die Hochzeit des jungen Philosophen mit seinem »Liebchen« fiel, eine politisch sehr bewegte für meinen Vater, bis dann das ereignisreiche Jahr 1848 mit seiner Revolution am 18. März hereinbrach.

Hätte mein Vater nicht seine Familie gehabt, sein Weib und seine Kinder, an denen er mit der aufopferndsten Liebe hing, so würde er sich vielleicht persönlich an dem Kampf, der in den Straßen der Stadt wütete, beteiligt haben, wie es viele seiner Freunde taten.

Einer von diesen, ein Herr von Lenski z.B., starb nach dem Kampfe auf einer Barrikade, von der er verwundet fortgetragen wurde, wenn ich nicht irre in einem Hausflur in der Mauerstraße. Mein Vater besaß ein Andenken von ihm, das er uns öfter zeigte. Es war eine schöne Tabaksdose, die er wie ein teures Kleinod hochhielt.

Berlin war damals, wie ich schon früher bemerkt habe, rings von einer Mauer umgeben, die natürlich an den verschiedenen Stadtteilen mit Toren versehen war. An dem Anhaltstore, vor dem wir doch damals wohnten, war eine Wache, die sich auch lange noch in späteren Jahren dort befand, wie eine solche auch heute noch am Brandenburger Tore existiert.

Mein Vater pflegte zu erzählen, denn ich selbst bin natürlich nicht dabei gewesen, dass er am Abend des 18. März mit beredten Worten den dort Wachthabenden überzeugt habe, sich mit den Leuten zurückzuziehen, ehe der wütende Volkshaufe sich nahe, damit nicht unnützes Blutvergießen stattfinden möchte. Man gab seinen Vorstellungen Gehör und verließ das Wachthaus.

Später in der Nacht hörten wir zitternden Kinder dann das Geschrei, Geheul und Getöse des sich nahenden Volkshaufens. Sie kamen bis an das Anhaltstor, dessen eiserne Stäbe sie ausrissen, um sie als Waffen zu gebrauchen. Doch da vor dem Tore der weite dunkle Platz und die angrenzenden Straßen in tiefem Schweigen lagen, so kehrten die Kampflustigen wieder zurück in die innere Stadt und der rasende Lärm verhallte endlich in weiter Ferne.

Am Morgen des 19. März, denn der 19. war ein Sonntag, wurde ich trotz alledem und alledem in die Schule geschickt. Ich erinnere mich noch heute lebhaft des eigenartigen Eindrucks, den die ganz menschenleeren Straßen auf mich machten, da überall die Steine des Pflasters ausgerissen waren, während man an den Häusern hier und da auch Zeichen von Verwüstungen erblickte.

In der Schule waren die Klassen fast vollständig leer. Die wenigen Kinder, deren Eltern den Mut gehabt hatten, sie zur Schule zu schicken, erzählten, ein jedes in seiner Weise, von den Schrecknissen der Nacht. Zum ernsten Unterrichte hatten weder die Lehrer noch die Kinder die rechte Stimmung, und so wurden wir nach kurzem Verweilen zu unserer Freude wieder nach Hause geschickt.

Diejenigen, die zu jener Zeit in Berlin gelebt haben, werden sich noch erinnern, wie dann nach dem 18. März, nachdem die Truppen Berlin verlassen hatten, die Bürgerwehr eingerichtet wurde, die oft zu allerhand komischen Szenen Veranlassung gab. Mein Onkel Spiller gehörte auch dazu, wie die meisten Hauswirte der Schöneberger Straße, die alle schon nicht mehr ganz junge Familienväter waren und natürlich nicht einen großen Vorrat von Courage besaßen.

Ein wichtiges, aber nicht sehr willkommenes Ereignis war es stets, wenn das Alarmsignal ertönte, und die Bürger, die zur Wehr gehörten, zusammenrief.

Eiligst warfen sie dann Schlafrock und Pantoffeln, in denen sie vielleicht gerade der Ruhe pflegten, zur Seite und suchten nach ihrem Gewehre, das die besorgte Hausfrau in irgendeinem Winkel versteckt hatte. Voll zitternder Angst schauten dem Davoneilenden dann Mutter und Kinder nach; man wusste ja nie, was sich ereignen und wie die Sache enden könnte.

Onkel Spiller, der Bruder meiner Mutter, war, wie ich hier einschalten will, obgleich dies nicht gerade zum Jahre 1848 gehört, ein wichtiger Mann im Geheimratsviertel. Er bekleidete unter anderem auch den großartigen Posten eines Armendirektors, den er fast zu gewissenhaft ausfüllte, und dem er einen großen Teil seiner Zeit opferte. Die Armendeputierten standen ihm zur Seite, welche bei den Bedürftigen, die um Unterstützung eingekommen waren, Recherchen machen mussten.

Auch mein Vater hatte den Posten eines solchen Deputierten aus Gefälligkeit übernommen. Er kannte alle Armen des Viertels und erzählte oft die ergötzlichsten Geschichten über seine Besuche bei ihnen. Bei vielen – meinte er scherzend – verschwindet der Braten vom Tische wie durch Zauberei, sobald man draußen den Schritt des Deputierten hört, und alle Anwesenden stecken die kläglichsten Mienen von der Welt auf. Sobald dann der Betreffende wieder gegangen, füllt sich mit einem Schlag der Tisch auch wieder mit den schönsten Leckerbissen.

Meine Tante, die nicht sehr erbaut davon war, dass ihr Mann so schrecklich viel Zeit seinem Armenberufe widmete (die aber als mitleidige Seele im geheimen unendlich viel Gutes tat), wurde sehr ärgerlich, wenn irgendein Wohlmeinender sie »Frau Direktor« titulierte, um ihr damit etwas Angenehmes zu sagen. »Achwat«, erwiderte sie dann in ihrer drastischen Berliner Weise, denn sie war von Kopf bis Fuß eine richtige alte Berlinerin (wenn sie wollte, konnte sie jedoch sehr fein hochdeutsch reden), »sagen Se man lieber Dreckdirektorn! Denn so wat is et!«

Diese Tante Jettchen Spiller, die von uns Kindern sehr geliebt wurde, war eine sehr resolute und kluge Frau. Wie ich später erfahren, hatte ihr mein Vater, der ihren Mut und ihre Verschwiegenheit kannte, in den Zeiten der Not und Gefahr, manche seiner Schriften und Bücher, die ihn bei einer Haussuchung hätten kompromittieren können, zur Bewahrung übergeben. Es geschah zuweilen, wie die Tante selbst später erzählte, dass sie von Beamten der Polizei, die ganz harmlos zu ihr kamen, über die Handlungen meines Vaters, über seinen Verkehr und besonders seine Schriften ausgeforscht wurde, ob sie vielleicht nichts Näheres wusste, wo er sie aufbewahrte usw.

»Aber ick tat denn so dumm«, sagte sie schlau lächelnd, »ick stellte mir so an, als ob ick von nischt wat wüsste, so dass sie dann mit langer Nase wieder abzogen!«

Und so hatte die brave Frau meinem Vater, wenn auch nicht gerade das Leben, doch jedenfalls die Freiheit gerettet!

Nach den Errungenschaften des 18. März folgte dann der Kampf zu den Wahlen der Volksvertreter in der Nationalversammlung, an dem mein Vater sich sehr lebhaft beteiligte. In allen möglichen Lokalen und an den verschiedensten Punkten der Stadt wurden Zusammenkünfte gehalten, in denen irgendein Volksredner die versammelte Menge über ihre Rechte und Ansprüche der Regierung gegenüber aufzuklären versuchte. Am häufigsten fanden derartige Versammlungen draußen in den Zelten statt, wo sich vor allem ein Herr Theodor Held, den Vater öfter erwähnte, als Volksredner ganz besonders hervortat.

Da auch die Zensur nicht mehr mit eiserner Strenge waltete, so waren auch freisinnige Blätter bald ins Leben getreten, die offen und klar mit kühnen Worten der Meinung des Volkes Ausdruck verliehen.

Eines von ihnen, ein scharf geißelndes Witzblatt, hieß »Die ewige Lampe«. Dieses erschien zuerst in der Neumannsgasse in der Kneipe von Karl Siechen, der sich auch Redakteur derselben nannte. Dann, als ihm dort die Konzession genommen wurde, machte er eine andere Kneipe in der alten Post auf, Poststraße Nr. 1. Dieses Gebäude war im 17. Jahrhundert ein von Rochowsches Grundstück. Im Jahre 1685 wurde es zum Posthause eingerichtet und wurde dann zum Unterschiede von dem später erbauten Posthause in der Königstraße, die *alte* Post genannt. Im 18. Jahrhundert kam es in Privatbesitz. Dort also machte Herr Siechen eine neue Kneipe auf, unter einer Konzession, die seine Frau erhalten hatte. Die Redaktion der »Ewigen Lampe« hatte dort Arthur Müller übernommen. Ob mein Vater Mitarbeiter an dem Blatte gewesen, weiß ich nicht genau, glaube es aber. Ich besitze noch einen Jahrgang dieses scharfen, oft humoristischen Blattes, das aber nur von kurzer Dauer war.

Da ich hier die Siechensche Kneipe erwähnt habe, so will ich gleich noch einschalten, dass sich in jenem Lokale, in der alten Post, in den fünfziger oder sechziger Jahren des Sonnabends abends immer eine höchst interessante Gesellschaft zusammenfand, welche hauptsächlich aus bekannten und beim Publikum sehr beliebten Schauspielern bestand. Da diese letzteren allabendlich bis spät auf der Bühne beschäftigt waren, so kam man immer erst nach zwölf Uhr zusammen.

Zu jenem Kreise gehörte Le Brun, der Direktor des Wallner-Theaters, dann Helmerding, Reusche, der Opernsänger Bost, Galen-Hoffmann, der

Dichter von »Fünfmal hunderttausend Teufel«, Siegmund Haber, der Gründer des »Ulk«, u.a.

Auch einige Offiziere nahmen an den Unterhaltungen teil, wie z.B. Herr von Wildenbruch (der ältere Bruder des bekannten Dichters), ein höchst geistvoller, bedeutender Mann, Herr von Dierskau, der sich mit einer Enkelin des General von Pfuel vermählte, Herr Wissel, der Stallmeister des Königs usw.

Die stets sehr belebte Unterhaltung bestand meist aus einem geistreichen Witzgeplänkel, das herüber und hinüber geführt wurde, aus amüsanten Erzählungen von Jagdabenteuern, drolligen Bühnenerlebnissen – kurzum man war quietschvergnügt und puppenlustig. Nach dem Kriegsjahre 1870 hörten dann diese interessanten und amüsanten Zusammenkünfte auf.

Um nun wieder auf die »Ewige Lampe« und die humoristischen Blätter zurückzukommen, will ich hier erwähnen, dass in jener Zeit auch der »Kladderadatsch« entstand, damals das erste Witzblatt Deutschlands, an dem die geistreichsten Männer jener Zeit, wie Rudolf Löwenstein, Dohm, Kalisch (der mit Hoffmann der Begründer des Blattes war), Mitarbeiter waren und das selbst dem Kaiser Napoleon III. (Lui!) Furcht und Respekt einflößte, so dass dieser die Redaktion gern zu Konzessionen gebracht hätte, was aber eine vergebliche Liebesmühe war.

Woher dieses Blatt gerade den Namen »Kladderadatsch« erhielt, erzählt man in folgender Weise: Die Gründer desselben, Hoffmann und Kalisch, waren mit noch andern Herren, die an der Beratung teilnahmen, in einer Bierstube in der Neumannsgasse versammelt. Als man über die verschiedenen, in Betracht kommenden Fragen einig geworden, zog man nun auch die Benennung des zu gründenden Blattes in Erwägung. Das war nicht so leicht; man riet dies und das, ohne zu einem Schlusse zu kommen, als plötzlich durch Unvorsichtigkeit einiges Geschirr vom Tische gestoßen wurde und am Boden klirrend zerbrach. »Da haben wir den Kladderadatsch!« (eine alte Berliner Redensart), rief einer der Anwesenden lachend aus – und so war durch Zufall der Name gefunden, der fortan für das neue Witzblatt angenommen wurde!

Auch die Nationalzeitung trat um jene Zeit ins Leben. Mein Vater war ihr erster Redakteur. Die erste Nummer kam am 1. April 1848 heraus, mit dem Namen meines Vaters als Redakteur darunter gedruckt.

Da indessen mein Vater, der absolut kein Kaufmannstalent besaß, mit den Unternehmern der Zeitung keinen Kontrakt gemacht hatte, so wurde ihm eines Tages – es traf ihn wie ein Blitz aus heiterem Himmel – seine Stellung gekündigt und diese seinem Freunde und früheren Schulgefährten, Herrn Dr. Adolf Zabel, übergeben. – Warum dies eigentlich geschah, ist uns nie recht klar geworden. Mein Vater selbst hat sich nie deutlich darüber ausgesprochen. Aus einigen seiner Äußerungen konnten wir nur entnehmen, dass seine politische Überzeugung der Zeitung damals nicht freisinnig genug gewesen sei. Doch, *wer* weiß?

Von jener Zeit an zog sich mein Vater, der sich von diesem Schlage nie recht erholen konnte, ganz von dem politischen Leben zurück. Er redigierte dann, um eben den Lebensunterhalt für seine Familie zu erwerben, politisch ganz unbedeutende Blätter, wie z.B. die »Deutsche Reform«; er beschäftigte sich viel mit Statistik und war in diesem Fache lange Jahre Mitarbeiter des Trowitzschen Kalenders.

In seinen letzten Lebensjahren war er Redakteur des Königl. Preußischen Staatsanzeigers. Die große neue Zeit des hereinbrechenden Ruhmesglanzes für das deutsche Vaterland hat er nicht mehr erlebt; denn er starb im Jahre 1869, nachdem er lange Zeit vorher schwer leidend gewesen war.

Der liebenswürdige Dr. Rudolf Löwenstein, den ich einmal am Anfang der sechziger Jahre, als mein Vater schon krank war, in einer Gesellschaft traf, äußerte zu mir: »Jener Abbruch ihres Vaters von seiner früheren Überzeugung, jener Austritt aus dem politischen Leben, dem er in seiner Jugend mit so großer Begeisterung angehört, dem er die beste Kraft seines Lebens geopfert, ist *der Nagel zu seinem Sarge geworden!*«

Und ich glaube, Doktor Löwenstein hat recht gehabt!

VII

Originelle Typen im alten Berlin

Aus meiner Kindheit entsinne ich mich einer Menge origineller Typen (die ich natürlich hier nicht alle aufzählen kann), die in Berlin überall bekannt waren, denen man oft in den Straßen begegnete, und die bei ihrem Verschwinden aus dem Leben gleichsam eine Lücke im Straßenbilde hinterließen. Auch heute gibt es sicher noch eine Menge solcher origineller Gestalten; aber sie spielen keine Rolle mehr wie damals, sie verschwinden im ungeheuren Betriebe der Weltstadt!

Da war der sogenannte Ätherfritze! Ich habe ihn oft gesehen, doch nie gewusst, wie er hieß und wer er eigentlich war. Ein blasser, verkommener Mensch, mit schwarzem, wildlockigem Haar, schäbig gekleidet und schon von weitem nach Äther riechend. Nur in dieser Atmosphäre konnte er leben; alles, was er besaß, gab er dafür hin, sich Äther zu kaufen.

Ein weibliches Original war die Eis-Rieke, eine auffallend und wunderlich herausgeputzte Alte, die sich bestrebte, mit der Jugend beim Schlittschuhlaufen zu konkurrieren, sich aber dabei nur lächerlich machte.

Eine sehr populäre Figur existierte in dem Eckensteher »Nante Strumpf«, der seines schlagenden Witzes wegen beliebt war und damals eine stereotype Figur in den Witzblättern wurde, wie es »Nunne« heut im »Ulf« ist. Doch war dies vor meiner Zeit.

Nante war eine Art Dienstmann und stand, mit der Nummer 22 auf dem linken Arm, an der König- und Neuen Friedrichstraßenecke, wo sich die Destillation von Eulner befand.

Andere wieder meinen, Nante hätte an der sogenannten gleichgültigen Ecke gestanden, an der Jäger- und Oberwallstraßen-Ecke. Diese heißt im Berliner Witz deshalb die »gleichgültige«, weil auf der einen Seite, beim Parfümgeschäft von Treu & Nuglisch, alles Pomade ist; auf der andern Seite, beim Schlächter Niquet, ist alles Wurscht, und an der dritten Ecke, wo sich das Kleidergeschäft von Landsberger befand, war alles Jacke wie Hose.

Eckensteher Nante wurde einmal von einem Bekannten gefragt: »Na, wie jeht's dir denn, Nante?«

»Oh, mir jeht's jut!«, war die Erwiderung. »Ick habe jetzt 'n Enjros-Geschäft, ick handle mit Spree!«

Er verkaufte nämlich das Wasser der Spree zum Waschen.

Auch der »blinde Hanne« war eine im Straßenbild Berlins sehr bekannte Persönlichkeit. Ich erinnere mich seiner noch ganz deutlich. Es war ein mittelgroßer, ziemlich wohlbeleibter Mann, der, angetan mit einem blauen Leinwandkittel, den dicken Stock in der rechten Hand, sich durch die Straßen – auch die belebtesten – ganz allein, ohne Führer zu tasten wusste.

Um den Hals trug er am Bande einen Kasten, in welchem sich allerhand kleine Sachen zum Verkaufe befanden.

Ein heiteres Seitenstück zu dem Blinden bildete der sogenannte »schöne Wilhelm«, der mit zwei mächtigen Schmachtlocken geziert, dem Publikum saure Gurken zum Kaufe feilbot.

Ein Original und besonders ein Liebling der Jugend, die er oft mit Geldmünzen und mit Bonbons beschenkte, war, wie ja jeder noch weiß, der alte General von Wrangel, dessen Berliner Dialekt denen, die ihn hörten, höchstes Gaudium bereitete. Sehr bekannt von ihm ist folgende komische Begebenheit.

Als die Truppen, die infolge des 18. März Berlin hatten verlassen müssen, wieder zurückkehren sollten, hatte das Volk dem General gedroht, man würde seine Gattin hängen, wenn er es wagte, in Berlin einzurücken. Natürlich kehrte sich der General nicht an jene Drohung.

Als er aber an der Spitze seiner Truppen durch das Brandenburger Tor ritt, wandte er sich plötzlich an seinen Adjutanten mit der Frage: »Ob se ihr woll jetzt hängen.?«

Außer diesen Typen, die ich selbst gesehen habe, existierten in Berlin vor meiner Zeit, etwa Anfang des vorigen Jahrhunderts, eine Anzahl höchst seltsamer Originale, die in der ganzen Stadt bekannt waren. Ich habe öfter von ihnen erzählen hören, auch von ihnen gelesen, und will hier einige der hervorragendsten erwähnen.

Da war zuerst der Obristleutnant von Treskow. Dieser Herr wanderte, in grünlich-grauen Hosen und in einem mit vielen Ordenszeichen geschmückten Frack, den ganzen Tag in den Straßen der Friedrichstadt oder auch in der Nähe des Alexanderplatzes umher, und war dann allabendlich ein eifriger Besucher des königlichen Schauspielhauses.

Alle Neuigkeiten der Stadt wusste er zuerst; nichts von Bedeutung passierte in Berlin, wovon er nicht augenblicklich unterrichtet war; und jedem, der ihm in den Weg kam, erzählte er brühwarm von seinen Erfahrungen.

Indessen bis Potsdam erstreckte sich seine Lokalkenntnis doch nicht. – Und einmal, als er auf dem Brühlschen Balle (Graf Brühl war damals Intendant der Königlichens Theater) von dem Könige nach einem dort anwesenden Fremden gefragt wurde und ihm erwiderte: »Majestät, ich glaube, er ist in Potsdam!« – sagte der hohe Herr scherzend: »Aus Potsdam ist er *nicht*! In Potsdam bin *ich* Treskow!«

Drollig ist auch folgende Bemerkung König Friedrich Wilhelm III. Jemand in der Umgebung des Königs fragte ihn bei seinem Aufenthalte in Töplitz, in welcher Farbe er sein Palais in Berlin während seiner Abwesenheit abgeputzt zu sehen wünschte.

Da antwortete Friedrich Wilhelm in seiner drastischen Kürze: »Wie Treskows Hosen!«

Ein anderer Sonderling, den die Berliner »den Lindenläufer« oder auch »die Demoiselle Fischer« nannten, war ein dünnes Männchen, das mit einem langen, olivengrünen Oberrock bekleidet, und einen Hut mit gewaltiger Krempe auf dem kleinen Haupte, jeden Mittag mit eiligen Schritten drei- bis viermal die ganzen Linden entlang trippelte.

Der kleine Mann sprach mit niemand; keiner kannte ihn näher. Man war sogar ungewiss, ob dieses eigentümliche Wesen ein Mann oder eine Frau war. Der Dichter Chamisso behauptete sogar, dass »Demoiselle Fischer« eine »verkleidete Fee« sei.

Es wurde vermutet, dass der »Lindenläufer« ein Maler gewesen, der in seiner Jugend längere Zeit in Rom gelebt habe, wo er sich in eine junge Engländerin verliebt, und um ihr nah zu sein, sich in ihre Familie als deutsche Bonne unter dem Namen »Demoiselle Fischer« eingeschmuggelt hätte.

Dies Geheimnis ist nie aufgeklärt worden und mit dem wunderlichen Alten wohl zu Grabe gegangen.

Sehr populär war auch noch ein anderes Männlein, der Königliche Hof- und Theater-Friseur Warnicke, welcher dem alten *Iffland* die lockigen Perücken zurechtgestutzt, der *Bethmann*, »der schalkhaften Personage«, das Köpfchen frisiert, und der berühmten Erelinger, der »Mamsell Düringer«, wie er sie gern nannte, »den ersten Zopf gemacht«, den sie bei ihrem Debüt als Margarete in den »Hagestolzen« getragen. – Ganz Berlin kannte das behände Männchen, welches in seinem langen Leben mit vielen Prinzen und Prinzessinnen mittels Kamm und Brennschere in Berührung gekommen.

Nun zurück zu meinen eigenen Erlebnissen.

Unter meines Vaters persönlichen Bekannten war auch mancher originelle Typus, den ich selbst kennen lernte oder von dem ich durch meines Vaters Erzählungen etwas wusste. Sehr ergötzlich sprach er öfter von einem Herrn von Ragotzky, einem Polen, der unter dem Titel »Fürst Kanonendonner« eine typische Figur in Berlin geworden war, so dass, als er starb, die Zeitungen vielfach seiner erwähnten und ihm einen Nachruf widmeten.

Herr von Ragotzky studierte Jura an der Berliner Universität zur Zeit, als auch mein Vater Student war. Doch hatte der Arme so wenig Mittel zum Studium, dass er sich kein eigenes Zimmer leisten konnte, sondern bald bei dem einen, bald bei dem andern seiner Freunde sein Lager aufschlug. Ebenso war es mit seinen Mahlzeiten. Bald wurde er von diesem, bald von jenem Bekannten durchgefüttert.

Wenn mein Vater mit ihm durch die Straßen ging, verschwand Ragotzky öfter plötzlich von seiner Seite und blieb längere Zeit unsichtbar, bis er endlich aus irgendeinem Versteck, einem Hausflur oder einem Keller, wieder auftauchte. Er hatte in der Ferne einen Gläubiger oder vielleicht auch einen Mann des Gesetzes nahen sehen und war diesem, Unheil witternd, wohlweislich aus dem Wege geschlüpft.

Ehe er seine Studien beendet, verließ Ragotzky Berlin und lebte lange Jahre bei einer reichen Witwe auf ihrem Gute als ihr Rechtsbeistand und Verwalter. So hatte er denn keine Not mehr zu leiden. Später erschien er wieder in der Hauptstadt und erwarb sich seinen Lebensunterhalt als Winkeladvokat. Den schönen Namen »Fürst Kanonendonner« gaben ihm die Berliner wegen seiner hohen studentischen Kanonenstiefel, die er gewöhnlich trug, und wegen seines mächtigen gewichsten Schnurrbartes, der ihm ein martialisches Ansehen verlieh.

Ein seltenes Original, freilich nicht der großen Menge, sondern nur dem Kreise seiner Freunde bekannt, war auch der frühere Schulkamerad meines Vaters, der Philosoph Dr. Bruno Bauer. Er hatte, wenn ich nicht irre, wegen seiner zu freien politischen Gesinnung seine Stellung als Professor an einer süddeutschen Universität verloren, widmete sich dann wissenschaftlichen Arbeiten und wurde später Mitarbeiter am Wagnerschen Staatslexikon. Eine Zeitlang wohnte er in Rixdorf bei seinem Bruder Egbert, der dort mit seiner Familie eine kleine Landwirtschaft betrieb. Rixdorf war damals wirklich noch ein Dorf, welches es ja heute nicht mehr ist, das übrigens sonst nicht gerade viel Schönheiten aufzuweisen hatte. Wir wanderten dorthin im Sommer öfter zu Fuß, schon des Vormittags, um die Bauersche Familie zu besuchen.

Häufig trafen wir dann Egbert im Garten oder im Felde, wo er, mit großen Bauernstiefeln angetan, selbst zu arbeiten pflegte und, eine wichtige

Miene annehmend, uns mit folgenden Worten empfing: »Ja, sehen Sie, hier stehe ich nun im Mist und arbeite mit Mist! Der Mist ist die Hauptsache; ohne ihn könnten wir nicht existieren: Der *Mist* ist's, der uns erhält!«

Da kam dann auch Bruno aus seiner Zelle heraus, in der er eifrig den Tag über seinen Studien oblag, im Hausrock, die damals so gebräuchliche lange Pfeife im Munde, und hieß uns willkommen.

Er hatte ein geistvolles Gesicht, dieser Bruno Bauer! Ich sehe ihn ganz deutlich vor mir, während ich dieses schreibe. Seine Augen waren die eines tiefen Denkers, eines Philosophen, der den größten Teil seines Lebens in einer hohen, geistigen Sphäre geweilt. Diese Augen schienen immer in weite, weite Fernen zu blicken, über alles Kleinliche, was in der Nähe war, weit hinweg! Wir Kinder meinten scherzend: »Dr. Bauer schaut immer bis nach Afrika!«

Bei diesen Originalgestalten fällt mir auch noch ein Bekannter meines Vaters, eine ganz eigenartige Erscheinung, ein, die zwar, genau genommen, nicht in den Rahmen Berlins gehört, doch in der Erinnerung aus meiner Kindheit eine Rolle spielt.

Meine Mutter war während des Winters 1849/50 schwer krank gewesen an einem Nervenleiden, wohl zum Teil hervorgerufen durch die Aufregungen vor dem Jahre 1848, und wurde daher zur Erholung im Frühling von meinem Vater in die ihm befreundete Familie des Predigers Mülnier, dessen hochgebildete, liebenswürdige Gattin eine Tochter des Superintendent Küster aus Berlin war, nach dem Dorfe Klein-Muz, in der Nähe von Zehdenick, gebracht.

Eine Eisenbahnverbindung dorthin – das Dorf ist ungefähr acht Meilen von Berlin entfernt – gab es natürlich nicht. Es wurde also auf zwei Tage ein Zweispänner gemietet, und ich durfte zu meiner unsäglichen Freude auf dieser »großen Reise«, der ersten in meinem Leben, meine Eltern begleiten!

Morgens um acht Uhr fuhren wir von Berlin fort. Durch Wälder und Felder ging die fröhliche Frühlingsfahrt, bis wir gegen Mittag das Städtchen Oranienburg erreichten. Hier wurde Rast gemacht und ein Freund meines Vaters, der berühmte Chemiker, Herr Professor Runge, besucht. Dieser lud uns ein, d.h. meinen Vater und mich, am folgenden Tage bei ihm zu Mittag zu essen, wenn wir von Klein-Muz zurückkehrten. Nun, dieser Besuch und dieses Mittagessen beim Professor Runge ist mir unvergesslich geblieben.

Zuerst wurden wir von unserm Wirte in seinem Garten herumgeführt, auf den er äußerst stolz war. Und er hatte auch guten Grund dazu; denn vermöge seiner chemischen Kenntnisse hatte er aus einer Sandwüste ein Eden geschaffen. Da war ein Obst-, ein Blumen-, ein Gemüsegarten, Bäume und Lauben!

Dann wurde das Innere des Hauses besichtigt, das sehr gemütlich war. In einem der Zimmer hingen an den Wänden lauter Bildnisse von jungen und hübschen weiblichen Wesen, die ich verwundert betrachtete.

»All diese sind meine Göttinnen!«, sagte der Professor vergnügt. Und dann erklärte er uns, dass er die jeweilige Wirtschafterin seines Hauses – er war nicht verheiratet – immer »seine Göttin« nenne. Und, wenn ihn eine solche verlasse, um sich zu verheiraten oder eine andere Stellung anzunehmen, lasse er sie vor dem Scheiden stets malen zur Erinnerung!

Ich muss bei diesen Erläuterungen den Herrn Professor wohl sehr verwundert mit großen Augen angeschaut haben; denn plötzlich wandte er sich an mich und sagte lachend: »Guck mich nicht so an, Mädel! Du bist hübsch!«

Das habe ich nicht vergessen, und ich war doch erst elf Jahre alt!

»Nun aber wollen wir sehen, was meine jetzige Göttin für uns gekocht hat!«, meinte er dann, und so gingen wir hinaus in den Garten, wo in einer hübschen Laube das Mittagessen serviert wurde. Alle Speisen, die äußerst schmackhaft waren, ließ der Professor auf eine eigene Weise, nach seiner Erfindung, in hermetisch geschlossenen Töpfen, mit Dampf zubereiten. Heutzutage ist ja diese Art, mit Dampf zu kochen, nichts Außergewöhnliches, damals aber war es etwas ganz Neues, Wunderbares.

Zu dem Essen gab es einen vorzüglichen Fruchtwein, den der Professor auch selbst fabriziert hatte. Aus Erdbeeren, Johannisbeeren, Himbeeren, kurz aus allen Obstsorten, bereitete der große Chemiker wohlschmeckende Fruchtweine. Nachdem wir nach dem Essen auch noch das Laboratorium besucht hatten, wo viel des Interessanten zu sehen war, schieden wir mit herzlichem Danke von unserm freundlichen Wirte; denn bis zum Abend mussten wir ja Berlin noch erreichen.

Ich habe den Professor nie wiedergesehen; doch trotzdem so viele, viele Jahre seit jenem Besuche verflossen sind, steht sein Bild mir noch lebhaft und deutlich im Gedächtnis – die kräftige Gestalt in einer blauen Arbeitsbluse, das lange dunkle Haar auf den entblößten Hals herabfallend –, ein Original in seiner äußeren Erscheinung und seinem inneren Denken und Schaffen!

Zu jener Zeit, also in den vierziger und fünfziger Jahren war in Berlin eine sehr bekannte und einflussreiche Persönlichkeit der Kgl. Theaterintendant Herr Graf Redern. Ich habe denselben nicht persönlich gekannt, doch so mancherlei Interessantes über ihn sprechen hören, was ich hier erzählen will.

Als Herr Graf Redern in seinen Vermögensverhältnissen etwas heruntergekommen war, heiratete er, um sich aufzubessern, eine schwerreiche junge Dame, die Tochter eines Hamburgers Senators. Da brachte denn der Kladderadatsch das Bild des Herrn Grafen Redern, wie er seine Braut, die wohl gerade keine Schönheit war, umarmt und darunter stand der Vers von Schiller: »Seid umschlungen Millionen!«

Als dann das Rednersche Palais am Pariser Platz, das von Schinkel erbaut worden und an dessen Stelle sich heute das Hotel Adlon befindet, auf das prächtigste eingerichtet worden war, kam eines Tages die Prinzessin Augusta von Preußen – die nachmalige Kaiserin – mit ihrem Sohne, dem Prinzen Friedrich Wilhelm, um sich die kostbare Ausstattung der Gemächer des Palastes anzusehen. Als sie dabei in einen Saal gelangten, der auf das reichste mit seltenen japanischen Kunstsachen geschmückt war, wandte sich die Prinzessin an die junge Frau des Hauses mit der Frage: »Ihr Vater handelt wohl mit solchen Sachen?«

»Nein, Königl. Hoheit«, erwiderte die Gefragte, »mein Vater handelt mit Verstand!«

»Und seine Tochter scheint dieses Geschäft auch fortzusetzen mit Erfolg!«, bemerkte Prinz Friedrich Wilhelm in seiner stets treffenden geistvollen Weise.

VIII

Gartenlokale, Kaffeekochen, Landpartien, Stralauer Fischzug

Die Berliner sind von jeher ein sehr vergnügungssüchtiges Völkchen gewesen. Sie waren – was sonst dem ersten, etwas steifen Norddeutschen nicht gerade nachzusagen ist – stets sehr lebhaft und beweglich, und ihr schlagender Witz war weit berühmt. Sie hatten diesen sogenannten »Esprit« mit dem Franzosen gemein. Man sagt ja auch, dass durch die französische Kolonie, die sich unter der Regierung des Großen Kurfürsten in Berlin niederließ (durch Religionsintoleranz aus dem Vaterland vertrieben), etwas von der Beweglichkeit der Franzosen und von ihrem lebhaften Geiste auf die Berliner überging.

Heutzutage ist die französische Kolonie in der Stadt der drei Millionen fast ganz verschwunden; aber zur Zeit meiner Kindheit, da Berlin nur 300 000 Einwohner zählte, spielte dieselbe noch eine bedeutende Rolle. Wie oft hörte man sagen, der oder die ist aus der »Kolonie«. Dieselbe hatte ihre Kirchen, in denen französisch gepredigt wurde, wie es allerdings ja auch heute noch der Fall ist, ihren eigenen Armenfonds, und die meisten von den Eingewanderten sprachen auch noch ihre Muttersprache neben der deutschen.

Unter den witzigen Berlinern stand vor allem der »Schusterjunge« voran. Wie waren sie schlagfertig und drollig mit ihren Redensarten, diese Berliner Schusterjungen! Jetzt, da auch die Gewerbe-Innungen ihre einstmalige Bedeutung verloren haben und es kaum noch Lehrlinge im Sinne der früheren Zeit gibt, ist der Schusterjunge auf dem Aussterbe-Etat begriffen, oder ist wohl schon gestorben.

Ich entsinne mich noch verschiedener komischer Bemerkungen, die ich selbst früher von irgendeinem Schusterlehrling gehört habe. – Als ich einmal, kurz vor Weihnachten, durch die Charlottenstraße ging, sah ich, wie eine Menge von Menschen vor einem Hause versammelt stand und nach dem Schornstein starrte, aus welchem dicker, schwarzer Qualm zum Himmel stieg. Jedenfalls brannte es drinnen im Hause, aber die Feuerwehr war noch nicht zur Hand. Ein Schusterjunge, der vor mir herlatschte mit ein paar Stiebeln in der Hand, blieb vor dem brennenden Hause stehen und sagte seelenvergnügt: »Na, da kocht ooch eener mal wieder Pellkartoffeln!« – Meine Mutter hörte ebenfalls bei der Gelegenheit eines Feuers eine komische, doch etwas drastische, Bemerkung von einem Schusterjungen.

Es brannte irgendwo in der Nähe der Wilhelmstraße und alles lief, um das Feuer zu sehen. Am meisten rannte ein Schusterjunge zwischen allen hindurch. Da kamen die Spritzen zurück, das Feuer war schon gelöscht. Der Schusterjunge kehrte auch wieder um, und meine Mutter hörte, wie er im Vorbeigehen sagte: »Nu hab' ick mir schonst lange uf' n Feier gefreit, un nu sch... mir der Pudel wieder wat!«

Nun also, da die beweglichen Berliner sich gern amüsierten, so gab es natürlich auch eine große Zahl von Vergnügungslokalen, wie sie gerade dem Geiste der Zeit entsprachen.

Da war z.B. in der Holmannstraße, nahe der Lindenstraße, der Soltmannsche Brunnengarten. Dort fanden sich im Sommer schon zu früher Morgenstunde die Kurgäste ein und spazierten, munter plaudernd, in den schattigen Laubgängen umher, dabei ihren Mineralbrunnen trinkend, während ein gutes Orchester auch für den Ohrenschmaus sorgte. Es war oft ein so buntes Treiben in jenem Garten, dass man glauben mochte, man befände sich mitten in einem besuchten Badeorte.

Eine Spezialität für Berlin waren von jeher die Lokale, in denen man »Kaffee kochte«. Wie oft las man – und liest auch heute noch – an einem Gasthause auf dem Lande oder an einem Gartenzaun: »Hier können Familien Kaffee kochen.« Im Sommer, in der schönen Jahreszeit, wanderte man hinaus zu den umliegenden Dörfern, um dort seinen »selbstgekochten Kaffee« (man brachte den gemahlenen Kaffee mit) nebst obligatem Kuchen oder Zwieback in einem Gartenlokale einzunehmen.

Das Quart Milch, das einem gespendet wurde, bezahlte man mit drei Silbergroschen, während es sonst nur sechs Dreier kostete. Dafür erhielt man das kochende Wasser und das nötige Kaffeegeschirr.

Am günstigsten für unsere Familie zu einem solchen Ausflug war Schöneberg, weil es am nahesten lag. Es hatte noch ganz kleine Häuser mit Gärten, hinter denen sich Getreidefelder weithin ausdehnten. Wenn man, aus der Leipziger Straße kommend, über den Platz schreitend, in die Potsdamer Straße trat, so war man schon ganz wie auf dem Lande. In der dicht mit Bäumen bestandenen Straße gab es nur spärlich erst einige Häuser, und hinter der Potsdamer Brücke, die lange nicht so groß war wie heut und die von Holz gebaut war, hörten die Häuser fast ganz auf. Zu beiden

Seiten der Straße zogen sich Wiesen und Felder hin. Dann kam rechter Hand der große Botanische Garten, der seit mehreren Jahren nach Dahlem verlegt ist, und hinter demselben begann gleich das Dorf. Erst ging man nach Neu-Schöneberg und dann durch Alt-Schöneberg, an dessen Ende die kleine Dorfkirche stand, die auch jetzt noch existiert. Auf dem weiten Felde, das sich zwischen dem Anhaltstore und dem Potsdamer Tore bis Schöneberg hinzog, wo sich damals eine kleine, mit Bäumen bestandene Anhöhe befand, der »schöne Berg« genannt, der auch dem Dorfe den Namen gegeben hat, ließen die Kinder im Herbste bei heiterem Wetter ihre Drachen steigen. Von Schöneberg aus kam man nach Steglitz und dann nach Zehlendorf; das war aber schon eine kleine Reise, eine weite Landpartie, wenn man bis dahin wanderte.

Auch der Kreuzberg vor dem Halleschen Tore war in jenen Zeiten, d.h. in den dreißiger und vierziger Jahren, mit einer »Kaffeeküche« versehen. Dieselbe befand sich aber nicht oben auf dem Berge, sondern unten in der Schlucht des Kreuzgebirges.

Man stieg auf vielen Stufen hinunter in einen kleinen Garten, in dem ein hübsches Häuschen lag. Dort wohnte der alte Invalide, dem die Bewachung des Freiheitsdenkmals oblag – d.h. nur am Tage, denn nachts zog eine Soldatenwache auf – und dieser, oder vielmehr dessen bessere Hälfte, war die Inhaberin der Kaffeeküche.

Wie oft bin ich mit meinem Großmütterlein und meiner Tante Emilie, Vaters Schwester, die beide in der Lindenstraße wohnten, als kleines Mädchen dort hinausgepilgert, um beim Invaliden Kaffee zu trinken. Selbstverständlich war auch die ganze Bellealliancestraße damals frei von Häusern. Überall schaute das Auge entzückt ins Grüne und atmete »Landluft« ein, sobald man das Stadttor hinter sich hatte.

Auf dem Kreuzberge, hinter dem Denkmal, befand sich anfangs der vierziger Jahre das Vergnügungslokal »Tivoli«, das dem alten Gehrke gehörte. Dort gab es eine wundervolle sogenannte russische Rutschbahn! Man stieg in einen kleinen Wagen, der auf einem Gleise stand (gewöhnlich nahmen zwei Personen im Wagen Platz), man klammerte sich mit den Händen fest an die Einfassung des kleinen Vehikels, um beim Fahren nicht hinausgeschleudert zu werden – dann ein Stoß –, und mit rasender Geschwindigkeit sauste man auf den Schienen in die Tiefe hinab und dann mit weiten Umkreisen wieder hinauf auf den Berg.

Zwei und einen halben Groschen (zwei jute) kostete jedesmal das Vergnügen, das nicht *ungefährlich* war.

Dem Kreuzberg gegenüber lag der »dustere Keller«, wo gleichfalls Bier verschenkt und Speisen verabreicht wurden. Mir gefiel aber die Anhöhe besser mit ihrem heiteren Treiben; ich erinnere mich auch nicht, oft im dusteren Keller gewesen zu sein.

Übrigens soll vom »dusteren Keller« aus ein unterirdischer Gang bis hin nach dem Dorfe Tempelhof geführt haben. Die Tempelritter, die dort ihren Wohnsitz hatten, sollen im Mittelalter jenen Gang angelegt haben.

Ein netter Kaffee- und Biergarten in den vierziger Jahren war auch der von »Müller-Müller« am Lützow-Weg, heute die Lützowstraße, eine Gegend, die damals noch ganz unbebaut war, und wo man beim Gehen im Sande waten musste. An der Stelle, wo sich Müller-Müller befand, war, vielleicht zehn Jahre später, die sehr besuchte Apfelweinkneipe von Wenzel.

In dem Idyll von Müller-Müller – der Mann hatte eine Mühle und hieß zufällig Müller – haben wir Kinder manches schöne Fest gefeiert. Onkel Spillers Geburtstag wurde einmal dort festlich begangen. Die gute Tante hatte dazu sämtliche Nichten und Neffen geladen, deren sie eine stattliche Anzahl besaß. Auch die Kinder ihres Bruders, des Silberfabrikanten Heylands (nachmals Heyland & Hunver), durften natürlich nicht fehlen. Eine Tochter aus jener Familie ist heute die Witwe des bekannten Kommerzienrats Paul Dörffel, des früheren Optikus Unter den Linden, der sich um die Wohltätigkeitsbasare Berlins so verdient gemacht hat, namentlich um die Hygieneausstellung der achtziger Jahre. Der damalige Kronprinz, der spätere Kaiser Friedrich, beehrte ihn deshalb mit seiner besonderen Gunst und Freundschaft.

Er sagte einmal in seiner scherzhaften Weise zu ihm: »Lieber Dörffel, wenn Sie und ich nicht wären, dann wäre die ganze Ausstellung nicht. Wir beide machen ja alles!«

Um wieder auf Müller-Müller zurückzukommen, so ist mir von jenem hübschen Geburtstagsfeste besonders unvergesslich geblieben, dass die vorsorgliche Tante einen ganzen Handwagen voll Esswaren – Flammeris mit Fruchtsaucen, süßes Gebäck usw. – von einem Schlosserlehrling hinaus zu Müller-Müller befördern ließ, während wir Kinder mit ihr in fröhlichem Zuge die »süße Ladung« begleiteten.

Hinter der Schöneberger Brücke, auf freiem Felde, befand sich die Mühle von Rauchfuß. Berlin war damals reich an solchen Mühlen, die einfach nur vom Winde getrieben und mit ihren vier großen Flügeln stets nach der günstigen Windrichtung gedreht wurden. Wir Kinder liefen oft bei Rauchfuß unter den schwingenden Flügeln durch, ein sehr gefährliches Spiel! Dort pflegten wir Mehl zu holen, das nicht versteuert zu werden brauchte (es war damals noch Schlacht- und Mehlsteuer), da die Mühle vor dem Tore lag.

Auch im Norden Berlins, auf dem sogenannten Windmühlenberg, gab es eine große Zahl von Mühlen. Gleichfalls befand sich dort ein Lokal, wo Familien Kaffee kochen konnten. Der Besitzer desselben hieß Würst. Und die alten Berliner, welche gerade die Absicht hatten, im Garten des Herrn Würst einen angenehmen Nachmittag zu verbringen, sagten einfach, wenn sie gefragt wurden, wohin es heute ginge: »Heut ist mir alles Wurscht!«

Wenn man über die Schöneberger Brücke kam, fiel der Blick links auf ein einsam liegendes, düsteres Gebäude, das sich an der Ecke des heutigen Tempelhofer Ufers befand. Das Haus hatte einen gewissen fürstlichen Anstrich; es sollte früher einmal jemand vom Hofe, ich weiß nicht mehr wer, darin gewohnt haben. Es war mit einem eisernen Gitter umgeben, und in dem dahinterliegenden Garten war ein Teich, in welchem Blutegel gezüchtet wurden. Daher hatte das Gebäude den Namen: das Blutegel-Schloss – Wir Kinder sahen dies düstere Haus immer mit einer gewissen Scheu an, als ob es darin spukte.

Ein bekannter Weißbiergarten im Kanale, nach dem Halleschen Tore zu, war auch der des Müllers Grunow. Der erste Besitzer dieses Grundstücks hieß Buberitz. Und dieses Wort hatten die spottlustigen Berliner in ihrer derben Weise umgeformt, indem sie aus den beiden weichen B zwei harte P fabrizierten. Mit diesem schönen Namen wurde das Lokal ganz unverfroren oft genannt.

Grunows in schräger Richtung gegenüber, an der Ecke der heutigen Großbeerenstraße, in der Nähe wo jetzt die Christuskirche steht, war das Lokal von Backes, das von den Familien des Geheimratsviertels abends viel besucht wurde. Auch dort wurde Weißbier getrunken und an einigen Tagen der Woche dazu Klippfisch mit brauner Butter und Mostrich gegessen, was ein Lieblingsgericht der Berliner Bürgerfamilien war.

Andere bekannte Vergnügungslokale waren damals: Deichmanns Blumengarten am Anfang der Schulgartenstraße, der »Hofjäger« in der Tiergartenstraße, nicht weit davon das »Odeon«, da, wo sich früher die Privatstraße mit der Villa des Pfefferküchlers Hildebrand befand und dann am Kanale, nicht weit von der Heydtstraße lag Moritzhof, dahinter Albrechtshof und an der gegenüberliegenden Seite Krugs Garten, welch letzterer besonders an Sonntagen von Besuchern gefüllt war.

Am hübschesten von all diesen Gärten war indessen Moritzhof. Dort gab es eine Menge von Lauben, schattigen Bäumen und frischen Rasenplätzen. Die Berliner Damen, die zu jener Zeit lange nicht so viel zu tun hatten wie heute, pflegten an schönen Sommernachmittagen gleich nach Tisch, dort hinauszuwandern und, mit einer Handarbeit versehen, die bei geselligen Vereinigungen damals nie fehlen durfte, gemütlich ihren Kaffee einzunehmen. Am Abend aß man dann aus Glassatten vorzügliche saure Milch – auch dicke Milch genannt – mit geriebenem Schwarzbrot und Streuzucker darüber. Dieses Gericht war eine Spezialität von Moritzhof.

Auf dem grünen Graben, der sich hinter dem Garten hinzog, fuhr die Jugend in netten kleinen Gondeln Wasser bis hinaus zu dem Neuen See, der sich in den Tiergartenanlagen befindet, und schaukelte sich mit fröhlichem Gesange im Boote zwischen grünem Schilf und weißen Wasserlilien, von denen man gern einen Strauß zum Andenken pflückte. Damals dichtete ich:

> Ihr kühlen Wasserlilien
> Sprecht mir vom stillen See,
> Das Wasser ist tief und dunkel,
> Der Himmel so blau in der Höh!
> Am Ufer stehen Weiden
> Und bleiche Lilien viel;
> Es flüstert der Wind in dem Schilfe
> Und treibt mit den Blumen sein Spiel.
> Die Sonne ist versunken,
> Der Mond sich still erhebt;
> Um Büsche und Blumen so leise
> Die silbernen Schleier er webt.
> usw.

Weiter hinaus, nach dem Zoologischen Garten zu, befand sich das »Birkenwäldchen«. Es war ein hübsches Restaurant mit einem richtigen kleinen Parke, der sich bis zu dem freien Felde hin ausdehnte.

Der Zoologische Garten, der in den dreißiger Jahren auf Aktien angelegt wurde, war damals viel wilder und dicht belaubter, als er es heute ist. Er hatte auch eine weit größere Ausdehnung als jetzt. Der Eingang zu ihm befand sich von der Seite des Kanals aus, und gleich vorn auf freiem Platze empfingen einen laut schreiende, buntgefiederte Papageien und weiße Kakadus, die sich in großen Ringen, welche an ausgespannten Seilen befestigt waren, hin und her schwangen.

Konzerte und Restaurants gab es in den vierziger Jahren noch nicht im Zoo. Nur ein Glas Milch mit Brötchen u.dgl. konnte man in einem kleinen Hause, das sich auf einer Anhöhe befand, als Erfrischung erhalten. .

Welch einen wundervollen Sommernachmittag verlebte ich einmal als vielleicht achtjähriges Kind im Zoo, da der Ordinarius unserer Klasse mit allen Schülerinnen derselben den schönen Garten besuchte, und wir dann am Abend, paarweise hintereinander marschierend, singend am Kanale entlang heimwanderten.

Unter den Gartenlokalen, in denen man Kaffee und Bier erhielt, will ich noch das von Heiseler erwähnen, das sich in den vierziger Jahren und auch noch in den fünfziger Jahren an der Ecke der Potsdamer Straße, nahe der Brücke, befand. Es war von einem Holzzaune umgeben, an dem innen eine Galerie herumlief, auf der Tische und Stühle standen, so dass man dort oben sitzen und bequem auf die Straße draußen schauen konnte. Jenseits des Kanales, an der andern Ecke der Straße, lag das hübsche Restaurant »Karlsbad«, mit großem, schattigem Garten; auch heute ist dort noch eine Speisewirtschaft »Zum Paßenhofer«; aber vom Garten ist nicht viel übriggeblieben.

Außer den eben genannten Lokalen, die in unserer Nähe lagen, hatte Berlin noch viele andere, die mir aber nicht bekannt waren, da sie sich in andern, entfernteren Stadtteilen befanden. Nur eines derselben erinnere ich mich noch deutlich. Es war die sogenannte »Neue Welt« (ich glaube, sie lag in der Frankfurter Allee), ein schönes Lokal mit großem Garten, wohin mich Verwandte von mir, Onkel und Tante Neumann, ein älteres, kinderloses Ehepaar, bei denen ich zuweilen die Sommerferien verlebte, mitzunehmen pflegten. Auch die wunderbar schöne Hyazinthen-Ausstellung besuchten wir, die sich in einem mächtig großen Garten in der Fruchtstraße befand.

Selten habe ich einen so herrlichen Blumenflor gesehen, der, in allen nur erdenklichen Farben prangend, sich endlos weit ausdehnte! So berühmt war jene Ausstellung, dass Fremde von nah und fern eigens nach Berlin kamen, um diese Märchenpracht zu sehen!

Von den Fremden wurde auch stets die Borsigsche Eisenfabrik in Moabit – für jene Zeit ein großartiges Unternehmen – besucht. (Dies war aber erst in den fünfziger Jahren.) Man bewunderte dort vor allem die zum Besitztum Borsigs gehörigen Treibhäuser mit ihren ausländischen Gewächsen und wunderschönen Palmen.

Neumanns wohnten in der alten Jakobstraße bei einem Gerbermeister Anger im Hause, nicht weit von der Neanderstraße, die damals erst angelegt war. Dem Angerschen Hause gegenüber befand sich eine regelrechte Ackerwirtschaft. Dort standen noch ganz kleine Häuser, mit großen Höfen davor, auf denen Hühner, Gänse, Tauben, Kaninchen, kurz alle nur möglichen Tiere, umherspazierten. Man glaubte wirklich, dort auf einem Dorfe zu sein. Man denke nur, in der alten Jakobstraße, heute eine der betriebsamsten Geschäftsgegenden mit hohen Häusern und Fabriken auf den Höfen, wo jeder Zoll für Erwerbsquellen ausgenutzt wird!

Berlins Umgegend war reich an Dörfern (heute sind aus vielen schon große Ortschaften, selbst Städte, geworden), die frisch und grün, in Wald und Flur, die Hauptstadt in der Nähe und Ferne umgaben. Indessen waren die Fahrgelegenheiten, um zu ihnen zu gelangen, nur sehr mangelhaft. Im Innern der Stadt selbst kursierten die Droschken; Omnibusse gab es in den vierziger Jahren nur wenige in Berlin. Die Droschken (ein richtiger Berliner Ausdruck, hergeleitet von dem russischen Worte Troiska), deren es nur *eine* Klasse gab, waren groß und weit gebaut, aber dabei ziemlich klapprig; auch hatten sie elende abgearbeitete Gäule. Der Kutscher trug gewöhnlich einen weiten Mantel mit einem großen Kragen darauf, und hatte in der Winterkälte hohe dicke Stiefel an, die innen mit Stroh ausgestopft waren. Auf dem stuckrigen und holprigen Pflaster Berlins fuhren die Droschken nur langsam dahin; eine Fahrt kostete für eine Person fünf Silbergroschen und sechs für zwei Leute. Von einem Tore Berlins bis zum andern, also z.B. vom Anhaltstore bis zum Schlesischen, galt für nur *eine* Fahrt! Mein Vater meinte, wenn er einmal solch eine lange Fahrt machen musste, mitleidig vom Kutscher: »der arme Kerl ist ruiniert für den ganzen Tag!«

Nach Charlottenburg hinaus fuhr man gewöhnlich in den sogenannten Torwagen. Diese hielten in der Nähe vor dem Brandenburger Tore und fuhren erst ab, wenn sie ganz besetzt waren. Die Fahrt für jede Person kostete zweieinhalb Silbergroschen. Auch diese Wagen hatten meist sehr elende Gäule vorgespannt. Ein alter Vers, der damals in Berlin bekannt war, hieß:

> Berliner Kind,
> Spandauer Wind,
> Charlottenburger Pferd –
> Sind keinen Heller wert!

Ehe man sich solch einem rüttlichen, langsamen Fuhrwerk anvertraute, ging man auch lieber zu Fuß. Der Weg durch den noch wildromantischen Tiergarten, mit seinen einsamen, dicht belaubten Fußpfaden nach Charlottenburg und Moabit war ja auch köstlich!

Charlottenburg war damals bei den Berlinern sehr beliebt als Sommeraufenthalt. Auch meine Eltern nahmen dort eine Sommerwohnung, als ich ein und ein halbes Jahr alt war. Es war im Jahre 1840. Aber nur meine Mutter wohnte mit mir und meinem Brüderchen draußen, denn der Vater musste seiner Tätigkeit wegen in der Stadt bleiben und kam nur Sonntags auf Besuch heraus. Ich erinnere mich noch, wie meine Mutter uns später erzählte, dass sie dort einmal nachts herausgeklingelt wurde. Und wer stand draußen nachts um 12 Uhr? Tante Jettchen Spiller mit einer Freundin!

Beide waren nach Charlottenburg gepilgert, um das feierliche, von Fackeln begleitete Leichenbegängnis Friedrich Wilhelms III. zu sehen, der im Mausoleum neben seiner Gemahlin Luise beigesetzt werden sollte. Natürlich musste mein Mutterchen sich schnell ankleiden, frischen Kaffee bereiten und dann mit den beiden Damen an der nächtlichen Feier teilnehmen.

Die Dörfer, welche mich in meiner Kindheit am meisten anzogen, waren Treptow und das ihm gegenüberliegende Fischerdorf Stralau.

Nach Treptow pflegten meine Eltern mit uns Kindern und noch verschiedenen Verwandten zuweilen Sonntags in einem großen Kremser eine Landpartie zu machen.

Diese Ausflüge nach Treptow gehörten zu den Festtagen meines Lebens.

Gleich vor dem Schlesischen Tore begann der Treptower Busch, der sich bis zum Dorfe hinzog. Aber eigentlich war Treptow gar kein Dorf; es bestand nur aus einer Straße von kleinen Gasthäusern mit großen Gärten, die bis hinunter an die Spree reichten.

In einer großen Laube oder Halle im Lokale von Eichbaum, nahe dem Flusse, speisten wir zu Mittag. Einige meiner Onkels hatten am Vormittage, drüben auf der »Liebesinsel« sitzend, schon fleißig geangelt und somit auch einige Fische für die Tafel geliefert. Nach Tisch wurde im Busch, im Grase liegend, Mittagsruh gehalten und darauf wieder im Garten selbstgekochter Kaffee getrunken. Auch ein Spaziergang wurde dann durch den damals noch ganz verwilderten Park gemacht, auf dessen sumpfigen Wiesen so zahllose Frösche herumhüpften, dass man beständig in Furcht schwebte, auf einem herumbalancieren zu müssen.

Zuweilen fuhren wir auch, wenn wir den Kremser fortgeschickt hatten, abends zu Wasser heim, von Treptow bis nach der Oberbaumbrücke. Dampfer gab es noch nicht; man mietete eine Gondel, die mit einem Leinendach bedeckt war und von Schiffern gerudert wurde.

In Stralau war ich in meiner Kindheit nur selten; aber ich sehnte mich sehr danach, einmal das Fest des berühmten Fischzuges, der stets am 24. August stattfand, zu sehen. Und endlich wurde mein Wunsch erfüllt; ich erhielt die Erlaubnis, das Fest mit meinen Verwandten, Onkel und Tante Neumann, besuchen zu dürfen.

Wie ergötzte ich mich an dem bunten, sinnverwirrenden Treiben, an den vielen Buden mit ihrem darin ausgestellten Tand und an der lauten fröhlichen Musik! Besonders aber interessierten mich die Menschen, die mit schwarzgefärbten Brillen vor den Augen und mit langen falschen Nasen und Bärten umherliefen und ihre Späße machten! – Auch konnte man dort, gegen Entgelt von einem Sechser, den großen Riesenkrebs sehen, der mindestens die Länge eines Meters aufwies und an einer Kette lag. Natürlich war diese Wundererscheinung nicht »Natur«, sondern von Holz angefertigt. – Der Stralauer Fischzug war eins der beliebtesten Volksfeste und stets eine Art von Ereignis für die ganze Stadt!

Heutzutage hat dieses Fest ganz seine Bedeutung verloren; es ist aus der Mode gekommen. Ich weiß nicht, ob überhaupt der Stralauer Fischzug noch existiert. Er lebt wohl nur noch in der Erinnerung.

Eine große Belustigung für das Volk gewährte damals auch das »Schützenfest« in der Linienstraße. Ich habe es nicht selbst gesehen, aber viel davon erzählen hören. – Die Schützen waren alle prächtig herausstaffiert! Sie trugen weiße Hosen, grünen Frack, einen mächtigen Dreispitz mit wallenden Federn auf dem Kopfe und die Brust mit riesigen Orden geschmückt. Ehrerbietig trat das Publikum zur Seite, um die hochedlen Herren passieren zu lassen. Schaubuden waren aufgestellt, und in einer derselben konnte man die später so berühmt gewordene spanische Balletttänzerin, die schöne Pepita de Oliva, für einen Groschen tanzen sehen.

Der Eingang zum Schützenplatz war von 20 bis 30 Weibern versperrt, die saure Gurken verkauften, einen Dreier die Gurke. Die Brühe bekam man umsonst noch dazu, und öfter wanderte ein Topf mit dem sauren Getränk darin gemütlich von Mund zu Mund.

Ein lebhaftes Gedenken bewahre ich auch noch an den »Gesundbrunnen«. Auch diese Ansiedlung lag Ende der vierziger Jahre romantisch idyllisch zwischen Gärten, und Feldern, mit ihrem Brunnenhäuschen, in dem die Quelle sprudelte, die dem Orte den Namen gegeben hat.

Dort wohnte die Schwester meiner Mutter mit ihrem Manne und ihrer einzigen Tochter, einem kleinen Mädchen in meinem Alter. Im Sommer des Jahres 1846 holte mich in den Schulferien der Onkel eines Abends ab, damit ich draußen in Luft und Sonne bei den Seinen ein paar Wochen verleben möchte.

Ich marschierte tapfer mit ihm den weiten Weg durch die Stadt bis zum Brunnen. Es war ein herrlicher, sonnenbeglänzter Abend; aber als wir in die Nähe der Liesenstraße kamen, wurde mir plötzlich etwas schaurig zumute. Eine seltsame Erinnerung tauchte in mir auf. Im Winter vorher hatte ich nämlich mit meinen Eltern denselben Weg zurückgelegt, um meine Verwandten zu besuchen.

Es war ein düsterer, trüber Novembertag gewesen, und als wir in die Nähe der Liesenstraße kamen, zeigte mein Vater auf ein hohes, nacktes Gerüst in der Ferne und sagte: »Da steht noch der Galgen aus alter Zeit!«

Und mir schien es, bei dem grauen Wolkenhimmel, als umkreisten schwarze Krähen das unheimliche Gerüst, und als würde dort ein Gehängter im Winde hin und her geweht.

Vor dem Galgen dort auf dem »Gartenplatz« befand sich zu jener Zeit noch der Pranger, an dem die zur Strafe Verurteilten stehen mussten. Ja, sogar auf dem Molkenmarkte vor dem alten Polizeipräsidium soll im Jahre 1849 noch eine Frau am Pranger gestanden haben. Ein Bekannter von mir sah sie, wie er mir erzählte, auf einem hölzernen Tische stehend, zum Gaudium der Straßenjungen, die sie verhöhnten und verspotteten.

Ebenso wie der Gesundbrunnen war auch das Dorf Pankow damals vollkommen ländlich, mit seinen kleinen Häusern romantisch an den schattigen Ufern der Panke gelegen. Von Pankow wanderte man gern zu dem nahen Schönhausen mit seinem stillen Schlosse (in welchem einst die Gemahlin Friedrichs des Großen ihre einsamen Tage verlebte), und dem weiten schönen Parke, dessen herrliche alte Bäume oft den Malern als Studien dienten.

Der lohnendste von allen Ausflügen in die Umgegend von Berlin war für uns Kinder der nach dem Grunewald! Freilich, er war auch der weiteste und beschwerlichste von allen!

Am nächsten lag uns das Försterhaus am Halensee; dorthin gingen wir oft, besonders als wir schon erwachsen waren, früh an Sommernachmittagen. Wenn wir die Schlossstraße in Charlottenburg erreicht hatten, wanderten wir durch den schönen Witzlebenschen Rosengarten; aus diesem heraustretend, lag auch schon der Wald vor einem, an dessen Grenze sich das Forsthaus befand.

Auch Pichelsberg und Pichelswerder besuchten wir in den Sommerferien zuweilen mit den Eltern. Dann brachen wir schon frühmorgens von Hause auf, reichlich mit Essvorräten für den ganzen Tag versehen und fuhren mit dem Torwagen bis zum Spandauer Bock, um von dort aus zu Fuß weiter zu wandern.

Es kam aber auch vor, dass wir den ganzen Weg schon von unserm Hause aus per pedes zurücklegten, was ja immerhin eine ganz ansehnliche Leistung war! Aber sie lohnte sich; denn herrlich war die Wanderung auf den tannendurchdufteten Waldwegen, wo wir gar oft noch, verborgen im Laube, würzige Erdbeeren fanden und sie für den Nachtisch zum Mittagessen einsammelten.

Draußen in Pichelsberg wurde dann das Mittagsmahl eingenommen, das meine Mutter aus den mitgebrachten Vorräten in der Küche des Bauernhauses meist selbst bereitete und das uns unter den schattigen Bäumen im Garten, an rohgezimmerten Holztischen sitzend, prächtig schmeckte.

Alles war so einfach, so ländlich; man war so fern dem Weltgetriebe in dieser Einsamkeit und Stille, am spiegelnden Wasser!

Außer uns war vielleicht niemand weiter hier draußen; wir waren die einzigen Berliner in Pichelsdorf an jenem Tage.

Wie ist das jetzt anders im lieben, alten Grunewald! Selbst an den Wochentagen – vom Sonntage gar nicht zu reden – findet man kaum noch ein stilles Plätzchen dort. Beim Förster Eichkamp, in Hundekehle, in Paulsborn – welch Gewimmel von Menschen überall! Und dann der Anblick der Butterstullenpapiere, der Eierschalen usw., die oft weithin den grünen Rasen im Walde bedecken, ist auch nicht gerade erquickend.

Ebenso wie Pichelsdorf bot auch Schlachtensee mit seiner alten und neuen Fischerhütte eine einsame, herzerhebende Waldidylle!

An Sonntagen aber war es hier belebter. Dann wallfahrteten die Berliner mit Kind und Kegel gewöhnlich auf Kremsern hinaus zu den Fischerhütten, um draußen in der reinen, frischen Waldluft den Tag zu verleben und abends, die Wagen mit bunten Ballons geschmückt, fröhlich singend zur Stadt zurückzufahren.

Heutzutage sind ja alle diese Orte weit schneller und billiger zu erreichen; Eisenbahn und elektrische Wagen führen zu ihnen – aber der göttliche Waldfrieden und die ländliche Stille von damals ist kaum noch dort zu finden. Und dennoch, es ist noch immer anheimelnd schön in unserm lieben, lieben Grunewald!

Doch wie lange wird's noch dauern? Man zittert schon bei dem bloßen Gedanken daran – dann werden sich auch da, wo noch heute die duftigen Tannen und der grüne Rasen die Erde schmücken, statt ihrer städtische Bauten, Villen und Paläste erheben! Und Straßen, lange Straßen werden sich entwickeln und Wald und Wiesen und Felder schließlich ganz verdrängen! – Aber wir alten Berliner werden hoffentlich *das* nicht mehr erleben, *das Schreckliche*, dass es keinen Grunewald mehr gibt, auf den wir stets so stolz waren! Dann müsste es uns ja sein, als ob wir in den Mauern der Stadt ersticken sollten, da uns der Wald- und Wiesenduft für immer geraubt ist!

IX
Wintervergnügungen, Theater, Konzerte, Bälle

Dass sich die guten Berliner damals auch nicht im Winter langweilen sollten, dafür war ebenfalls reichlich gesorgt. Freilich waren die Vergnügungslokale nur sehr spärlich gesät, wenn wir sie mit den heutigen vergleichen, die ja geradezu die Stadt überfluten.

Außer den feineren Weinstuben wie die von Lutter & Wegener auf dem Gendarmenmarkt, von Habel Unter den Linden u.a., in denen besonders Gelehrte und Künstler verkehrten, gab es eine Zahl von Restaurationen, in denen Bier getrunken und auch gespeist wurde. Sie waren im ganzen nur sehr einfach und bescheiden eingerichtet. Die Frauen blieben ja auch meist zu Hause; nur der Mann ging abends »zu Biere«, kehrte aber gewöhnlich schon beizeiten heim, wenn ihm nicht eine Gardinenpredigt zu Teil werden sollte. In jener Zeit trank man noch kein bayrisches Bier in Berlin oder wenigstens nur selten. Man begnügte sich mit dem bekannten Weißbier, das nirgends so gut gebraut wurde als gerade in Berlin.

Man trank dasselbe aus einem hohen, weiten Glase, welches der Reihe nach bei den daran Beteiligten herumging. Außerdem gab es Stonsdorfer Bier aus Schlesien, Potsdamer Stangenbier, süßes Braunbier, in welchem auch die Karpfen gekocht wurden, Weizenbier usw.

Die erste bayrische Bierbrauerei in Berlin war die von Josty in der Königstraße; dann folgte später die Brauerei auf dem Kreuzberg von Hopf, der das Lokal »Tivoli« besaß, das aber nicht mit der Rutschbahn aus weit früherer Zeit zu verwechseln ist. Wenn im Frühjahr im Tivoli das frischgebraute »Bockbier« getrunken wurde, dann strömten die Menschen in hellen Haufen dorthin, und da das Bier sehr schwer war und die Köpfe erhitzte, so kam es nicht selten zu Streitigkeiten, ja sogar Raufereien, im Garten von Tivoli.

In den dreißiger und vierziger Jahren schon existierte die Weißbierkneipe von Klausing in der Zimmerstraße. Dort saßen allabendlich die richtigen Weißbierphilister zusammen und sangen, wenn die Unterhaltung stockte, was ziemlich oft geschah (so erzählte mein Vater scherzend): »Seht, da sitzt 'ne Fleuch an der Wand, Fleuch an der Wand! Wenn da keine Wand nicht wär', säß da keine Fleuch nicht mehr!« usw.

Indessen war die Konversation stets rege im Gange, wenn einmal eine neue Steuer aufgelegt werden sollte oder vielleicht auch schon aufgelegt war. Dann wurde – es war so Ende der dreißiger Jahre – am Weißbiertische lebhaft die Verschwendungssucht König Friedrich Wilhelms III. getadelt, der damals seiner Gesundheit wegen alljährlich nach Teplitz ins Bad reiste. »Wir müssen hier de hohen Steiern zahlen«, hieß es, »un da wird det Jeld in't Ausland jedraren!«

Teplitz – Ausland! Und der sparsame König Friedrich Wilhelm III.! O, diese Berliner damals!

An Theatern gab es in meiner Kindheit nicht gerade viele. Das Königl. Opernhaus, das Schauspielhaus, das Königstädtische Theater (in ganz früher Zeit), das Friedrich-Wilhelmstädtische in der Schumannstraße und später dann das Wallnertheater, das war so ziemlich alles, außer noch einigen Volkstheatern in den Vorstädten, wie z.B. das von Mutter Gräberten in den Wollankschen Weinbergen, wo mit faulen Appeln geschmissen wurde, wenn den Zuschauern das Spiel nicht gefiel.

Diese Theater genügten für die Ansprüche der damaligen Berliner; sie waren nicht einmal sehr gefüllt allabendlich, obgleich der Eintrittspreis ein sehr billiger war. Unsere Familie hatte freien Eintritt zu den meisten dieser Theater, da meinem Vater als Redakteur ein Passepartout zu Gebote stand. Ich ging daher, als ich noch sehr jung war, oft in das Schauspielhaus, da ich das Drama mehr liebte als die Oper, und sah hier die herrlichen Schöpfungen der großen Meister, dargestellt von den trefflichsten Kräften. Nie werde ich die Crelinger vergessen, als Mutter des Coriolan, von Shakespeare, und den Dessoir als Mohr von Venedig (wer hätte je wieder den Othello so gespielt wie einst der alte Dessoir!), den Döhring als Jago, den Hendrichs als Götz von Berlichingen und viele andere mehr.

Es würde zu weit führen, sie alle hier aufzuzählen. So wurde der kindliche Geist und das junge Gemüt gebildet und erhoben durch diese wunderbar schönen Darstellungen, und der Seele eine Stütze in der *idealen Welt* geschaffen, die ihr Trost und Stärke verlieh, als die Stürme des wirklichen Lebens über sie hereinbrachen.

Einen Zirkus, wie er heutzutage existiert, hatte Berlin damals noch nicht. Ich erinnere mich allerdings, dass ich, so um die Mitte der vierziger Jahre, mit Onkel und Tante Neumann zu einer Zirkusvorstellung gegangen bin. Eine umherziehende Truppe von Kunstreitern hatte sich vorübergehend auf dem Dönhoffsplatz niedergelassen und dort eine Art von großer Bretterbude errichtet, in der sie ihre Vorstellungen gab.

In diesen spielte »das Nudelbrett«, wie der Berliner es scherzend nannte, die Hauptrolle. Dies war nämlich der sichere, breite Sattel, der auf dem Rücken des Pferdes befestigt war, und auf dem die Künstler ihre Tänze und Luftsprünge ausführten. So halsbrecherische Sachen, wie sie heutzutage vorgeführt werden, kannte man überhaupt damals nicht. Andere Tiere, außer den Pferden, hatten auch im Zirkus nichts zu tun. Weder Löwen, noch Tiger und Bären wurden vorgeführt.

Höchstens wirkten drollige Affen und intelligente Hunde mit bei den Aufführungen.

Auch von den großartigen Pantomimen, wie sie in unseren Tagen als zweiter Teil des Programms in jedem Zirkus stattfinden, in denen ein Überreichtum von Glanz, Pracht und wundersamen Überraschungen geboten wird, hatte man damals keine »blasse Ahnung«. Man war eben noch nicht verwöhnt, man war mit dem Einfachsten zufrieden und amüsierte sich »jottvoll«. Wenn ich als kleiner Knirps von solch einer Reitervorstellung heimkehrte, war ich stets so begeistert von derselben, dass ich im tiefsten Herzen entschlossen war, einstmals auch »Kunstreiterin« zu werden! Der Erlaubnis meines Vaters dazu war ich sicher, denn – er lachte stets herzlich bei meinem Vorschlage!

Was nun die Konzerte und die Musik im alten Berlin anbetrifft, so ist es ja allbekannt, dass gerade in Preußens Hauptstadt, neben Kunst und Wissenschaft, von jeher die Liebe zur Musik und zum Gesange eine Heimstätte gefunden hat. Die ästhetischen und musikalischen Tees von Berlin in den angesehensten Bürgerfamilien, in denen man Kunst und Musik pflegte, waren ja schon im achtzehnten Jahrhundert berühmt und wurden auch im neunzehnten fleißig fortgesetzt. Wenn in meiner Kindheit auch nicht ein *jeder* Klavier spielen lernte, wie es *leider* heutzutage der Fall ist, so fehlte doch bei einer heiteren geselligen Vereinigung in unserm Hause nie die Göttin »Musika«.

Entweder trug einer der Anwesenden, der wirkliche Begabung für die Kunst besaß, etwas auf dem Piano oder auch auf der Geige vor, oder es wurde ein fröhlicher Rundgesang angestimmt (beim Glase funkelnden Weins), an dem alle Gäste lebhaft teilnahmen.

Unter den Liedern, die bei solchen festlichen Gelegenheiten gesungen wurden, war z.B. jenes:

»Rundgesang und Rebensaft
Lieben wir ja alle, ja alle« usw.;

oder:

>>Ich nehm' mein Gläschen in die Hand,
vive la companeia<< usw.;

auch:

>>An der Gartentüaür
Hat mein Liebchen miamir
Sanft die Hand gedrückt<< usw.

Solcher und ähnlicher Lieder, die damals in allen Familien bekannt waren, werden die alten Berliner sich gern noch aus ihrer Jugendzeit erinnern.

Auch an öffentlichen Konzerten fehlte es nicht in Berlin; aber freilich waren sie nicht in so reicher Zahl, wie sie es heutzutage sind, wo wir uns vor ihnen kaum zu retten wissen. Hauptsächlich fanden die besten Konzerte in der Königl. Singakademie am Kastanienwäldchen statt. Dort traten die ersten Künstler der Welt auf; diese kamen schon damals von fern und nah nach Berlin, um hier ihre Leistungen zu zeigen. Natürlich war der Eintritt zur Singakademie kein billiger und das Publikum ein sehr gewähltes.

Im Anfang der fünfziger Jahre richtete dann der Musikdirektor Liebig seine populären Orchesterkonzerte für klassische Musik ein, die im Laufe der Zeit äußerst beliebt wurden. Sie fanden wöchentlich einmal vor zahlreichem Auditorium in Sommers Salon in der Potsdamer Straße statt; wenn ich nicht irre, befindet sich heute in jenem Hause, das ganz umgebaut worden ist, die Gesellschaft der Freunde.

Später spielte Liebig auch im Konzerthaus in der Leipziger Straße und in der Berliner Tonhalle.

Das Entree zu diesen wirklich wunderschönen Konzerten war ein ungemein billiges. Für einen Taler erhielt man im Abonnement zwölf Billetts; also für zwei gute Groschen konnte man sich diesen Hochgenuss verschaffen. Die klassischen populären Konzerte, die in neuerer Zeit in der Philharmonie stattfinden, sind gleichsam eine Fortsetzung der Liebigschen Musikabende.

Wenn ich nun von den Konzerten auch auf die Bälle der früheren Zeit zu sprechen komme, so kann ich wohl sagen, dass für das Amüsement der tanzlustigen Jugend reichlich gesorgt war, wenn auch die Zahl der Bälle selbstverständlich nicht an die schwindelnde Menge der heutigen Tanzvergnügungen heranreichte.

Natürlich musste man, ehe man des Hochgenusses eines Balles teilhaftig werden konnte (der *erste* Ball war damals gleichsam bahnbrechend in dem Leben einer jungen höheren Tochter!), in die Kunst Terpsychores gehörig eingeweiht worden sein. Das besuchteste Tanzunterrichtsinstitut Berlins besaß in den fünfziger Jahren der Königl. Tänzer Herr Thürnagel, der nebst seiner Gattin den Unterricht der Kinder leitete. Er wohnte am Gendarmenmarkt in der Mohrenstraße, und ein großer Teil der damaligen Berliner Jugend, Knaben und Mägdelein, wallfahrtete zweimal in der Woche nachmittags zu Herrn Thürnagels Tanzinstitut.

Ein einziges Geigerlein, das sich in einer Ecke des großen Saales zusammendrückte, spielte auf zu den Tanzübungen, die von Herrn Thürnagel äußerst ernst und streng geleitet wurden.

Seine Frau, in einem kurzen Ballettröckchen (damit man auch deutlich bei ihr die fünf Positionen sehen könnte!), war in einem Nebensaale tätig, wo sie, wie ich glaube, die kleineren Kinder unterrichtete. Ein besonderes Fest war es dann, nachdem man die ersten Schwierigkeiten der Tanzkunst überwunden hatte, bei »Großer Musik« tanzen zu dürfen, welche dann und wann an einem der Unterrichtsnachmittage stattfand. Dann spielte statt des einsamen Geigerleins ein kleines Orchester zum Tanze auf; die Kinder erschienen in ihren Sonntagskleidern hübsch herausgeputzt, und die Knaben brachten Sträußchen von gemachten Blumen mit, die sie beim Kotillon ihren kleinen Tänzerinnen verehrten, während diese sie dafür mit bunten glitzernden Kotillonorden schmückten. Auch die Eltern der tanzenden Jugend waren zu der Festlichkeit geladen; gewöhnlich aber erschienen nur die Mütter, da die Väter zu dergleichen Allotria keine Zeit hatten.

Diesen kindlichen Tanzvergnügungen folgte dann in wenigen Jahren das große Ereignis des *ersten* Balles! Die hauptsächlichsten Bälle, die in jeder Wintersaison ein oder mehrere Male stattfanden, waren die Juristen-, die Architekten-, die Studenten- und die Vaterlandsbälle. Die letzteren wurden meist nur von Offiziersfamilien besucht, da fast all ihre Mitglieder dem militärischen Stande angehörten.

Die Lokale, in denen diese verschiedenen Bälle sich abspielten – man nannte sie öffentliche Bälle, da ein jeder, der durch ein Mitglied des Vereins eingeführt wurde, Zutritt erhalten konnte – waren: Arnims Hotel Unter den Linden, das Englische Haus in der Mohrenstraße, Meders Salon, gleichfalls unter den Linden, das Mehlhaus am Kupfergraben für populäre Bälle, und vor allem Krolls Etablissement, wo öfter die Bälle des Corps de Ballet, aber auch der große Ball der polytechnischen Gesellschaft (einmal im Winter) gegeben wurden. Dieser letztere begann schon am Nachmittage, da vor dem Tanze ein prachtvolles, ziemlich lange dauerndes Diner stattfand. Die übrigen Bälle fingen abends um 7 Uhr an; besonders auf den Juristen-Bällen musste man pünktlich sein, denn mit Schlag sieben begann der Tanz.

Eine junge Dame musste also schon im Laufe des Nachmittags mit ihrer Toilette anfangen und ja rechtzeitig die viel beschäftigte Friseuse bestellen, um zur gegebenen Stunde abends fertig zu sein. Eine große zweispännige Karosse, die auch schon ein paar Tage zuvor gesichert werden musste, brachte die junge Tänzerin dann mit ihrer Begleitung zu dem Orte der Bestimmung und holte sie in der Nacht auch wieder ab. – Ungefähr um elf Uhr wurde der Tanz durch ein Souper unterbrochen, an dem alle Gäste teilnahmen. Diesem folgte der Kotillon, und gegen zwei Uhr nachts war in der Regel der Ball beendet.

Sehr einfach waren die Balltoiletten der jungen Mädchen zu jener Zeit, aber trotzdem waren sie sehr duftig und kleidsam. Eine Hauptrolle bei dem Ballstaate spielte Mull und Tarlatan, besonders der letztere in allen

Farben, weiß, rosa, grün und blau. Damals schwang auch noch die Krinoline ihr Zepter, jene barocke Mode, die von der schönen Eugenie, der Kaiserin der Franzosen, eingeführt worden war – man munkelte, zu einem gewissen Zweck.

So sehr das starke Geschlecht auch gegen diese Unsitte eiferte, und zwar mit Recht, denn überall, in Theatern, Konzerten, Bällen – besonders aber in dem engen Raume des Omnibus – machte sich dieser Reifrock mit seinen Stahlgittern auf das empfindlichste breit, behauptete sie doch ihren Platz auf lange Jahre mit einer unerhörten Widerstandskraft.

Sehr komische Szenen entstanden öfter durch diese Mode auf den Bällen, wenn sich z.B. im Kotillon eine Anzahl junger Damen um den Tisch versammelte, auf dem die Orden für die Herren zur Wahl ausgebreitet lagen, und dann durch das enge Aneinanderdrängen die sämtlichen Krinolinen hinten in die Höhe stiegen, so dass sich dem aufmerksamen Zuschauer eine sehr drollige Ansicht von hübschen gestickten »Anstandsröckchen«, feinen Ballstrümpfen und niedlich beschuhten Füßchen präsentierte.

Von einem wunderhübschen Sommerfeste will ich aber noch berichten, welches die Polytechnische Gesellschaft im Jahre 1857 – ich glaube, es war im Juli – in dem Krollschen Etablissement veranstaltete, und an dem ich mit meinen Eltern teilnahm.

Zuerst fand in dem großen Saale eine Theatervorstellung statt; dieser folgte ein solennes Abendessen, und dann eröffnete sich, zu unser aller Überraschung, ein Ball – draußen im Freien! Der ganze Garten war zu diesem Zwecke mit bunten Ballons und strahlenden Lampengewinden in der Tat feenhaft erleuchtet.

Überall in den dunklen Laubgängen glühte und schimmerte es von roten, grünen und gelben Lichtblumen! An der sprudelnden Fontäne war das Musikkorps aufgestellt, und zu den rauschenden Walzer- und Polkaklängen drehten sich wirbelnd die tanzenden Paare – die jungen Damen in ihren hellen, duftigen Balltoiletten – um das Bassin herum.

Eines der tanzenden Pärchen soll sogar in übergroßem Feuereifer über den Rand der Fontäne hinweggeschwebt sein und so im Wasser unten ein unfreiwilliges Abkühlungsbad genommen haben! So erzählte die böse Fama – selbst gesehen habe ich es jedoch nicht.

Das erste Morgenrot färbte schon den östlichen Himmel, als wir, noch in der Begleitung von einigen fröhlichen Bekannten, zu Fuß durch den schweigsamen Tiergarten heimkehrten –, der damals noch nicht erleuchtet war.

An manchem verborgenen Plätzchen, wo im Düster der Büsche und Bäume ein Bänkchen stand, hörte man es leise flüstern und wispern.

Einer unserer Begleiter zündete in seinem Übermute einmal mutwillig ein Streichholz an und leuchtete – es war eine eigenartige Idylle, die sich unsern Blicken darbot!

Aber das so plötzlich aufgescheuchte Pärchen war natürlich sehr entrüstet, und sein Schelten und Schimpfen über diese »Unverschämtheit« klang weniger idyllisch!

Mein Vater meinte tadelnd, dass wir durch diese Unvorsichtigkeit uns einen sehr unangenehmen Auftritt hätten bereiten können, doch dann stimmte er mit in unser Lachen ein – die Geschichte war zu komisch gewesen.

X
Märkte, Ein- und Verkauf in Alt-Berlin

Wenn heutzutage eine Hausfrau ihre Einkäufe für die wirtschaftlichen Bedürfnisse machen will, so stehen ihr die Markthallen, die den ganzen Tag geöffnet sind und die Schutz gegen die Unbill der Witterung bieten, zur Verfügung. In jener Zeit aber, in die meine Kindheit und Jugend fällt, wurden Wochenmärkte auf offenen Plätzen abgehalten, und zwar nur in den Vormittagsstunden bis ein Uhr mittags, ungeschützt gegen Sonne, Regen und Wind. Sie fanden hauptsächlich statt auf dem Dönhoffsplatze, dem Gendarmenmarkte und dem BelleAlliance-Platze, zweimal in der Woche, am Mittwoch und Sonnabend. Auf dem Dönhoffsplatze war der größte dieser Märkte. Der Platz war noch ungepflastert, und wenn es regnete oder schneite, dann patschte man im Moraste umher.

Die Bauern aus den umliegenden Dörfern brachten selbst ihre Ware zur Stadt; von den Zwischenhändlerinnen, den sogenannten Hökerinnen, kaufte niemand gern. Die Grobheit und Frechheit dieser letzteren war allbekannt; daher pflegte man von einem groben, keifenden Menschen zu sagen: »der oder die schimpft ja wie ein Hökerweib!« Indessen konnten die Hökerinnen beim Anpreisen ihrer Ware auch ganz höflich sein. Ihre Anrede an eine vorübergehende Käuferin lautete fast immer: »Na, junge Frau, wat suchen Se denn? Hier, scheene Birnen, Borsdorfer Appel usw.«

Da kam es denn einmal vor, dass eine Hökerfrau, als sie von ferne eine alte Bekannte erblickte, im Feuereifer rief: »Sie junge Frau! Sind Se nich de' olle Müllern?« – Dies ist im alten Berlin zur stehenden Redensart geworden.

Im Winter, wenn es sehr kalt war, bedienten sich die Hökerfrauen eines eisernen Kohlentopfes, den sie, um sich zu erwärmen, unter ihre Röcke stellten. Daraus entstand dann der Schusterjungenwitz: »Mutter, haben Se aber och 'nen eisernen Vorhang vor?« – Frauen, mit großen Kiepen auf dem Rücken, gingen auf dem Markt umher und boten ihre Dienste an. Die Hausfrau engagierte eine Trägerin, die ihr dann alle ihre Einkäufe nach Hause trug und für diese Leistung zwei gute Groschen empfing.

Aber in Berlin selbst gab es dazumal noch sogenannte »Ackerbürger«, bei denen man alle Gemüse – Kartoffeln, Kohl, Rüben usw. – kaufen konnte, ohne sich dazu an die Bauern wenden zu müssen.

Diese Ackerbürger wohnten, wie alle andern Bürger, in der Stadt, hatten aber Landbesitz draußen vor den Toren und verkauften dann in ihrer Stadtwohnung die Früchte, die sie draußen auf den Feldern geerntet hatten. Noch in den siebziger Jahren, als wir auf dem Belle-Alliance-Platz wohnten, gab es dort in unserer Nähe Ackerbürger, von denen wir oft unsern Bedarf an Gemüse und Früchten zu beziehen pflegten.

Am Sonnabend Abend fanden im Winter auch die Gänsemärkte auf dem Dönhoffsplatze statt, wo von den Bauern selbst ihre fettgemästete Ware zum Verkauf ausgestellt wurde. Einen komischen und eigenartigen Anblick gewährten die großen Bauernwagen, über deren Latten ringsherum die langen Hälse der innen aufgestapelten Gänse herabhingen.

Auch Jahrmärkte gab's damals noch in Berlin, wie in einer kleinen Stadt, im Frühjahr und Herbst. Auf diesen wurden alles mögliche, besonders aber Schuhwaren und Topfgeschirr, feilgeboten. Gewöhnlich fanden diese Märkte in der Lindenstraße nahe der Kommandantenstraße statt; dort wenigstens entsinne ich mich, als Kind zwischen den Buden umhergewandert zu sein.

Die an Berlin nächstliegenden Dörfer spielten damals eine weit bedeutendere Rolle als jetzt, denn sie waren es ja, die in erster Linie die Hauptstadt mit Nahrungsmitteln versorgten. Jetzt werden Gemüse und Früchte aller Art von weither geschickt; damals war dies nicht der Fall, denn es fehlte ja noch an Verkehrsmitteln, die Waren zu befördern. Höchstens kamen die Obstkähne auf der Spree aus den Provinzen, hauptsächlich aus Schlesien an, besonders zu Weihnachten die Kähne mit Äpfeln. Vor allem war es die Milch, welche aus den nächstliegenden Ortschaften, meistens aus Schöneberg und Marienfelde, nach Berlin spediert wurde.

Es geschah schon in frühester Morgenstunde. Der Milchmann, welcher jeden Morgen die Milch seinen Kunden brachte, trat zu der Familie öfter in eine gewisse freundschaftliche Beziehung, besonders, wenn er gute Ware lieferte. Man besuchte ihn dann zur Sommerszeit in seinem Dorf, um bei ihm im Garten seines Bauernhauses Kaffee zu trinken oder saure Milch zu essen.

Auch viele Frauen brachten die Milch zur Stadt in kleinen Karren, die mit Hunden bespannt waren. Sie trugen gewöhnlich große schwarze Hüte von Wachstuch, die vorn am Rande mit einem breiten Falbel von Spitzen oder Fransen geziert waren. Die alten Berliner werden sich dieser eigenartigen Milchfrauen noch sehr gut entsinnen. Die Hunde wurden damals sehr häufig als Zugtiere benutzt; oft aber auch sah man ein Fuhrwerk von einem Esel gezogen. Jetzt in der Neuzeit findet man das geduldige Grautier wieder in den Straßen der Metropole. Man hat es von neuem eingeführt, um dafür die Ziehhunde ganz abzuschaffen. Aber wie lange wird's dauern, dann wird der Esel wie auch das Pferd aus dem Straßenbilde Berlins verschwunden sein, da ja die Elektrische und das Automobil immer mehr um sich greifen und später vielleicht auch die »Luftschiffe« als Verkehrsmittel eingeführt werden! Unsere Nachkommen werden »das Ross« dann nur noch aus der Naturgeschichte kennen lernen, oder, wenn sie mal einem »Reiter« zufällig begegnen.

Zu jener Zeit, als noch das Hundefuhrwerk eine Rolle spielte, waren auch die ambulanten Händler sehr an der Tagesordnung. Obstverkäufer z.B. zogen mit ihrem Wagen durch die Stadt und priesen mit gellender Stimme ihre Ware an: »Sechs Dreier de Metze Apfel! Sechs Dreier de janze Metze!«

»Ärdbären, Ärdbären!«, jodelte immer eine Handelsfrau, die ich schon kannte, mit gellender Stimme. Sie wollte wohl durch die Verwandlung des e in ä einen besonderen Eindruck hervorrufen.

Heute, bei all dem Gebimmle, Getute, Geknarre des »Töff, Töff«, würde man in den Straßen wohl kaum noch die Stimme der Ausrufer vernehmen können; sie würde vom Lärm übertönt werden. Damals jedoch waren die Straßen, mit einigen Ausnahmen, wie die große Friedrich- und die Königstraße, merkwürdig still und leer. Eine wohltätige Ruhe herrschte überall.

Die Kochstraße z.B. war so wenig frequentiert, dass auf ihren Seitenwegen zwischen den Steinen langes Gras hervorwuchs. Ich entsinne mich dessen so genau, weil ich als Kind doch viermal täglich gerade diese Straße passierte.

Und in der Grünstraße befand sich noch in den fünfziger Jahren vor dem Hause Nr. 25 eine Schmiede, wo die Hufeisen der Pferde auf dem Bürgersteige beschlagen wurden, nachdem man die Tiere vorher an Ringen, die am Hause angebracht waren, befestigt hatte.

Ein ambulanter Händler, den wir Kinder sehr gern hatten, war der Lumpensammler, der mit seinem Hundekarren weit und breit umherzog und durch schrilles Pfeifen seine Nähe verkündete. Wenn wir diesen Pfiff vernahmen, dann bettelten wir uns von der Mutter schleunigst alle nur möglichen Lappen und Flicken, die beim Schneidern übriggeblieben waren, zusammen und trugen diese zu dem freundlichen Manne hinunter, der uns dafür herrliche Kleinodien, wie Nadeln, Ringe, die mit bunten Glassteinen geziert waren, und dergleichen einhändigte.

Eine populäre Figur im Straßenbilde Berlins war auch der Schornsteinfeger, dem man jetzt nur noch selten begegnet. Mit seinem rußgeschwärzten Gesichte, aus dem das Weiße der Augen grell hervorleuchtete, die Leiter und den Besen über die Schulter geschwungen, und vor allem den hohen, steifen Zylinder, der nie fehlen durfte, auf dem Kopfe, so sah man ihn oft eilig durch die Straßen laufen. Die kleinen Kinder flüchteten vor ihm, denn mit dem »schwarzen Mann« war ihnen, wenn sie unartig waren, oft gedroht worden.

Ebenso bekannt wie der Schornsteinfeger war auch der Sandmann, der mit seinem Karren, vor welchem ein elendes Pferd, die sogenannte Sandkracke, gespannt war, durch die Straßen fuhr und dabei seinen lauten Ruf erschallen ließ: »Sand! Sand! Wer kauft Sand? Weißen Sand!«

Ein großer Liebling von uns Kindern war der Leiermann, der mit seinem Kasten auf dem Rücken von Hof zu Hof zog und dort seine Weisen spielte, oft auch ein Lied dazu sang. Ein neues Leierkastenlied war immer eine Zeitlang in der Mode, und wurde von Jung und Alt, hoch und niedrig gesungen und geträllert.

Am Anfang der dreißiger Jahre war das Lied vom Herrn Schmidt mit seinen zwölf Töchtern sehr »en vogue«. Der erste Vers hat sich sogar bis heutigen Tages in aller Munde erhalten, und vielleicht interessiert es daher, wenn ich das ganze Lied hierhersetze, das mir aus Herrn Carl Goldschmidts reichhaltiger Sammlung von Alt-Berliner Schriften, Zeitungen, Ansichten, Typen usw. freundlichst zur Disposition gestellt worden ist.

Hallerscher Stiefelknechts-Galopp

Herr Schmidt! Herr Schmidt!
Wir haben eine Bitt'!
Auf Freiersfüßen kommen wir,
Man sagt: es sind viel Töchter hier!

Ja, ja! Ja, ja!
Ich bin der Herr Papa!
Ein Dutzend Mädchen hab' ich nur,
Von jedem Jahrgang eine Spur!

Herr Schmidt! Herr Schmidt!
Was kriegt denn Julchen mit?
Ein'n Schleier und 'nen Federhut,
Sie stehn dem Mädchen jar zu jut!

Herr Schmidt! Herr Schmidt!
Was kriegt denn Gustchen mit?
Die Guste ist für Sie kein Kraut,
Denn sie ist, Gott sei Dank, schon Braut!

Herr Schmidt! Herr Schmidt!
Was kriegt denn Dörtchen mit?
'ne Wiege und schön Kinderzeug,
Wenn's denn so weit is, hat sie's jleich!

Herr Schmidt! Herr Schmidt!
Was kriegt denn Minchen mit?
Schöne Blonden, derbe Schuh,
Denn da passt das Mädchen zu.

Herr Schmidt! Herr Schmidt!
Was kriegt denn Malchen mit?
Das Mädchen, das ist gut und brav,
Wer die kriegt, der bekommt ein Schaf.

Herr Schmidt! Herr Schmidt!
Was kriegt denn Lottchen mitt?
Ein Envelöppchen nett und fein
Und meinen Segen obendrein.

Herr Schmidt! Herr Schmidt!
Was kriegt Luischen mit?
Das Mädchen sagt, sie heirat' nich,
Doch daran stoßt sich keiner nich!

Herr Schmidt! Herr Schmidt!
Was kriegt Mariechen mit?
Die steht sich schon die Dreißig an,
Da müssen meine Groschen ran!

Herr Schmidt! Herr Schmidt!
Was kriegt denn Hannchen mit?
Die kriegt ein Sofa lang und breit
Für ihre große Sittsamkeit!

Herr Schmidt! Herr Schmidt!
Was kriegt Rosalie mit?
Zwei Schinken und 'ne Kälberbrust,
Denn Essen is ja ihre Lust!

Herr Schmidt! Herr Schmidt!
Was kriegt denn Emma mit?
Den Schiller und den Walter Scott
Denn Verse macht sie wie ein Jott!

Herr Schmidt! Herr Schmidt!
Was kriegt Ottilchen mit?
Ottilie ist das Kakelnest,
Die kriegt den janzen Überrest!

Ebenso wie die Leierkastenlieder waren auch gewisse Redensarten an der Tagesordnung und in aller Munde. Von Zeit zu Zeit kam zu den alten dann ein neues Schlagwort hinzu, das fortwährend im Gebrauch war, bis ihm wieder ein neueres folgte. Zum Teil wird ja auch dann und wann wieder eines von den alten, die öfter recht drastisch sind, unter den unzähligen neuen angewendet; Ich will zum Scherz hier einige derselben notieren; die alten Berliner werden sie ja kennen:

Adje ooch! Komm nich untern Wagen!
Jrüß Vata'n, wenn de Mutta'n siehst!
Brat mir Eener'n Storch! Aber 'n milchern' un de Beene hübsch knusprig!
Ick denke nu jrade ooch, der Affe laust mir!
Der kann mir fett lecken, wo ick mager bin!
Lejen Se's man hin!
Se haben ja so reene Manschetten an!
Nich in de Hand! – Oder: Nich in de Lammeng!
Wer mir vor dumm verkooft, der hat sein Jeld umsonst ausjejeben!
Na, mit Ihnen hab' ick schonst lange nich in eene Renne jelegen!

In früheren Zeiten hatte Berlin, wie ich schon einmal erwähnte, noch Mahl- und Schlachtsteuer, die sogenannte Akzise. Indessen war die Gelegenheit geboren, vor den Toren der Stadt die Waren billiger einzukaufen, die bis zu einer gewissen Höhe des Gewichtes steuerfrei waren, und in aller Stille wurde daher von den Bürgerfamilien eine Schmuggelei mit den verschiedensten Nahrungsmitteln getrieben, was niemand für eine Sünde oder ein Unrecht ansah. Einmal passierte meiner Mutter bei dieser Einschmuggelei etwas sehr Komisches. An den Markttagen pflegte vor dem Halleschen Tore ein Schlächter, der von außerhalb kam, mit seinem Wagen zu halten. Er verkaufte seine Fleischwaren, die natürlich nicht versteuert waren, zu einem sehr billigen Preise. Eines Tages hatte meine Mutter bei diesem Schlächter eine schöne große Kalbskeule, das Pfund zu zwei guten Groschen erstanden. Sie ließ, da sie die Steuer nicht bezahlen mochte, den Braten vom Schlächter in zwei Teile schneiden. Eine jede der Hälften betrug somit nicht mehr Pfunde, als erlaubt waren ohne Steuern einzuführen. Nun schickte meine Mutter das Dienstmädchen mit dem einen Teil des Bratens zuerst heim, und nach einer Weile machte sie sich selbst mit der zweiten Hälfte auf den Weg. Aber wer beschreibt ihr Erstaunen – das allerdings kein angenehmes war – als sie, beim Steueramt eintretend, um dort die erhandelte Ware vorzuzeigen, ihre Bedienstete auf einer Bank seelenruhig sitzen und auf sie warten sah! Die schadenfroh grinsenden Steuerleute teilten der Überraschten nunmehr mit, dass sie dem Mädchen beim Eintritt sogleich gesagt hätten: »Warten Se man hier, schönes Kind, mit Ihrem halben Braten! De andere Hälfte wird woll bald nachkommen!«

Und da wartete sie nun! –

Dass meine Mutter eine tüchtige Strafe zahlen musste, war selbstverständlich. Und zum »comble du malheur« bekam sie hernach von meinem Vater, als sie ihm ihr Pech erzählte, auch noch eine gelinde Strafpredigt, da er ein Feind dieser Schmuggeleien war und seine Frau schon oft vor den bösen Folgen derselben, gewarnt hatte. Aber – es wurde trotz alledem weiter geschmuggelt!

XI
Hauseinrichtung, wirtschaftliche Verhältnisse usw.

Bei all der großen Schwärmerei, die wir alten Berliner für die goldene Zeit bewahren, in der unsere liebe Vaterstadt noch klein und einfach war, müssen wir doch rühmend anerkennen, dass sich gar vieles in den Einrichtungen der neuen und neuesten Zeit zum Vorteil geändert hat. Man denke nur einmal daran, dass es im alten Berlin in keinem Hause so etwas wie eine Wasserleitung gab! Das Wasser wurde einfach vom Pumpbrunnen, der auf dem Hofe oder auf der Straße stand, hinauf in die Wohnung geschleppt, und manch einen Eimer habe ich damals eigenhändig hinaufgetragen, um der Küchenfee diese schwere Arbeit zu erleichtern.

Das schmutzige gebrauchte Wasser musste dann zur Straße heruntergetragen werden – denn einen Ausguss in der Küche gab es nur in wenigen Häusern – und wurde dort in die offenen Rinnsteine, von den Berlinern »die Renne« genannt, befördert.

Welch einen lieblichen Geruch diese Gossen, besonders an heißen Sommertagen, ausströmten, dessen erinnert sich gewiss noch mancher – ohne besonderes Wohlgefallen!

Im Winter waren diese kleinen Straßenbäche oft zugefroren und mussten dann vor jedem Hause von den dort Wohnenden mit kochendem Wasser aufgetaut werden. Sie boten aber ein Feld des Vergnügens für die muntere Schuljugend, die, wenn sie von der Lernstätte heimkehrte, einer nach dem andern über die blanke Schlitterbahn dahinflog!

Sehr schwierig war damals auch das Reinigen der schmutzigen Wäsche.

Öffentliche große Dampf-Waschanstalten wie heutzutage gab es nicht; es wurde, wenn man die Wäsche nicht außerhalb des Hauses von einer Waschfrau reinigen ließ, meistenteils im Hause gewaschen. Und solch ein Waschtag hatte immer etwas höchst Ungemütliches für die ganze Familie!

Es wurde unten im Waschkeller gewaschen, gewöhnlich mit Regenwasser, das auf den Höfen in großen Regentonnen gesammelt worden war.

Öfter jedoch, wenn es nur wenig oder gar nicht während längerer Zeit geregnet hatte, war die Tonne natürlich leer. Dann musste man Wasser, gewöhnlich Flusswasser kaufen, welches aus der Spree geholt und in Tuben auf einem Hundewagen herbeigeschafft wurde. –

Wieviel mühsamer und beschwerlicher war damals das Los eines Dienstmädchens als heute, und wieviel geringer der Lohn, den es für seine Leistungen empfing! Wie einfach war aber auch die Kleidung der Mädchen! Beim Ausgange nahmen sie ein Tuch um die Schultern; auf dem Kopfe trugen sie gar keine Bedeckung, im Winter gegen die Kälte höchstens eine wollene Kappe.

Beim Spülen der Wäsche, was auf dem Hofe am Pumpbrunnen geschah, musste das Mädchen auch behilflich sein, ebenso wie beim Hinauftragen der gefüllten Körbe nach dem Boden und beim Aufhängen der nassen Wäsche dann oben.

Wie oft musste damals das Mädchen die Treppen hinauf- und heruntersteigen, denn auch die Feuerung, wie Holz, Torf, Kohlen, wurde aus dem Keller hinauf in die Wohnung geschleppt!

Vom elektrischen Licht, von Luft- und Wasserheizung, Dampfwäscherei – von all diesen Einrichtungen der Neuzeit träumte man damals noch nicht. Und wie elend waren dabei in den meisten Fällen die Schlafstätten jener dienstbeflissenen Geister! Gewöhnlich befand sich ihr Schlummerplatz auf einem engen, niedrigen Hängeboden, zu dem das Mädchen auf einer Art Hühnerleiter von der Küche aus hinaufsteigen musste! Weder frische Luft noch Licht konnte dort eindringen; denn ein Fenster besaßen die meisten dieser kleinen Käfige nicht, höchstens ein solches, das nach dem Küchenraum führte.

Da ich gerade von Fenstern rede, so will ich hier eine Einrichtung erwähnen, die sich oft in der Nähe der Fenster befand, natürlich an denen, die nach der Straße hinausgingen.

Damals gab es in jedem Hause Parterrewohnungen, auch in den belebteren Straßen, was heutzutage selten der Fall ist, da die Räume zu ebener Erde fast alle zu Geschäftsläden verwendet werden.

Man wohnte sogar mit Vorliebe parterre, um keine Treppen steigen zu müssen. An den Fenstern saßen dann, besonders in den Nachmittagsstunden, die Damen mit einer Handarbeit beschäftigt, gewöhnlich auch auf einem Fenstertritte thronend, und belustigten sich damit, hinter den Gardinen hervorlugend, die Vorübergehenden zu mustern, und wenn diese auch noch so spärlich vorhanden waren. Um dies Vergnügen recht bequem zu haben, hatte man oft an den Fenstern außen stellbare Spiegel (von den Berlinern »Spione« genannt) angebracht, welche das Bild der Herannahenden, sowie das der Davongehenden, dem Auge sichtbar machten, auch wenn man ruhig auf seinem Platze sitzen blieb.

Ebenso gab es Leute, welche ganze Nachmittage und Abende lang aus dem Fenster guckten, dabei die Arme komfortabel auf die »Fensterkissen« gestützt, wenn es selbst auch gar nichts draußen zu sehen gab.

Man hatte eben mehr Zeit als heute. Das Sprichwort unserer stammverwandten Nachbarn: »Time is money« existierte wohl noch nicht bei uns.

Noch einen Punkt will ich berühren, der zwar etwas heikel, doch gerade von großer Wichtigkeit ist; es handelt sich, wie die Engländer sagen, um das Döbbelju-Si.

Ein solches, das heißt also ein Waterkloset, war in keiner Wohnung vorhanden, da es ja noch keine Wasserleitung gab. Die sogenannten »Örtchen«, die auch sehr primitiv in ihrer Einrichtung waren, befanden sich unten auf dem Hofe, wohin ein jeder, selbst in der winterlichen Kälte, spazieren musste. Um aber doch etwas Bequemlichkeit zu haben, hielten sich die besseren Familien ein »Stühlchen«, in einer dazu bestimmten Kammer.

In noch früherer Zeit als der meinigen, zogen die Latrinenweiber zur späten Abendzeit mit ihrem Wagen durch die Straßen der Stadt, vor jedem Hause haltend, in welchem an sie »Ware« abzuliefern war. Die spottlustige Menge machte mit ihren Witzen jenen armen Weibern viel zu schaffen, wenn sie mit ihrem Fuhrwerk daherkamen und ärgerte sie dadurch oft gründlich bei ihrem ohnehin nicht beneidenswerten Handwerk! »Glühwürmer« – war der nom de guerre, den man ihnen beigelegt hatte, von wegen der kleinen Laternen, die sie in den Händen trugen.

Von unseren gemütlichen Bequemlichkeitsanstalten, unsern hübschen »Tempelchen« und »Häuschen« heutzutage hatte man natürlich noch keine blasse Ahnung. Aber dennoch existierte in jener vorsintflutlichen Zeit eine Einrichtung, von der meine Mutter sich aus ihren Kinderjahren her erinnerte, und die ich ihrer urkomischen Drolligkeit wegen erwähnen will.

Es soll damals eine Frau, mit einem langen Mantel bekleidet, unter dem sie geschickt ein »Stühlchen« verbarg, umhergewandert sein mit dem seltsamen Singsang im Munde:

»Wer einmal hier will p...
Der muss auch rupen!«

Und jeder, der das Bedürfnis nach Erleichterung fühlte und eine kleine Münze dafür entrichtete, durfte das Stühlchen benutzen, wobei er von der gütigen Frau sorgsam mit dem Mantel der Liebe bedeckt wurde! – Ja, sie wussten sich zu helfen, die lieben alten Berliner!

XII
Skizzen aus dem Leben einer bekannten Berliner Familie

Unter all den Schattenbildern, die mir die Erinnerung aus meiner frühesten Kindheit vorführt, hebt sich eines besonders goldig und hell von dem dunklen Hintergrunde der Vergangenheit ab.

Es ist das der Familie des Großweinhändlers Friedrich Wilhelm Krause, dessen jüngerer Bruder Karl Krause, wie ich anfangs schon erwähnt, bei meiner Taufe Pate war.

Noch sehe ich es vor mir, das stattliche alte Haus in der Leipziger Straße, in der Nähe des Dönhoffsplatzes – es ist seitdem längst durch das neue Gebäude ersetzt worden – in dem ich so glückliche und fröhliche Stunden verlebt habe! Ich mochte, als dies geschah, vielleicht drei oder vier Jahre zählen, und dennoch ist die Erinnerung an jene frühe Zeit nicht in meinem Herzen verblasst.

Mein Vater war durch seinen lieben Studienfreund, Herrn Karl Krause, auch mit dessen Bruder, dem späteren Geh. Kommerzienrat, bekannt geworden, und so kam es, dass ich kleines Ding von der Krauseschen Familie öfter eingeladen wurde, um mit dem einzigen Sohne Wilhelm, der nur ein Jahr älter war als ich, zu spielen. Und kein Spielgefährte war mir lieber, als der hübsche Knabe mit den freundlichen braunen Augen! Er war für mich das Ideal aller kleinen Jungen.

Wir hatten eine große, und wenn ich nicht irre, etwas dunkle Hinterstube zu unserem Dominium, wo wir unbeschränkte Herrscher waren. Wilhelm besaß himmlische Spielsachen! Da waren kleine Kutschen, die, wenn man die Maschinerie aufgezogen hatte, allein durch die große Stube rollten. Auch Puppenstuben, Küchen, selbst wunderschöne Puppen hatte der kleine Knabe.

Und wenn wir genug drinnen im Zimmer gespielt hatten, dann tobten wir draußen auf der langen Galerie umher, die im Innern des Hofraumes rings um das Haus herumlief. Nur nach Tisch mussten wir uns mäuschenstill verhalten, durften nur leise sprechen und auf den Zehen umherschleichen; denn da hielt Frau Flora Krause auf ihrem Sofa Mittagsruhe im Wohnzimmer, neben welchem unser Spielraum lag.

Wie sehr bewunderte ich diese Frau! Sie war wunderschön, weiß und zart und trug lange blonde Locken, wie es damals Mode war, die sie sehr gut kleideten.

Wenn dann die Prüfungszeit des Stillseins vorüber war, wenn die schöne Frau ihr Mittagsschläfchen beendet hatte, dann wurde gewöhnlich ausgefahren, natürlich in der eigenen Equipage.

Und wie deutlich erinnere ich mich noch, dass ich – da ich als kleines Mädchen immer Jungensgelüste hatte und am liebsten selbst ein Junge gewesen wäre –, dass ich also stets darauf bestand, auf dem Bocke neben dem Kutscher sitzen zu dürfen, um zu sehen, wie die Pferde lustig dahintrabten. Ich liebte nämlich Tiere über alles, Pferde, Hunde, Vögel, besonders aber Katzen!

Man ließ mir den Willen, und ich saß, wenn wir ausfuhren, stets auf dem Bocke. Oft ging unsere Spazierfahrt hinaus vor das Tor zu einem Kirchhof – ich erinnere mich nicht mehr, zu welchem –, um hier das Grab des Brüderchens von Wilhelm, des kleinen Gustav Adolf, zu besuchen, der leider sehr früh gestorben war, ein schönes blühendes Kind, und den das liebende Mutterherz nicht vergessen konnte.

Bei solch einem Ausflug wurde ich dann in der Regel, wenn wir zurückkehrten, gleich nach Hause gefahren in die Schöneberger Straße. Am liebsten aber wäre ich noch länger bei meinem Spielgefährten geblieben; der Tag des Besuches schien mir immer ein viel zu kurzer.

Auf diese ersten Kindheitsjahre folgte eine lange Zeit, in der ich nichts mehr von meinem kleinen Freunde und seinen lieben Eltern sah und hörte.

Wodurch sich die Beziehungen zwischen den Familien gelöst hatten, weiß ich nicht. Nur mit Wilhelms Tanten, den Schwestern seines Vaters, drei sehr netten unverheirateten Damen, von denen die jüngste, Amalie, in ihrer Jugend eine Schönheit gewesen war, verkehrten wir häufig, und durch sie hörte ich auch öfter einiges von der lieben Familie ihres Bruders. Erst in späteren Jahren, als ich erwachsen war, kam ich mit derselben wieder in Berührung.

Es war im Mai des Jahres sechzig, als die silberne Hochzeit von Herrn und Frau Kommerzienrat Krause gefeiert werden sollte. Wenn ich mich recht erinnere, so war es Herr Justizrat Straß, der es in die Hand genommen hatte, die Aufführungen, die am Polterabend stattfinden sollten, ins Werk zu setzen. Und durch ihn wurde mein Vater auch aufgefordert, mich an den Vorstellungen teilnehmen zu lassen.

Ich war überglücklich durch diese Einladung.

Im Saale des Arnimschen Hotels, wo das Fest gefeiert werden sollte, fanden auch alle Proben zu demselben statt. In dieser Weise hatten wir Mitwirkenden schon eine ganze Reihe von höchst amüsanten Vorfesten! Aber unsagbar schön war dann der Polterabend selbst.

Als Einleitung wurden einige Ansprachen in poetischer Form an das silberne Jubelpaar gerichtet. Ich hatte, im Kostüme der Viadrina oder Oderfee, ein Gedicht zu sprechen, in welchem Bezug genommen wurde auf die großartigen Unternehmungen des Herrn Kommerzienrats in Neusalz in Schlesien, auf seine dortigen umfangreichen Eisenwerke usw.

Dann folgte ein reizendes Lustspiel, das Herr Justizrat Straß, glaube ich, selbst gedichtet hatte, und in welchem dargestellt wurde, wie Herr Krause auf einem Ausfluge nach dem Wörlitzer Park der schönen Flora seine Liebe gestanden. Ich trat in der Rolle von Frau Gallisch, der Mutter der jungen Braut, auf, und spielte dieselbe mit jugendlichem Feuereifer, »zu jugendlich«, wie mir von kritisierenden Lästerzungen nachher gesagt wurde.

An das Lustspiel reihten sich acht wunderschöne lebende Bilder, welche in künstlerischer Weise von zwei jungen Malern, die auch an dem Feste teilnahmen, Herrn Theodor Weber und Herrn Karl Breitbach, arrangiert worden waren.

In einem derselben wurde durch einen Kranz von »fleurs animées« der Name der lieblichen Silberbraut dargestellt.

Ein anderes, sehr gelungenes Bild war die »Weinprobe« von Hasenklever; an dieser nahm auch mein lieber Vater teil. Sein schöner Charakterkopf hob sich in der Mitte des Bildes höchst vorteilhaft empor.

Wenn ich nicht irre, wirkte auch Herr Wilhelm Krause, der sich kurz zuvor verlobt hatte, mit seinem reizenden Bräutchen, Fräulein Eva Bremer, auf einem der Bilder mit, und zwar auf dem, welches die Verlobung des Jubelpaares im Park zu Wörlitz darstellte.

Den lebenden Bildern folgte dann eine wunderhübsche Winzer-Quadrille, die von einem Ballettmeister eingeübt worden, und als diese beendet war, löste sich das Fest in einen allgemeinen Tanzjubel auf, bei dem selbstverständlich auch das Büfett mit all seinen reichen, ausgesucht delikaten Erfrischungen und erlesenen Weinen eine bedeutende Rolle spielte.

Als ein drolliger Moment ist mir in der Erinnerung geblieben, wie einer der beiden Maler, ich glaube, es war Herr Breitbach, der sich häuslich in der Nähe des köstlichen Nasses niedergelassen, uns stets freundlich heranwinkte, um uns mit einem Gläschen irgendeines roten oder weißen zu stärken, indem er lächelnd dabei rezitierte: »An der Quelle saß der Knabe!«

Ebenso schön und sympathisch wie der Polterabend war dann die silberne Hochzeitsfeier, die am Tage darauf, gleichfalls im Saale des Arnimschen Hotels, stattfand, und die in einem glänzenden, großartig arrangierten Diner bestand.

Fast alles, was das damalige Berlin an wissenschaftlichen Größen, an Dichtern und Denkern, an politisch und staatlich hochstehenden Personen aufzuweisen hatte, nahm an diesem interessanten Festessen teil. Dass es bei demselben an Reden und Toasten nicht fehlte, ja dass dieselben in überreicher Zahl herbeiflossen, ist wohl kaum zu verwundern. Man kam ans dem Hochrufen und Gläserklingen gar nicht heraus.

Mir selbst wurde die Ehre zu Teil, auch einen Festgruß in gebundener Rede ausbringen zu dürfen, und als ich nach Beendigung desselben mit meinem Glase durch den Saal eilte, um mit dem Jubelpaare anzustoßen, tönte mir von einem Tische in der Nähe desselben, wo lauter feuchtfröhliche Kumpane beieinander saßen, entgegen: »Hierher Fräulein, hier ist Ihr Platz! Denn hier sitzen die Dichter!«

Unter den letzteren befand sich auch Herr Kommerzienrat Ermeler, der das große alte Tabaksgeschäft in der Breiten Straße besaß, ein alter, doch noch höchst jovialer Herr, in dessen Hause ich dann später auch verkehrte.

Dem schönen Feste folgte noch ein sehr interessantes Nachspiel. Als das Diner beendet, der Kaffee eingenommen war, und die Gäste sich allmählich zerstreuten, begaben sich einige der intimeren Freunde der Familie noch nach der Leipziger Straße, wo unten in den großen Weinkellerräumen des schönen Hauses das im Geschäft tätige Personal die silberne Hochzeit des lieben Prinzipales feierte.

Auch wir, mein Vater und ich, schlossen uns der kleinen Karawane an, die in stiller Nacht – denn Berlin war damals sehr still und einsam zur nachtschlafenden Zeit – nach der Leipziger Straße pilgerte.

Dort, in den weiten unteren Räumen des Hauses, war das Fest noch in vollem Gange! Es wurde musiziert, getanzt, geraucht, getrunken und gesungen. Natürlich waren auch wir gleich mitten unter den Fröhlichen, als gehörten wir mit zum Personale des Geschäftes.

Nachdem eine hübsche Quadrille getanzt worden war, versammelten wir uns in gemütlicher Unterhaltung um einen der großen eichenen Tische, bei der nötigen geistigen Anregung natürlich.

Neben mir saß Herr Louis Ravené, der Besitzer der großen Eisenwaren-Handlung in der Wallstraße, der damals noch nicht vermählt war, und wir versenkten uns beide in Schwärmereien über die hübschen Ausflüge im Sommer in die Umgegend Berlins. Wir beiden teilten die Liebe für den Grunewald mit seinen Seen, mit Pichelsberg und Pichelswerder, und wir freuten uns jetzt im blühenden Frühling auf den nahenden Sommer mit seinen langen sonnigen Tagen in dem nach Tannennadeln duftenden märkischen Walde!

Dazwischen aber schaute ich doch öfter zu meinem Vater hinüber, der sich gleichfalls vorzüglich unterhielt und gab ihm einen heimlichen Wink, ob es denn nicht Zeit zum Aufbruch sei? Die Mutter, die wegen Kränklichkeit an größeren Festen nicht teilnahm, warte jedenfalls schon lange sehnsüchtig auf unsere Heimkehr.

Das Väterchen aber zog bei meinem Winke dann immer die Uhr heraus und meinte lächelnd: »Es ist noch nicht spät; erst zwölf Uhr!«

Endlich sagte ich doch erstaunt: »Aber Väterchen, es kann doch nicht ewig zwölf bleiben!«

Und als der Liebe dann genauer auf das Zifferblatt schaute, sagte er selbst, ganz überrascht:· »Gewiss! Du hast recht, Kind! Die Uhr ist ja stehen geblieben!«

Es war inzwischen wohl zwei oder drei Uhr geworden.

Ja, dem Glücklichen schlägt keine Stunde! Und glücklich waren wir, an jenen Festtagen und Abenden gewesen!

Ich habe in meinem späteren Leben an vielen schönen Feiern teilgenommen, in Paris, in London, besonders in Rom, wo ich auf herrlichen, von Künstlern arrangierten Festen gewesen, aber so sympathisch, glückbringend, die innerste Seele befriedigend, ist mir kein Fest wieder geworden wie jene silberne Hochzeitsfeier des lieben Krauseschen Jubelpaares in meiner fröhlichen, goldenen Jugendzeit!

XIII

Aus der Studenten- und Soldatenzeit meines Bruders Adolf

Wer hätte wohl, als ich jung war, davon geträumt, dass es einst dem weiblichen Geschlechte auch vergönnt sein würde, sich geistig dem Manne gleich zu bilden, die Universität zu besuchen und ein Examen als Ärztin, Juristin usw. abzulegen!

So etwas wie Frauenbewegung und Gleichberechtigung des weiblichen Geschlechtes mit dem männlichen, das schlummerte damals noch tief, tief verborgen im Schoße der Zukunft.

Ach, wie beneidete ich meinen Bruder Adolf, als er die Universität bezog, als sehr junger Student – er war erst siebzehn Jahr alt – um Jura und Kameralia zu studieren! Aber, wenn ich auch nicht gleich ihm die *Alma mater* besuchen konnte, so interessierte ich mich doch für alles, was seine Studien und auch seine Studiengenossen betraf!

Er hatte sich im zweiten Jahre seines Studiums in eine Verbindung aufnehmen lassen, und mir war es, als gehörte ich nun auch zu derselben, als müsste ich für ihre Ehre überall eintreten und an allem, was sie an Freud und Leid betraf, teilnehmen. Ich kannte die meisten der Verbindungsbrüder; viele besuchten zum geselligen Verkehr, besonders, wenn ein Tanzabend stattfand, unser Haus. Die Kneipnamen der einzelnen waren mir alle geläufig; für jedes Fest, das in der Verbindung arrangiert wurde, hatte ich ein lebhaftes Interesse und hätte am liebsten selbst daran teilgenommen.

Am Weihnachtsfeste hatten die jungen Leute gewöhnlich einen hübschen geschmückten Tannenbaum in ihrer Kneipe aufgebaut und ein jeder der Anwesenden erhielt ein kleines Geschenk mit einem dazu passenden Verschen.

Einmal schrieb mir ein Freund meines Bruders, er war erster Chargierter, aus Gefälligkeit und um mir Freude zu machen, all die Verschen ab, die zum letzten Weihnachtsfeste gedichtet worden waren. Ich entsinne mich noch besonders eines Sprüchleins, das gerade einen Berliner betraf, der schon lange die Universität besucht hatte, ohne zu einem Examen gekommen zu sein. Dieser Herr erhielt als Geschenk ein mit schäumendem Weißbier gefülltes Glas und dazu folgendes Verschen:

> Theologiam hast du studieret,
> Wohl an die zehen, zwölf Jahr,
> Ein lustiges Leben geführet,
> Betrunken dich immerdar!
> Doch bist du Berlin treu geblieben,
> Machst deiner Vaterstadt Ehr',
> Drum sei dir eine Weiße beschieden,
> Nun sage – was willst du noch mehr?

Der Student hatte, während man ihm seinen Spruch vorlas, das Bier stillschweigend auf einen Zug hinter die Binde gegossen, und das leere Glas dem Chargierten hinhaltend, sagte er mit stoischer Ruhe:

»Noch eene!«

Im Sommer arrangierte ich oft hübsche Ausflüge auf das Land, an dem sich Freundinnen von mir und auch mein Bruder mit einigen seiner Studiengenossen beteiligte. Sehr oft suchten wir Stralau auf, wo wir in der Taverne, die dem Seglerklub Berlins gehörte, dessen Mitglied auch ein Verwandter von mir war, einkehrten.

Diese Landpartien fanden immer erst nachmittags statt, da an den Vormittagen ein jeder mit seiner Arbeit beschäftigt war. Ich gab zu jener Zeit gerade Stunden in Alt-Schöneberg, wo ich den Kindern einer Berliner Familie, die dort draußen lebte, täglichen Unterricht erteilte. Schon am frühen Morgen brach ich von Hause auf (wir wohnten damals in der Neuenbürger Straße), und wählte am liebsten den Weg durch das Hallesche Tor, als den kürzesten, um quer über die Felder zu wandern, bis ich Neu-Schöneberg erreichte. Dann durchschritt ich tapfer das ganze Dorf bis zum Kirchlein, in dessen Nähe meine Schülerinnen wohnten.

Eine Fahrgelegenheit dort hinaus gab es für mich nicht vom Halleschen Tore aus. Es fuhr nur vom Dönhoffsplatz aus ein Omnibus durch das Potsdamer Tor bis zum Schwarzen Adler in Neu-Schöneberg, und zwar nur *aller Stunden* einmal! Wie leicht verfehlte ich ihn und hatte dann den ganzen Weg vom Halleschen Tore bis zum Potsdamer Platz umsonst gemacht! So zog ich den Weg über die Felder vor.

Im Sommer war dies ja ganz schön; aber im Winter in Sturm, Regen und Schnee war es doch oft sehr ungemütlich. Einmal, als es in Strömen goss, blieb ich mit meinen Gummischuhen im Moraste stecken und hätte faktisch nicht weiter gekonnt, wenn nicht ein freundlicher Bahnwärter, der von seinem Häuschen aus meinem vergeblichen Kampfe mit den Elementen zugesehen, mir die Schuhe mit einem starken Bindfaden fest an die Füße gebunden hätte!

Ich musste also am Vormittag erst nach Schöneberg zu meinen Stunden gehen und auch wieder zurückkehren, hatte somit schon diese ganz hübsche Leistung hinter mir, wenn dann – nach eiligem Mittagessen – die Landpartie nach Stralau, gewöhnlich auch zu Fuß, unternommen wurde.

Dort in der Taverne, am idyllischen Ufer der Spree gelegen, erwartete uns nach langer Wanderung in dem herrlichen schattigen Garten ein gemütliches Kaffeestündchen. Nach demselben wurde in der Regel eine Wasserpartie gemacht. Gar malerisch nahmen sich die Studenten mit ihren farbigen Mützen im Boote aus; und wir Mädchen trugen stolz als Beweis, dass wir zu ihnen gehörten, dieselben Farben wie sie, schwarz, blau, silber in den Schleifen und Bändern, die uns schmückten!

Nach der Rückkehr vom Wasser wurde öfter im Saale oben noch ein wenig getanzt (da wir wohl noch nicht genug Bewegung gehabt hatten), und dann nach einem frugalen Abendessen, das in belegtem Butterbrot mit Bier bestand, der Heimweg angetreten. Singend zogen wir zu Fuß, paarweise die Landstraße dahin; denn die Studenten sangen immer, und wir Mädchen wussten, wie sie, all ihre Lieder auswendig.

Frisch, frei und fröhlich war unser Sinn; harmlos unser Verkehr mit den jungen Männern und ideal unser Sinnen und Denken. Wie verschieden war jene patriarchalische Zeit von der jetzigen, die mit ihren vielen und reichen Genüssen erdrückend wird, die Nerven aufreibt und die Menschen früh blasiert macht.

Im dritten Jahr seines Studiums diente mein Bruder seine Zeit als Freiwilliger ab; denn mein Vater fand es praktisch, dass Adolf, wenn er sein Examen als Auskultator gemacht – damals folgte erst später die Prüfung zum Referendar – auch zugleich seine Soldatenzeit hinter sich hätte.

Er trat bei dem achten Regiment ein, dem Leibregiment der Königin, das damals in Berlin stand, und bei dem die meisten Einjährigfreiwilligen aus Berlin ihr Jahr abdienten. Mein Bruder wohnte bei uns; wenn er nicht Dienst hatte, ging er ins Kolleg und fehlte dann auch nicht an den Kneipabenden seiner Verbindung. Sein Bursche, ein treuherziger Schlesier, der ihm mit Leib und Seele ergeben war, erschien bei uns pünktlich auf der Bildfläche, um den Dienst für den morgenden Tag anzukündigen und wurde von uns reichlich mit allerhand kulinarischen Genüssen versehen. Für den Soldatendienst meines Bruders interessierte ich mich ebenso lebhaft wie für seine Studien, ohne jedoch gerade den Wunsch zu haben, auch mein Jahr abdienen zu müssen.

Einmal aber brachte ich meinen armen Bruder mit diesem Interesse in arge Verlegenheit. Ich wusste, dass er auf Wache in der Kaserne war, die sich in unserer Nähe in der Alexandrinenstraße befand. Ich promenierte also am Vormittag durch besagte Straße, und als ich mein Brüderchen mit dem Gewehr im Arm sah, nickte ich ihm fröhlich zu und schritt dann gleichfalls hinter ihm, in seine Fußstapfen tretend, auf und nieder. Plötzlich aber, ich glaube, ein neckischer Kobold war in mich gefahren, sah ich mich eilends um, ob auch niemand in unserer Nähe wäre, und da die Straße ganz einsam war, sprang ich dem jungen Soldaten an den Hals und küsste ihn herzhaft.

»Bist du verrückt, Mädchen?«, murmelte er erschrocken. Ich aber war lachend schon davongelaufen, sehr vergnügt über meinen tollen Streich, ohne zu bedenken, dass diese unüberlegte Handlung dem armen Freiwilligen eine strenge Strafe hätte einbringen können!

Dafür war ich ihm ein anderes Mal auch wieder nützlich und gefällig.

Er war zu später oder vielmehr früher Stunde von einer fröhlichen Kneiperei und Biersitzung nach Hause gekommen und befand sich am nächsten Morgen in einem so fürchterlichen Jammer, dass es ihm unmöglich war, sich zu seinem Dienst zu begeben. Er war schrecklich unglücklich darüber, da er ein so pflichteifriger Mensch war, doch ich tröstete und beruhigte ihn.

Schnell entschlossen wanderte ich mutig in die bekannte Kaserne; verlangte dringend den Herrn Wachtmeister zu sprechen und setzte demselben in beredten Worten auseinander, dass mein Bruder plötzlich heftig erkrankt sei und seiner Pflicht unmöglich nachkommen könne. Der Gestrenge schaute mich prüfend und zweifelnd an; ich aber machte ein so ehrliches Gesicht und begegnete seinem ungläubigen Lächeln mit einer so überzeugend ernsten Miene, dass ich dann gnädig mit dem Wunsche baldiger Besserung für den Kranken entlassen wurde.

Im Sommer desselben Jahres, es war anno 1859, wurde in Preußen mobilisiert. Österreich lag im Kriege mit Italien, und Preußen, das damals den Österreichern noch Hofedienste leistete, entschloss sich, demselben Hilfe zu senden.

Auch das achte Regiment wurde mobil gemacht, und so hieß es für meinen Bruder denn: Marschieren! Dass wir alle in der Familie darüber sehr unglücklich waren, ist wohl selbstverständlich! Der geliebte Bruder sollte in die Ferne ziehen! Er war noch so jung – erst neunzehn Jahre alt – würde er die Strapazen des Krieges ertragen, würde er überhaupt zu uns zurückkehren?

Unsere Tränen flossen reichlich bei dem schweren Abschiede, am 12. Juli, frühmorgens!

Mein guter Vater begleitete das Regiment, das mit klingendem Spiele abzog; bis weit vor die Stadt hinaus und kehrte dann betrübt heim.

Doch, o Freude und Glück! Schon nach vierzehn Tagen trat ein Ereignis ein, das uns aller Sorge und allen Kummers überhob! Österreich hatte plötzlich mit Italien den Frieden von Villafranca geschlossen und die preußischen, mobil gemachten Truppen, die nach dem Rhein zu marschiert waren, wurden zurückberufen.

So sollte denn auch das achte Regiment heimkehren und wurde von uns mit großer Sehnsucht erwartet. Da passierte mir wieder etwas sehr Komisches. Ich war an einem schönen Morgen, Ende Juli, wie gewöhnlich auf meinem Wege über die Felder begriffen, um zu meinen Stunden nach Schöneberg zu gehen, da begegnete ich auf dem Feldwege ganz unerwartet einer früheren Schulfreundin, deren Bruder auch als Freiwilliger bei den Achtern stand.

»Weißt du das Neueste?«, rief sie mir froh entgegen. »Heute kommen ja unsere Brüder zurück! Dort, an der Schöneberger Höhe lagert das achte Regiment. Sie ruhen sich nur von dem Marsche aus, um dann mit frischen Kräften in Berlin einzurücken. Ich habe soeben dort mit meinem Bruder gesprochen!«

»O, dann muss ich auch mit dem meinigen sprechen!«, sagte ich glückselig.

»Wo, wo ist denn der Lagerplatz?«

»Da, dort drüben!« Und sie zeigte mit der Hand nach der Anhöhe. »Mach aber schnell, dass du hinkommst, ehe sie fort sind!«

Ich eilte, so schnell ich nur konnte, nach der bezeichneten Richtung – jetzt – ja, da waren sie! Aber, o Himmel, sie lagerten ja nicht mehr, sondern sie hatten sich bereits in Positur gesetzt, um ihren Marsch anzutreten. Ich wollte entfliehen, doch ich konnte es nicht! Hinter mir war eine dichte Heckenwand und vor mir die Landstraße, und auf dieser defilierte nun das ganze Regiment an mir vorüber! Voran schritten die Freiwilligen, unter ihnen mein Bruder, rechts dicht neben ihm der Fahnenträger. »Sieh mal, Rutenberg«, raunte ihm von der linken Seite sein Nebenmann zu, »da is eene, die sucht ihren Aujust!«

»Sei still, Menschenskind«, flüsterte mein Bruder ärgerlich. »Es ist ja meine Schwester!«

Aller Blicke waren auf mich gerichtet, und mit heißen Wangen und vor Verlegenheit laut klopfendem Herzen musste ich es aushalten; denn es gab ja kein Entrinnen!

»Hurra! Die erste Berlinerin«, rief man mir jubelnd zu. Und ein anderer sang scherzend: »Blauäuglein sind gefährlich, zu hell ist mir ihr Schein!«

Und so stand ich, in dieser peinlichen und doch urkomischen Situation, tapfer aushaltend, bis auch der letzte Mann des Achten an mir vorüber marschiert war.

Dann aber brach ich in ein fröhliches Lachen aus, denn in meinem Herzen jubelte es: »Er kehrt jetzt heim, der geliebte Bruder! Ich finde ihn, wenn ich von den Stunden nach Haus komme!«

Und mit geflügelten Schritten eilte ich meinem Ziele zu, um dann nur recht schnell nach Berlin zurückzukehren! – –

Hier wäre es wohl am Platze, noch ein paar Worte über meinen Bruder Adolf zu sagen, dessen Lebenslauf in frühester Kindheit mit dem meinen eng verknüpft gewesen, da er mir von den Geschwistern im Alter am nächsten stand.

Mein Bruder war ein sehr eigenartiges Kind. In jeder Weise von hoher Begabung, war er dabei doch in sich verschlossen, zurückhaltend, oft scheu. Wenn z.B. mein Vater bei der öffentlichen Zensurfeier in der Aula des Friedrich-Wilhelms Gymnasiums zugegen war, und die Knaben irgendein schönes Gedicht deklamieren sollten, so war mein Bruder, der ein hervorragendes Talent gerade für die Rezitation besaß und daher fast immer zum Vortrage aufgerufen wurde, *nirgends* zu finden. Er hatte sich irgendwo im Saale versteckt, da er sich schämte, seine Leistungen vor dem Vater zu zeigen!

Später bildete sich dieser eigentümliche Charakter zu einer wahren Faustnatur aus. Trotz aller hohen geistigen Begabung, stets unglücklich, vom Leben unbefriedigt, nach dem Höchsten forschend und doch nicht findend, wonach er suchte und sich sehnte – so stand mein Bruder als junger und dann auch noch als älterer Mann eigentlich immer einsam in seinem Dasein, ohne feste Freunde- oder Liebesbande, die ihm im Strome der Welt einen sicheren Halt gegeben und sein Herz ausgefüllt hätten.

Doch war er dabei ein Menschenfreund und Wohltäter wie kein zweiter. Für die Verlassenen und Enterbten des Lebens hatte er stets eine offene, hilfreiche Hand.

Kaum siebzehn Jahr alt, machte er sein Abiturienten-Examen und studierte Jura. Mit sechsundzwanzig war er Assessor und wurde dann ein sehr tüchtiger Richter, der in seinem Berufe eine ganz außerordentliche Arbeitskraft bewährte.

Als er in dem Städtchen Pförten bei Forste in der Niederlausitz die erste feste Anstellung als Richter erhielt, sagte ihm der dortige Aktuarius, dass eine Fülle von Akten auf dem Gerichte gespeichert liege, die sich während zehn Jahre schon angesammelt hätte und die jedenfalls weitere zehn Jahre dort ruhen würden. (Zu der kleinen Stadt Pförten gehörten nämlich *siebenundzwanzig* Dörfer im Umkreis, deren gerichtliche Angelegenheiten ein einziger Richter zu bewältigen hatte, was wirklich keine Kleinigkeit war.) Nun, es währte nicht ein Jahr, und sämtliche, so lange schon ruhenden Akten waren heruntergearbeitet, und somit alles Geschäftliche klipp und klar!

Die Pförtner Bürger und ebenso die Bauern der umliegenden Dörfer hatten eine große Liebe und Verehrung für ihren Richter – wegen seiner Eifrigkeit und dann wegen seiner Menschenfreundlichkeit! – Einmal z.B. beobachtete man ihn, wie er, über das Feld kommend, einem kleinen Jungen, der seinem dort arbeitenden Vater das Mittagsbrot bringen sollte, den großen Suppentopf trug, der dem kleinen Knirps wohl zu schwer geworden war.

Ein andermal fand mein Bruder eine alte Arbeiterfrau, mit ihrer Kiepe neben sich, müde am Wege sitzend; sie konnte nicht weiter! – »Wartet nur, Mütterchen, geht nicht fort!«, sagte er freundlich. Und dann schickte er ihr einen Wagen hinaus aufs Feld, den er eigens in der Stadt beim Fuhrmann für sie bestellt hatte, denn Droschken oder dergleichen Vehikel gab es in Pförten nicht!

Die gerichtliche Tätigkeit allein füllte indessen nicht das Leben meines Bruders aus. Sein größter Ehrgeiz gehörte seinen literarischen Arbeiten, denen er sich freilich nur in seinen Mußestunden widmen konnte. Eine große Anzahl von Novellen – darunter auch Kriminalgeschichten – hat er geschrieben; vor allem aber Kritiken, Essays, Aufsätze über Kunstwerke usw. – Eine längere Zeit war er Mitarbeiter der »Gegenwart«, die in den siebziger Jahren von Paul Lindau gegründet worden war. Und eine Sammlung geistvoller Aufsätze, die meist in jenem Blatt erschienen waren, gab er dann in einem Buche heraus, betitelt: »Von der Zinne der Partei.«

Auch bei festlichen Gelegenheiten in der Familie, wie Geburtstags-, Hochzeitsfeier, schrieb er öfter sehr komische Gedichte, von denen ich einige aufbewahrt habe.

Eine dieser Dichtungen, die keinen Bezug auf die Familie, sondern auf die Stadt Berlin hat, will ich zum Schluss hier wiedergeben. Ich denke, sie wird die alten Berliner interessieren, denn sie beschäftigt sich mit dem Niederreißen unserer alten Stadtmauer, die anfangs der sechziger Jahre dem Hammer zum Opfer fiel; kurz vor jener glorreichen Zeit der großen Kriege, durch die Deutschlands Herrlichkeit und Einheit neu begründet wurde!

Das Gedicht ist betitelt:

Klagelied einer alten Mauer

Ach, wo seid ihr schönen Tage
Meiner einstgen Größe hin,
Da ich noch in meiner Schönheit
Jungfräulichem Reiz erschien!

Mit dem langen schlanken Leibe
Zog ich durch das Weichbild hin;
Und zwei traute Junggesellen
Liebten mich, Kölln und Berlin.

Alte Jungfer bin ich worden,
Dekretiert ist mein Ruin.
Untreu sind sie mir geworden,
Die Stiefväter von Berlin.

Wo wird künftig der bedrängte
Wandrer eine Ruhstatt finden?
Wenn er will am stillen Orte
Sich ein heimlich Denkmal gründen.

Wo soll künftig nun die Jugend
Ihr poetisches Empfinden
Knotig – zotig offenbaren,
Wo in Reimen sich versünden?

Denker doch des schlechten Beispiels,
Das ihr gebt der Mit- und Nachwelt;
Glaubt ihr nicht, dass einst des Staates
Mauer meinem Sturze nachfällt?

Wie ihr jetzo meine Steine
schneidet mir aus Bauch und Nieren,
Werden eure Enkel einstens
Weiter noch herumkurieren!

Reißen fort dann alle Mauern,
Die da trennen Reiche, Arme,
Böse, Gute, Bettler, Fürsten,
Proletarier und Gendarme!

Nahmen erst mir meine Tore,
Stachen mir die Augen aus;
Rissen drauf aus meinem Kleide
Mir die besten Steine 'raus!

Fluch und Elend über jenen,
Der dies Plänchen ausgeheckt,
Fluch und Elend über alle,
Die die Gelder vorgestreckt!

Wer wird nun die vielgeliebte
Teure Metropole schützen?
Aller euer Weltstadtdünkel
Wird dazu euch wenig nützen!

Reißen nieder selbst des Deutschen
Reiches altchinesische Mauer,
Und mit Kelten, Welschen, Slawen
Brüderschaft trinkt Bruno Bauer!

Selbst der Staatsanzeiger wird dann
Nicht mehr in Berlin alleene –
Redigieret; nein, man wird ihn
Drucken auch am Strand der Seine!

Weltanzeiger wird er heißen,
Und die jetzgen Redakteure
Trinken dann statt Zuckerwasser
Täglich Weinpunsch und Liköre!

Selbst die Zipfelmütze nimmt er
Ab, weil lästig sie dem Köpfchen;
Nimmt dafür die Freiheitsmütze,
Schneider ab auch seine Zöpfchen!

Aber dann ist längst die Mauer
In der Zeiten Schoß begraben –
Und den Staatsanzeiger lenken
Beider *Schwieger* jüngste Knaben!*

---

* Mein Vater war zu jener Zeit (1864) Redakteur des Staatsanzeigers. Und seine Mitredakteure waren die Herren Schwieger, zwei Brüder.

XIV
Nachtleben im alten Berlin

In unserem modernen Berlin, in dem tosenden Treiben der Millionenstadt ist das Leben und die Bewegung auf manchen Straßen und Plätzen zur Nachtzeit fast noch größer als in den Stunden des Tages.

Wie leer, wie still und ausgestorben waren dagegen zu nächtlicher Stunde, wenn der Wächter pünktlich um zehn die Häuser geschlossen hatte, die Gassen und Straßen in dem alten Berlin in den vierziger und fünfziger Jahren des vorigen Jahrhunderts!

Und dennoch spielten sich auch in diesen einsamen Straßen manche Szenen ab, die an Humor und oft auch an Romantik nichts zu wünschen übrig ließen!

Für eine Dame, und besonders für eine jüngere, war es durchaus nicht passend, abends nach zehn allein durch die Straßen zu wandern. Es ging sogar die Sage unter uns jungen Mädchen, dass man von der Polizei abgeführt und eingesteckt werden würde, wenn man sich nächtlicherweile allein auf der Straße blicken ließe.

Es war daher die unumstößliche Sitte, dass eine junge Dame, wenn sie sich ohne den Schutz ihrer Eltern in einer Gesellschaft befand, von irgendeinem der anwesenden Kavaliere heimgeleitet wurde.

Wir Mädchen hatten indessen – im Falle, dass wir dennoch einmal gezwungen waren, den späten Heimweg allein zurückzulegen – eine List erfunden, um uns vor der Attacke irgendeines Unbefugten zu schützen. Wir stellten uns nämlich *lahm*; wir hinkten ganz gotteserbärmlich durch die Straßen und glaubten, durch dieses Gebaren vor einem etwaigen Angriff geschützt zu sein.

Öfter aber passierte einem am Tage, wenn man auf seinen gesunden Beinen munter dahinschritt, ein kleines Abenteuer. Man wurde von irgendeinem Herrn angesprochen, der freilich nichts Böses beabsichtigte, sondern nur eine interessante Bekanntschaft machen wollte!

Unter anderem erinnere ich mich besonders einer Begegnung, die selbst heute nach so vielen Jahren, wenn ich daran denke, noch meine Lachlust reizt. – Ich wollte eine Freundin besuchen, die in der Luisenstraße wohnte, da wurde ich auf der Marschallsbrücke von jemand angeredet, der mir gefolgt war und mir seine Gesellschaft anbot. Erstaunt blickte ich den Herrn an und sagte dann unwillkürlich: »Sie wollen mich kennen lernen? Aber wozu denn?« – »Wozu?!«, rief der Fremde mit Pathos. »Fragen denn auch die *Atome* einander, *warum* sie sich im Weltall begegnen?!« – Und er reckte dabei wie beschwörend seine Rechte hoch über die weite Wasserfläche der lieben alten Spree.

Eine meiner Freundinnen, die auch einmal von einem etwas schmächtig aussehenden Herrchen gefragt wurde, ob er sie begleiten dürfte, erwiderte ganz freundlich: »Ja, wenn Sie sich allein fürchten, schließen Sie sich mir an. Ich erlaube es Ihnen!«

In der heutigen Zeit schwirrt und drängt es nächtlicherweile auf den Berliner Straßen von schön geputzten Frauengestalten, die frei und zwanglos auf Beute ausgehen und in ihren Netzen zu fangen suchen, was sie nur erwischen können.

Doch im alten Berlin hatten die »Generösen«, wie ein italienischer Staatsmann sie nannte, nicht diese ungebundene Freiheit. Es war ihnen nicht erlaubt, so frei umherzuwandeln; in eleganten und belebten Straßen durften sie sich überhaupt nicht sehen lassen. Sie waren meist auf ihre Wohnung beschränkt und zeigten sich besonders abends, schön geputzt und geschminkt, bei hellem Lichtschein am Fenster, eifrig auf die Straße hinausspähend, um einen Vorübergehenden durch ihre Reize heranzulocken.

Viele von ihnen wohnten an der »Königsmauer« und in den engen Gassen, die sich rings um die Nikolaikirche hinzogen.

So still und einsam nun aber auch für gewöhnlich die Straßen damals zur Nachtzeit waren, öfter wurde dennoch die nächtliche Ruhe durch einen tüchtigen »Radau« unterbrochen, wie der Berliner zu sagen pflegt. .

Zuweilen rührte dieser Lärm von einem Manne her, der schwer geladen, singend oder laut vor sich her räsonierend, aus der Kneipe zu Muttern heimkehrte.

Des öfteren aber wurde der »Radau« von den Brüdern Studio veranlasst, die damals, obgleich ihre Zahl eine bei weitem geringere war als heute, doch in dem »kleinen Berlin« eine ziemlich bedeutende Rolle spielten.

Zu jener Zeit gab es in Berlin noch nicht so berüchtigte Nachtlokale, wie sie heute im Norden und Osten in großer Menge existieren und der Verbrecherwelt einen willkommenen Schlupfwinkel darbieten. Es gab damals, so glaube ich wenigstens, noch keine Bouillonkeller; aber es existierten sehr primitive Speiseanstalten, besonders in der Nähe der Spree, in welchen

Schiffer und Arbeiter verkehrten, die zu besuchen aber auch die Studenten nicht verschmähten, besonders dann nicht, wenn ihr Wechsel von zu Hause nicht bis zum Ende des Monats reichte.

Auch mein Vater hatte uns Kindern öfter lachend von einem solchen Lokale erzählt, in dem er als Student wohl zuweilen gewesen sein mochte. Dort befanden sich in den hölzernen Tischen große runde Löcher, in welche Teller von Zinn oder Blech eingefügt waren. Löffel, Messer und Gabeln lagen neben diesen Vertiefungen angekettet. Die Suppe, die übrigens ganz gut und kräftig war, wurde vermittels einer großen Spritze in die Schüssel befördert. »Nur vor'n Sechser?«, fragte der Wirt, der die Spritze führte. »Ick dachte, Ihr wolltet vor'n Jroschen!« Und rasch zog er vermittels seines Instrumentes die Hälfte der Speise wieder zurück.

Außerdem gab es »Bumskeller«, in denen viel getrunken wurde. Wenn dann die Köpfe erhitzt waren, kam es leicht zu Prügeleien und Raufereien, und die Kampflustigen griffen nach Stühlen und Bänken, sich zu verteidigen, wobei sie natürlich das »Meublement« ruinierten. Deshalb war in einem dieser »Bumse« ein großer Zettel ausgehängt mit der Inschrift: »Die Schemelbeene liejen hintern Ofen!« Für die Kämpfenden ein zarter Wink mit dem Laternenpfahl. – Einer dieser »Bumse« war Notten-Hugo getauft worden zu Ehren der »Hugenotten« von Meyerbeer, die damals besonders in Aufnahme gekommen waren.

Dann existierten noch die sogenannten »Polka-Kneipen«, in denen ebenfalls bis spät in die Nacht hinein gezecht wurde. Dort wurde die Bedienung von feschen, in buntfarbige Kostüme gekleideten Kellnerinnen besorgt, die auf »Rollschuhen« im Lokal herumfuhren und dem Gaste geschickt sein Bier präsentierten, indem sie auf ihren Rollen schnurstracks an seinen Tisch heranglitten. Eine der berüchtigsten dieser Polka-Kneipen befand sich in der Kürassierstraße.

Außerdem gab es auch Studentenkneipen, in denen die Kellnerinnen ihren Rundtanz, die Gäste zu bedienen, auf einem leibhaftigen »Pony« ausführten. Eine solche Kneipe war im Studentenviertel in der Karlstraße, wo eine Treppe hoch das Pony öfter vergnügt zum Fenster rausguckte.

Nacht-Cafés, auch Kaffeeklappen genannt, gab es in jener Zeit nur wenige. Es waren meist obskure kleine Lokale, in denen ein schlechtes, dünnes Kaffeegebräu verzapft wurde. Von unsern heutigen eleganten Wiener Cafés hatte man dazumal noch keine blasse Ahnung.

Die verschiedenen Gewerke und Innungen, die im alten Berlin eine große Bedeutung hatten, besaßen auch ihre Lokale, in denen man zu Beratungen und zu geselligen Vergnügungen abends zusammenkam. Das Schlächtergewerk hatte in der Neuen Grünstraße seinen Vereinssaal, der, wenn auch sehr verändert und modernisiert, dort heute noch existiert unter der Benennung »Bismarcksäle«.

Merkwürdigerweise wurde jenes Lokal der Schlächterinnung, wie ich beiläufig hier einschalten will, die Heimstätte und der Beginn des vierstimmigen Männergesangvereins, der sich dann später »Neue Akademie für Männergesang« nannte.

Und zwar ist dieser Verein auf folgende Weise entstanden: Vereine, wie sie heutzutage für alle nur möglichen Zwecke so massenhaft existieren, waren vor 1848 in Berlin nicht gestattet, weil man stets glaubte, sie könnten politischen Zwecken dienen. Um nun aber trotz alledem zu politischen Beratungen zusammenzukommen, tat man dies unter dem Deckmantel von »Gesangvereinen«, die weniger verpönt waren. Der bedeutendste jener Vereine war nun derjenige, der sich im Lokale des Schlächtergewerks zusammenfand – und zwar meist abends und zu nächtlicher Stunde –, da hier, vermöge der Innung, am ersten die Möglichkeit gegeben war, den politischen Zweck geheim zu halten.

Der Stifter und erste Dirigent der sich später aus dem Verein bildenden »Neuen Akademie für Männergesang« war Franz Mücke, der dann auch der Begründer des märkischen Sängerbundes zur Pflege des Volksliedes wurde. Alljährlich gab Mücke in Neustadt-Eberswalde seine großartigen Gesangsfeste, welche den Zweck hatten, unter freiem Himmel der nach Tausenden versammelten Menge das deutsche Volkslied einzuüben.

Und dort in Neustadt-Eberswalde wurde auch dem verdienten Manne nach seinem Tode am Zailenhammer am Wasserfall ein Denkmal errichtet.

Der Verein für Männergesangverein trat selbst mit Amerika in Verbindung, indem der erste Sängerdelegat zu dem großen Gesangsfest 1867 nach Chicago gesandt wurde. Es war dies Herr Julius Fuchs, der als Dirigent Herrn Franz Mücke im Amte gefolgt war, und der als Verfasser der »Kritik der Tonwerke«, wie auch durch seine Ausführungen von Oratorien in der Garnison- und in der Petrikirche und durch Konzerte im Opernhause rühmlichst bekannt geworden ist.

Wenn nun die jungen Studierenden, welche Mitglieder des besprochenen Vereins waren, von ihren Gesangsübungen zu nächtlicher Stunde heimkehrten, fühlten sie sich noch nicht bemüßigt, schon nach Hause zu gehen, sondern waren eher in der Laune, noch allerlei Unfug im schlafenden Berlin anzurichten.

So wurde »Orpheus« also oftmals ein Störenfried des »Morpheus«.

Vor allem hatte man es stets darauf abgesehen, jemandem ein »Ständchen« zu bringen. Und um einen Grund für ein solches zu haben, wurde irgendeinem Bekannten, der zu Hause schon friedlich in seiner »Klappe« lag, ein Geburtstag angedichtet. Und wenn dann der so durch Gesang Gefeierte im drolligen Nachtkostüm am Fenster oder auf dem Altane erschien und feierlich beteuerte, es sei wirklich nicht sein Wiegenfest, nicht heut und nicht morgen, so wurde ihm lachend zur Entschuldigung hinaufgerufen, dass man sich geirrt habe und an seinem richtigen Geburtstage wiederkommen würde; worauf dann die fröhliche Schar weiterzog, um anderswo einen neuen Schabernack auszurichten.

Zu jener Zeit war es Sitte, dass die Bäcker, wenn sie nachts ihre Schrippen gebacken hatten, diese auf langen Brettern vor die Tür ihres Ladens zum Abkühlen stellten. Wenn nun unsere Nachtschwärmer vor einem also garnierten Laden vorüberkamen, machten sie auch hier ihre übermütige Laune geltend. Schleunigst entführten sie das Brett mit der Backware und deponierten es auf einem benachbarten Kellerhals oder sonst in einem nahen Schlupfwinkel, wo es nicht gleich zu finden war. Erschien dann der Bäckerjunge und suchte verzweifelt nach seinem verschwundenen Gebäck, dann riefen ihm die lustigen Musensöhne noch aus der Ferne zu, er solle sich bei ihnen nur bedanken, dass sie die Ware in Sicherheit gebracht hätten, denn sie sei eben durch einen sie beschnüffelnden Hund in großer Gefahr gewesen! – Wie harmlos waren all jene Scherze! Und doch belustigten sie in hohem Grade die Übermütigen!

Sehr vergnüglich ging es auch zu in der Osternacht, wenn sich die jungen Mädels das Osterwasser holten, wobei sie, wie ja bekannt, nicht sprechen durften, da sonst das Wasser seine Kraft verlor, derjenigen, die sich mit ihm wusch, die Schönheit zu verleihen.

Dieses Wunderwasser wurde gewöhnlich aus der Spree geschöpft, entweder an der Fischerbrücke oder bei Neu-Kölln am Wasser, weil dort Stufen zu dem Flusse herabführten, an dem damals unten die Waschbänke der Fächermeister standen.

Wenn nun die wassertragenden Mädchen von den vorübergehenden jungen Leuten geneckt oder angeulkt wurden, um sie dadurch zum Sprechen zu verleiten, kam es nicht selten vor, dass eines von ihnen im Ärger den Eimer oder die Kanne mit dem heiligen Nass über den Kopf des Krakeelers ausschüttete, dem auf diese Weise eine unfreiwillige Schönheitstaufe zu Teil wurde.

Das moderne Berlin von heute ist überreich an eleganten Lokalen, in welchen bis zur spätesten Nachtstunde oder bis zum frühen Morgen getanzt, musiziert, gesungen und getollt wird, in denen sich ein vornehmes Publikum zusammenfindet, unter das sich aber auch die Damen der Halbwelt mischen.

Im alten Berlin gab es nur wenige solcher Etablissements, in denen der Nachtschwärmer sich amüsieren konnte, aber dennoch fehlte es nicht ganz daran.

Ich selbst erinnere mich aus meiner Kindheit, auch einmal ein solch nächtliches Vergnügungslokal besucht zu haben. Anfangs der fünfziger Jahre, als ich vielleicht dreizehn oder vierzehn Jahr alt war, nahm mich eine verwandte Familie, bei der ich öfter einige Tage zu Besuche war, eines Abends mit in das sogenannte »Kolosseum«. Es war dies ein Lokal in der Kommandantenstraße, nicht weit von der Merandrinenstraße, in welchem sich nach neun Uhr Bürgerfamilien in dem großen, etwas rauchgeschwärzten Saale versammelten. Man saß an Tischen umher, gemütlich beim Glase Bier und belegtem Butterbrot und erwartete die Vorstellung, die um zehn Uhr begann. Dann erschien auf dem höher gelegenen Podium ein Ehepaar – wenn ich nicht irre, war sein Name »Franke –, die Frau im weitausgeschnittenen Kleide, mit sehr kurzem Rock. Sie sangen zur Klavierbegleitung allerhand scherzhafte, lustige Couplets, die wohl oft auch einen recht zweideutigen Inhalt haben mochten, den ich freilich nicht verstand. Es war diese Inszenierung schon eine Art unseres heutigen Kabarets – allerdings noch in den Kinderschuhen. Die Vorträge währten bis 12 Uhr. Dann gingen die meisten Familien nach Haus. Aber es blieben noch Gäste zurück, neue kamen hinzu, und dann begann der Tanz, der bis zum frühen Morgen währte.

Aus diesem Kolosseum wurden später »Streiks Gesellschaftssäle«, und jetzt befindet sich da das Herrnfeld-Theater.

Weit früher indessen, noch in den dreißiger Jahren, gab es im alten Berlin ein viel größeres Kolosseum, als dies eben erwähnte. Es befand sich in der Alten Jakobstraße in der Nähe der Luisenkirche und war höchst elegant eingerichtet. Großartige Feste, besonders wunderschöne Maskenbälle, fanden da statt, die von den ersten und reichsten Bürgerfamilien Berlins besucht wurden. Doch schon in den vierziger Jahren existierte es nicht mehr.

Ein alter Herr, der nun schon längst im Grabe ruht, erzählte mir von einem sehr komischen Vorfall, der ihm einst in jenem Kolosseum begegnet war. Er wollte sich zu einem der dort stattfindenden glänzenden Maskenbälle ein Kostüm in einer damals bekannten Maskenverleihanstalt holen, und da empfahl ihm die Inhaberin – nennen wir sie Mutter Müllern – einen prachtvollen türkischen Anzug. Es habe sich soeben eine wunderschöne junge Dame das »Pendant« dazu gewählt, und er würde die reizende Maske jedenfalls auf dem Balle im Kolosseum finden.

Und so geschah es auch. Der Herr hatte bald seine schöne Partnerin in der Menge herausgefunden, machte sich mit ihr bekannt und lud sie dann zu einem opulenten Abendessen ein, das sie auch huldvoll annahm, ohne indessen die Maske vom Gesichte zu entfernen.

Endlich nahte die zwölfte Stunde, man demaskierte sich – und wen erblickte nun der Überraschte im Kostüm seiner Türkin? – Die olle Müllern war es, die sich totlachen wollte ob ihres gelungenen Scherzes!

Ein anderes, im alten Berlin sehr bekanntes Lokal, in dem namentlich die Damen der Halbwelt verkehrten, war Villa Colonna in der Königstraße unter den Kolonnaden, in der Nähe des Alexanderplatzes am Grünen Graben. Später wurde daraus Vauxhall, dann folgte das Herrnfeld-Theater, das jetzt, wie schon erwähnt, in der Kommandantenstraße ist, und schließlich kam das alte Gebäude zum Abbruch, um den Bauten der Neuzeit Platz zu machen.

Das »Ballhaus« in der Joachimsstraße war auch ein hochelegantes, doch ziemlich berüchtigtes Tanzlokal, das niemals von Bürgerfamilien, sondern nur von Damen der demi-monde frequentiert wurde.

Den größten Ruf unter all diesen Vergnügungsanstalten genoss indessen das Orpheum, welches von allen Fremden, die nach Berlin kamen, als eine »Sehenswürdigkeit« besucht werden musste. Es befand sich in der alten Jakobstraße; seine Räume wurden später, als es einging, zu dem jetzigen Zentraltheater verwendet.

Das Orpheum war in seiner Art ein Kunstwerk, besonders als später noch ein Saal im maurischen Stile angefügt wurde. Das Innere des Lokales war sehr dekorativ und geschmackvoll ausgestattet. Die Wände und die Galerien waren mit schönen Gemälden von dem Kunstmaler Ehlert geschmückt.

Der geistig Mehrbemittelte fand übrigens hier unter manchem lüstern erscheinenden Bilde die tiefere Moral heraus. So z.B. war unter anderm ein blühend schönes Weib dargestellt, das von einem vollkräftigen Mann umfasst wurde. Doch, wenn man genauer auf die Gruppe blickte, dann wurde aus dem Umschlingenden ein Gerippe – der Tod, welcher die Schönheit in seine Bande schlug. «

Im Orpheum vereinigten sich die Lebemänner Berlins, die außer Geist auch Geld mitbrachten, für das sie hier reichliche Verwendung fanden. Zuweilen erschien auch ein Herr in Begleitung seiner besseren Hälfte, da die Gemahlin doch auch das Orpheum gesehen haben wollte. Dann wurde er wohl von einer der anwesenden Schönen mitleidig angexempelt: »Na, du Ärmster, heut hast du woll deine Olle mitnehmen müssen?«

Das Etablissement bestand aus einem großen Mittelsaal mit Nebenräumen, die mit dem Hauptsaal in Verbindung standen. Außerdem gab es noch einige geheime Räumlichkeiten im ersten Range, wo sich diejenigen, die unbeobachtet sein wollten, durch Gardinen, die zugezogen wurden, abschließen konnten.

In der Mitte des Hauptsaales befand sich eine Fontäne, die mit südlichen Gewächsen, Palmen, Kakteen und Lorbeer umstanden war. Um diese Fontäne herum wurde von den schönen Damen der Halbwelt mit einigen dazu engagierten Kavalieren der Cancan getanzt, wobei, wie ja bekannt, von der Tänzerin der Hut ihres Partners mit dem Fuße geschickt in die Luft gehoben und dann mit der Fußspitze wieder aufgefangen wurde.

Das Orpheum hat sich bis in die achtziger Jahre hinein erhalten, und außer den alten werden sich auch manche der neu hinzugewanderten Berliner dessen noch aus eigener Anschauung erinnern.

Ein Lokal nun aber, in dem ganz besonders die Studenten auf ihre Kosten kamen, war das in letzter Zeit schon oft in den Erzählungen von Alt-Berlin erwähnte Volkstheater der Mutter Gräbert auf dem Weinbergsweg. Es wurde von den Studierenden wohl hauptsächlich des Ulkes wegen besucht. Das Publikum pflegte dort sein Missfallen oder sein Vergnügen an den Ausführungen in so drastischer Art zu äußern, dass es gleichsam dadurch am Spiele teilnahm und so eine zweite Vorstellung gab. Einmal geschah es, dass in einem Stücke ein Duell zwischen zwei Weibern stattfand, das in höchst realistischer Weise dargestellt wurde. Da nun an den beiden Heldinnen nicht alles »echt« war, so kam in der Hitze des Gefechtes hier und da die verräterische Watte zum Vorschein, worauf wiederholt der Ruf: »Watte rein!« aus dem Publikum erscholl.

»Ach, die Watte möchtet Ihr woll jern zum Ausstopfen Eurer Waden haben?«, hieß es dagegen von der Bühne zurück.

Wenn aber der Spektakel im Publikum manchmal zu »doll« wurde und sogar die Forderung ertönte: »Vorhang runter!« – erschien der alte Gräbert in höchst eigener Person auf der Bühne. Und sogleich rief man dann: »Gräbert! Rede halten!«

Vater Gräbert ließ sich dies nicht zweimal sagen, sondern begann auch sofort seine Philippika. In der Regel fing er also an: »Meine Herren! Ich habe stets gedacht, Sie seien vernünftige Menschen! Aber, nein – « Und dann fuhr er heftig fort: »Nein, – Schafsköppe seid ihr, Lumpenhunde, Gesindel seid ihr – «.

In diesem Stile ging es weiter, und jedem neuen Ausbruche seiner Entrüstung folgte ein neues brüllendes Hurra des gottvergessenen Auditoriums.

Einmal aber – es war wohl im Jahre 54 – nahm ein derartiges Einschreiten Vater Gräberts einen unvorhergesehenen, drolligen Verlauf. Die jungen Leute, die sich wohl untereinander dazu verabredet hatten, stellten sich bei den humorvollen Ausdrücken des alten Gräbert plötzlich höchst beleidigt, sprangen in ihrem Zorn auf die Bühne und fesselten den alten Herrn, der sich vergebens in ohnmächtiger Wut der überlegenen Gewalt erwehrte. Dann zogen sie in die nahe Küche, raubten dort Quirle, Messer und Gabeln und Löffel, welche sie sich gleich Orden und Auszeichnungen in die Knopflöcher steckten. Dem Vater Gräbert wurde eine bunte Schürze vorgebunden und dann der Musik der Befehl gegeben, eine Polonäse zu spielen. In feierlichem Aufzuge wurde hierauf der Besitzer des Theaters gefesselt durch sein eigenes Lokal geführt! Wie es ihm dann gelang, in einem unbewachten Augenblicke einem seiner Kellner zuzuflüstern: »Polizei!« – wie dann die Männer des Gesetzes plötzlich erschienen, und welche urkomische Szenen sich bei der Verhaftung der Delinquenten (die eigentlich nur zum Schein vorgenommen wurde) im weiteren Verlaufe des Abends noch abspielten, dies alles hier zu erzählen, würde zu weit führen.

Es sei nur noch zum Schlusse bemerkt, dass gerade aus dem Kreise jener übermütigen Musensöhne, die an jenem tollen Abend bei Mutter Gräbert mitwirkten, und die so viele lustige Streiche im nächtlichen alten Berlin vollführten, einige der größten Künstler hervorgegangen sind – Musiker, Maler, Bildhauer –, deren Namen heute mit Ruhm und Ehre im deutschen Vaterlande genannt werden.

Damals bestand in Berlin ein Verein bildender Künstler, dessen musikalische Abteilung sowohl Orchestermitglieder sowie auch Gesangsmitglieder stellte. All diese Herren gehörten zu den bedeutendsten Berliner Künstlern der heutigen Gegenwart. Gegründet und geleitet wurde die musikalische Abteilung von Herrn Julius Fuchs, von dem schon oben öfter die Rede gewesen.

Es war Ende der fünfziger Jahre, als diese Abteilung, besonders durch Herrn Fuchs dazu angeregt, einen der amüsantesten und künstlerisch großartigsten Maskenbälle gab, wie er bis dahin in Berlins Mauern noch nicht stattgefunden.

Da man zu diesem Feste nicht leicht ein passendes Lokal finden konnte, so wählte man schließlich das Gropiussche Atelier und dekorierte dasselbe für den betreffenden Abend in höchst malerischer, fantastischer Weise. Auch eine Bühne wurde eingerichtet, auf der dann eine Anzahl famoser Nachtstücke aufgeführt wurde.

Der schönere Teil der Schöpfung, die Frauen, waren von dem Feste ausgeschlossen worden. Aber trotzdem fehlte es nicht an reizenden Tänzerinnen, denn eine große Zahl der Künstler erschien als Weiber gekleidet. Und zwar hatten die Herren dazu die elegantesten, kleidsamsten und auch wohl ulkigsten Kostüme gewählt.

Vor allem zeichnete sich durch Schönheit und Pracht die Erscheinung der Catarina Cornaro aus, deren Einzug in Venedig in wahrhaft großartiger und wunderbar künstlerischer Weise dargestellt wurde.

Im Laufe des Abends ereignete sich dann ein sehr spaßhafter Zwischenfall, der zu vielen Scherzen und Neckereien Veranlassung gab.

Selbstverständlich hatte man tapfer der Muse Terpsichore gehuldigt und in der übermütigsten Laune dabei den schönen Partnerinnen laut und lärmend den Hof gemacht. Die Damen erwiderten natürlich diese Huldigungen in derselben geräuschvollen Weise, so dass die Polizei, welche das sonst ganz dunkle Gropiussche Atelier hell und strahlend erleuchtet sah und den Lärm von drinnen bis draußen auf der Straße vernahm, schließlich aufmerksam wurde und in den Saal eindrang.

Als sie hier eine große Zahl wilder, übermütiger Weiber in den gewagtesten Kostümen erblickte, ergrimmte sie in gerechtem Zorne und forderte die Schuldigen auf, sogleich den Saal zu verlassen und sich zur Polizeiwache zu begeben.

Natürlich widersetzten sich die so unschuldig Verfolgten dem gestrengen Befehle.

Aber erst dann, als sie sich gehörig legitimiert und sich die Beamten eingehend durch ganz spezielle körperliche Untersuchung davon überzeugt hatten, dass die schönen verführerischen Weiber nicht das waren, als was sie hier erschienen, konnte das Fest seinen ungestörten Fortgang nehmen.

Denjenigen, die an jenem Maskenfeste teilgenommen, ist dasselbe wohl für immer als eine der amüsantesten und interessantesten Epochen ihres Lebens in der Erinnerung geblieben.

XV Humor und Witz im alten Berlin

Über den Witz und die Komik der alten Berliner ist viel geschrieben und gesprochen worden; sie haben in der Welt eine gewisse Berühmtheit erlangt.

Auch im modernen Berlin, der Welt- und Großstadt, fehlt es durchaus nicht an witzigen Redensarten; nur sind dieselben nicht mehr so urwüchsig, kernig und den Nagel auf den Kopf treffend, wie sie es einst in dem alten Spree-Athen gewesen! – Wenige Leute gibt es indessen nur noch in Berlin, die diese alten spaßigen Sachen *selbst* gehört und miterlebt haben. Die meisten kennen sie eben nur vom Hörensagen; denn die »alten Berliner«, diejenigen, welche vor fünfzig, sechzig Jahren schon hier an den Ufern der Spree lebten, sterben ja, wie ich schon früher einmal erwähnte, allmählich immer mehr aus.

Was mich nun betrifft, die ich mich mit Recht zu den »Alten« zählen kann, so habe ich selbstverständlich noch den sogenannten richtigen Berliner Witz, namentlich auch den des einfachen Mannes aus dem Volke, in seiner ganzen drastischen Komik kennen gelernt. Schon als Kind habe ich mich öfter unmaßen über solche Leute gefreut, denen es gleichsam zur zweiten Natur geworden, mit Scherzen und Späßen nur so um sich zu werfen. Unter diesen erinnere ich mich besonders noch eines alten, witzigen Schneiders, der ein Freund meiner Großmutter war und zu dem sie mich öfter mitnahm, wenn sie ihn besuchte. Im Winter gab er uns Kindern immer ein herrliches Fest, bei welchem die »Laterna magica« in all ihrer Zauberpracht entfaltet wurde. Vom 18. März 1848 erzählte er stets sehr drollig, wie er da – als man in manchen Straßen Drahtseile herüber und hinüber gezogen hatte, um dadurch sicherer verbarrikadiert zu sein – einem Seiltänzer gleich über all diese Drähte hatte springen müssen, um seinen Weg nach Hause zu finden. Und er begleitete seine Erzählung mit so urkomischen Gebärden, dass wir Kinder dabei aus dem Lachen gar nicht herauskamen.

Ein Lieblingsvergnügen der Berliner war es, wie es ja auch heutzutage noch der Fall ist, Landpartien zu machen, hinaus in den Wald oder zu den umliegenden Dörfern.

Zur besonderen Charakteristik eines solchen Familienausfluges gehörte vor allem das *Kaffeekochen* und dann das *Kaffeetrinken*! Wahre Riesenkannen – meist von Bunzlauer Geschirr – erschienen nachmittags auf den ländlichen Holztischen, an welchen die Gesellschaft Platz genommen, und enorme Quantitäten des braunen, oft recht dünnen Göttertrankes wurden mit einer dem entsprechenden Menge süßen Gebäcks von den Auszüglern vertilgt.

In zweiter Linie kam das Obst in Betracht, das von den Kindern öfter aus den umliegenden Gärten geräubert wurde. Und heute noch ist es mir ein Rätsel, dass z.B. die unreifen Pflaumen, die von uns Kleinen manchmal in recht reichlichem Maße vertilgt wurden, nicht schlimmere Resultate zur Folge hatten, als dies in Wirklichkeit eigentlich der Fall gewesen.

Und drittens war die »Schaukel« ein unentbehrlicher Faktor des Landpartie-Vergnügens. In jedem ländlichen Lokale befand sich solch ein bewegliches Instrument, oft von der primitivsten Einfachheit. Und sitzend oder stehend, schwebte man stundenlang auf demselben durch die Luft. Je höher man flog, desto besser! Bis in den Himmel hinein – so wenigstens liebte man es als Kind.

Gewöhnlich bediente man sich zu diesen Ausflügen, besonders wenn sie in weitere Fernen führten, eines großen Kremsers, in welchem eine oft unglaubliche Zahl von Teilnehmern untergebracht wurde.

Einer sehr drolligen Landpartie, die in ganz merkwürdiger Weise stattfand, erinnere ich mich aus meiner frühesten Kindheit; ich mochte sieben oder acht Jahre gezählt haben. Onkel und Tante Spiller hatten sich mit verschiedenen Familien ihrer Bekanntschaft, die gleich ihnen vor dem Anhaltstore wohnten – wo auch meine Eltern ihr Domizil hatten –, geeint, nach Dammsmühle einen Ausflug zu machen.

Weshalb sie gerade diesen Zielpunkt gewählt, weiß ich nicht mehr. Wahrscheinlich hatte einer der Teilnehmer dort einen Freund, der im Besitze eines Bauernhofes war, dem man einen Besuch abstatten wollte.

Um nun nach Dammsmühle zu gelangen, bediente man sich als Fuhrwerk eines mächtig großen Möbelwagens, der vom Tischlermeister Kurz, einem Bekannten meines Onkels, dazu geliefert wurde. Besagter Wagen wurde mit Stühlen, Bänken und Kissen reichlich versehen und zum Sitzen bequem gemacht. Körbe mit einer ungeheuren Menge von Essvorräten und obligatem Getränk wurden in allen Ecken verstaut, so dass man sicher sein konnte, auf der Fahrt weder verhungern noch verdursten zu müssen.

Obgleich meine Eltern an dem Vergnügen nicht teilnahmen, war ich dennoch von meinen Verwandten mitgenommen worden, mit vorhergehendem kleinen Kampfe von seiten Tante Spillers, ehe sie die Erlaubnis meines Vaters für mich erlangt hatte.

Ganz deutlich erinnere ich mich noch heute dieser eigenartigen Partie, so viele Jahre sie auch schon zurück in der Vergangenheit liegt.

Als wir morgens sehr früh aufbrachen und durch die Stadt fuhren, waren die Vorhänge des Möbelwagens ringsumher fest zugezogen, und drinnen saßen wir alle mäuschenstill, um kein Aufsehen zu erregen. Erst als wir vor das Tor gelangt und die Vorhänge emporgezogen waren, brach die allgemeine Lustigkeit aus.

Scherze und Witze wurden gemacht, von denen ich freilich nicht viel verstand; fröhliche Lieder erklangen, und dann wurde das opulente Frühstück eingenommen und tapfer dazu getrunken, wodurch die heitere Stimmung ihren Höhepunkt erreichte.

Soviel ich noch weiß, fand der Ausflug an einem Sonntage statt und wurde von dem herrlichsten Wetter begünstigt.

In Dammsmühle war es grün und maienfrisch. In einem großen Raum, wahrscheinlich wohl in der Scheune des Bauern, bei dem wir einkehrten, stand eine mächtig lange Tafel, sauber mit weißen Tüchern gedeckt, und Schüsseln mit Bergen eigengebackenen Kuchens prangten auf derselben.

Große Kannen voll dampfenden Kaffees wurden von der Wirtin hereingebracht, und nun tat man sich weidlich gut an dem leckeren Mahle, das die Stelle des Mittagessens vertreten musste.

Nachdem wir alle gesättigt waren, durchwanderten wir das hübsche Dorf, in welchem sich ein großer Teich befand. Und ich entsinne mich, dass wir dort eine Menge von Schmackeduzen pflückten – lange, rohrartige Stöcke, die an ihrer Spitze eine samtartige, braune Bürste trugen –, die hier wohl in großer Zahl wachsen mussten.

Ziemlich früh würde dann der Heimweg angetreten, da man ja bis Berlin eine weite Strecke zu fahren hatte. – Ganz besonders ist mir bei der Rückkehr unser Einzug in die Stadt im Gedächtnis geblieben. Da es inzwischen Nacht geworden war und die Straßen damals sehr kärglich beleuchtet waren, so fürchtete man nicht mehr die Indiskretion der Einwohner. Man zog also mit erhobenem Visier in die Stadt ein, d.h. man hatte die Vorhänge des Möbelwagens emporgerollt und saß ganz harmlos auf seinen Stühlen und Bänken in dem langen Vehikel umher. Doch hatte man dabei nicht mit der Wuptizität der Berliner gerechnet.

Dies seltsame Schauspiel einer Landpartie im Möbelfuhrwerk erregte, trotz der Dunkelheit, in allen Straßen, die wir passierten, einen Sturm von

Heiterkeit, und überall wurden wir mit Jauchzen, Lachen, Hochrufen empfangen und während der ganzen Fahrt begleitet, bis wir endlich vor dem Anhaltischen Tore, wo damals noch ländliche Stille herrschte und sich Wiesen und Felder ausbreiteten, in unser idyllisches Heim gelangten.

Ein anderes drolliges Bild steht mir auch noch unter den Eindrücken aus meiner Kindheit vor Augen.

Wir gingen durch die Friedrichstraße. An der Ecke der Krausenstraße war ein großes Sirupfass von einem Rollwagen gestürzt und dabei so beschädigt worden, dass sich die braune Flüssigkeit in Strömen auf den Damm ergossen hatte. Scharen von Kindern waren versammelt, die geschäftig wie die Bienen den süßen Trank mit Löffeln und Fingern schöpften und daran schleckten. Besonders eifrig unter ihnen war ein kleines Mädel, das sich eigens von zu Haus einen Tassenkopf geholt hatte, in welchem es die leckere Flüssigkeit schöpfte und füllte. Da nahte sich ihm ganz unbemerkt von hinten ein tückisches Büblein. Mit der ganzen Handfläche fuhr er blitzschnell zuerst in die klebrige Masse hinein und dann mit derselben über das Gesichtchen des Kindes, so dass dies vollständig von dem Sirup, wie mit einer Maske, bedeckt war! Das arme Ding wollte schreien und heulen – aber das ging nicht.

Es musste lecken, lutschen, schlecken, um all den Sirup, der ihm in den Mund lief und es am Schreien verhinderte, zu tilgen! All die kleinen Wichte umher, anstatt die arme Maid zu bemitleiden, jubelten und jauchzten! Und auch wir stimmten in das allgemeine Gelächter mit ein; denn der Anblick war wirklich zu komisch! –

Mein Mutterchen pflegte uns Kindern, namentlich in der Dämmerstunde, die unsere liebste Zeit am Tage war, allerlei drollige Geschichten, die sie in ihrer Kindheit erlebt hatte, zu erzählen und die wir immer wieder von neuem gerne hörten. Eine solche war folgende:

Mutterchens Vater, der Schlossermeister war und ein Haus in der Wallstraße, Ecke der Splittgerbergasse, besaß (wie ich schon am Anfange meiner Erzählungen erwähnt), in dem er seine Werkstatt hatte und auch mit seiner Familie wohnte, muss ein recht spaßiges Männlein gewesen sein, wenigstens nach der Schilderung meiner Mutter.

Das Haus der Großeltern war ein sehr gastliches, und namentlich pflegten sich Sonntags abends stets Freunde zum Essen einzufinden.

Großmutter Spiller – sie war die zweite Frau meines Großpapas – liebte es, einen recht vollbesetzten Tisch zu führen. Eines Sonntags war sie gerade mit der Anrichtung des Abendessens beschäftigt, als von der Straße her, dicht unter den Fenstern – man wohnte Parterre – der Ruf erklang: »Neunaugen! Wer kauft schöne Neunaugen? Billig, billig!«

Großmuttchen lauschte. Sie hatte nicht recht verstanden.

»Was ruft der Mann aus, Väterchen?«, fragte sie ihren Gatten.

»Nun, Neunaugen, Mutterken! Hättst de nich Appetit auf Fische?«

Ja, sicher hatte sie Appetit darauf und die Gäste auch. So wurde denn flugs der Händler hereingerufen. Es war ein Mann mit einem langen schwarzen Barte und einer tief in die Stirn hängenden schwarzen Kappe. Mit beredten Worten pries er seine Ware den Kauflustigen an, und schnell war man handelseins.

Man setzte sich dann an den gedeckten Tisch, und Großvater legte seinem »Mutterken« reichlich von den appetitlichen Fischen vor. Die alte Frau, die ein wenig kurzsichtig war, merkte zuerst den Spaß nicht. Erst, als sie schnitt und schnitt, und die zähen Neunaugen absolut nicht zu zerteilen gingen, da entdeckte sie plötzlich, dass es ja keine Fische, sondern *Tuchecken* waren, die da vor ihr lagen, welche man sorgsam mit Öl und Essig begossen hatte!

Alles lachte und jubelte, und auch der Händler trat wieder lachend zur Tür herein, diesmal ohne Kappe und Bart – es war einer der Gäste, der Schneidermeister Schißler, ein Freund des Großvaters und ein ebenso lustiger Kumpan wie dieser. Die beiden freuten sich nun gemeinsam, dass ihnen ihr heimlich ausgehecktes Plänchen so hübsch gelungen war. Wie harmlos waren doch die Menschen damals, und trotzdem – wie zufrieden und glücklich!

Dass im Hause der Großeltern sehr reichlich für das leibliche Wohl gesorgt wurde, bewies uns eine andere Erzählung unseres Mutterchens, die von dem Einkaufe eines fetten Schweines handelte. Der Großvater besaß nämlich eine ihm befreundete Bauernfamilie in Zehlendorf, und dorthin reiste er eines schönen Tages – denn bis zu jenem Dorfe war es damals wirklich eine kleine Reise –, um nach eigenem Wählen und Ermessen ein prachtvolles, fettes Schwein einzuhandeln und dann nach Berlin befördern zu lassen. Hier wurde es von einem dazu bestellten Schlächter auf dem Hofe des großväterlichen Hauses vom Leben zum Tode befördert und dann sein Fleisch zu der schönsten Wurst verarbeitet. Und nun wurde die ganze Nachbarschaft ringsumher in der Wallstraße zu einem solennen Wurstessen auf besagtem Hofe eingeladen! Wer nicht selbst kommen könnte, dem wurde sein Teil ins Haus geschickt!

Besonders konnte meiner Mutter Bruder, Onkel Spiller, was das Essen anbetraf, etwas Erkleckliches leisten. In seiner Lehrzeit – er lernte bei seinem Vater die Schlosserei – aß er öfter, so berichtete Mutterchen, zum zweiten Frühstück eine ganze gebratene Gans *allein* auf! Es war freilich nur eine kleine Gans; sie kostete zehn Groschen nach heutigem Gelde, also eine Mark. Das war ja nicht gerade viel, aber schließlich nach damaligen Verhältnissen immerhin ein ganz erhebliches Sümmchen.

Eine andere komische Geschichte, noch amüsanter als die von den »Neunaugen«, diesmal etwas politischer Natur, passierte zwar nicht in meiner eigenen Familie, aber in einer unseres Bekanntenkreises.

Es war im Jahre 1848, gerade am 18. März, als sich ein Konsul aus Leipzig – der Name tut nichts zur Sache – zum Besuche bei seiner Schwester in Berlin befand. Der Herr, welcher eine hervorragende Persönlichkeit des Kaufmannstandes und Führer der liberalen Partei in Leipzig war, gab seiner Schwester zu allerlei Befürchtungen Anlass. Die Dame glaubte ganz sicher, dass ihr Bruder auf den Barrikaden, die gerade in der Breiten Straße errichtet worden waren, am Kampfe teilnehmen würde, um der Freiheit zum Siege zu verhelfen. Sie zitterte für das Leben des geliebten Bruders, für den sie bereits den gewissen Tod voraussah! –

Der Konsul, der von dieser Voraussetzung seiner lieben Schwester keine blasse Ahnung hatte, und der natürlich *nicht* auf den Barrikaden gekämpft, sondern gemütlich bei Lutter & Wegner zu Abend gegessen hatte, fand, als er sich in dem Hotel, in dem er Wohnung genommen, zur Ruhe begeben wollte und vorher Uhr, Geldbörse usw. aus der Tasche gezogen, plötzlich einen zusammengefalteten Zettel zwischen seinen Utensilien. – Erstaunt erkannte er in den großen, deutlich geschriebenen Lettern, die darauf standen, die Handschrift seiner Schwester. Und dann las er folgendes: »Man bittet, diese Leiche bei Frau v. S., Breite Straße 15, abgeben zu wollen!«

Diese dringende Bitte hatte die vorsorgliche Schwester niedergeschrieben und dem geliebten Bruder in die Tasche geschmuggelt! – Frau von S. war eine intime Freundin von ihr und wohnte in der Breiten Straße, also in der Nähe der todbringenden Barrikaden! – – Tableau!

Ebenso spaßig wie die eben erzählte Begebenheit ist folgende kleine Geschichte, die auch in jener Zeit passierte.

Vor einem Budikenkeller hielt ein kleiner Wagen, auf welchem einige Fässchen mit sauren Gurken standen. Der Inhaber des kleinen Handels war hinunter in den Keller geschlüpft, sich hier an einer kühlen Weiße zu erquicken. Da er ziemlich lange dort unten blieb, so wurde sein Hund, der vor den Wagen gespannt war, schließlich ungeduldig.

Ein Vorübergehender, der dies sah, rief sofort in den Keller hinunter: »Sie, saurer Jurkenfritze, kommen Se man schnell russ! Ihr *Geschäftsführer* will eben durchbrennen!«

Ähnliche humorvolle Geschichten wie diese hier, erzählte mir mein verehrter alter Freund, Herr Julius Fuchs (von dem in diesen Blättern öfter die

Rede ist), aus seiner Berliner Jugendzeit. Er wohnte mit seinen Eltern in der Nähe des Köllnischen Fischmarktes, wo die Fischweiber mit ihren Tubben saßen, in denen ihre lebendige Ware munter umherschwamm. Eines Tages, als es plötzlich heftig zu regnen begann, hörte der Junge, der dort herumspielte, wie ein alter spaßiger Berliner, der gerade über den Fischmarkt ging, zu einer der Händlerinnen sagte: »Sie, Mutterken, decken Se man schnell Ihre Tubbe zu, et reinet! De Fische werden nass!« – Woraus die Alte kräftig zu schimpfen begann, da sie mit Recht annahm, dass man sich über sie lustig machen wollte.

Herr Fuchs, der als Junge ein ausgelassener kleiner Strick gewesen sein muss, ärgerte oft die armen Fischweiber durch seine neckischen Streiche und Späße.

Einmal – es war im Winter – ließ er in einen neben der Händlerin stehenden Eimer voll glühender Kohlen, an denen sie sich in der Kälte wärmte, beim Vorübergehen heimlich eine Platzpatrone fallen, die er von einem Soldaten geschenkt bekommen hatte. – Sogleich zischte vor der erschrockenen Frau eine hohe Flamme empor! Zornentbrannt fasste die resolute Dame nach einem mit Wasser gefüllten Kübel, der neben ihr stand und rannte damit dem davoneilenden Jungen nach, indem sie rief: »Er rotznasiger Bengel, er! Er hat woll Schießboomwolle in seine Waden?« Und schwabb! hatte sie dem Jungen den ganzen Kübel voll Wasser über den Kopf geplanscht! – Ein erfrischendes Bad bei der Winterkältel – –

Die drastischen Witze der jetzt immer mehr aussterbenden Gilde der Schusterjungen aus Alt-Berlin sind ja fast alle bekannt. Vielleicht aber kennt man den folgenden nicht, den ich hier einflechten will.

Ein Schusterjunge zählt an seinen Fingern irgend etwas ab und ist so vertieft in diese Beschäftigung, dass er gar nicht bemerkt, wie sein Meister ihn neugierig und aufmerksam beobachtet.

»Wat zehlste denn da?«, fragt endlich der Meister verwundert.

»Herr Meester«, erwiderte verschmitzt der Junge, »ick zehle nur, wie ville Hexen hier ins Haus sind. Mit de Frau Meestern sind et sieben!«

»Ih, du infamigter Bengel«, ruft der Meister wütend, »wie kannste denn so frech sind un de Frau Meestern 'ne Here schimpfen? Ick haue dir jleich eene 'runter!«

»Nee, nee!«, schreit der Junge. »Man ja nich! *Ohne* de Frau Meestern sind et sechse!« –

Auch folgendes Histörchen, obgleich es kein Schusterjungenwitz ist, gehört hierher, seiner Komik halber.

Ein Wirt, der beim Beginn der Saison sein kleines Restaurant für den Sommer einrichtet und die Stühle und Tische im Hofe zurecht stellt, ruft seinem Hausknecht zu: »Aujust, mach den Jarten fertig! Aber setze de Oleandertöppe nicht zu *dichte*, det et nich wie 'n *Park* aussieht!«

Von der *idealen* Seite der Liebe – um auch mal von diesem Thema zu reden – hielt der alte Berliner wohl nicht viel. Es kam ihm mehr auf die praktische Grundlage des Lebens an. – Meine Tante Emilie wusste darauf bezüglich ein hübsches Liedlein auswendig, das sie uns Kindern zum Gaudium manchmal herrezitierte.

Ich führe hier ein Verschen daraus an, das mir im Gedächtnis geblieben ist. Ein junges Mädel aus dem braven Bürgerstande soll heiraten, und zwar soll sie einen Gatten nehmen, den ihre Eltern für sie ausgesucht haben. Dagegen sträubt sie sich, indem sie ihren Eltern erklärt, sie nähme den für sie Erwählten *nicht*, da sie ihn weder *achten* noch *lieben* könne!

Darauf erwidert ihr Vater in höchster Indignation, sich dabei an seine Frau wendend:

>»Mutter, hör' die dumme Trine!
>Hör' nur, was es Neues gibt!
>Haben *wir* uns je geachtet,
>Haben *wir* uns je geliebt?«

Eine sehr bekannte und populäre Persönlichkeit in Alt-Berlin war in der ersten Hälfte des vorigen Jahrhunderts eine Madame Dutitre, über welche die komischsten Anekdoten noch heute im Munde des Volkes-leben.

Diese Dame stammte aus einer einfachen bürgerlichen Familie der französischen Kolonie. Sie hatte den französischen Koch des Königs Friedrich Wilhelms III. geheiratet und kam dadurch öfter mit Personen aus den Hofkreisen in Berührung.

Sie selbst hatte, trotz ihrer nun besseren, sehr wohlbegüterten Stellung durchaus ihr schlichtes, kleinbürgerliches Wesen von früher und sogar ihre drastische berlinische Redeweise beibehalten.

Sie war eine enthusiastische Verehrerin des Königs, dem sie persönlich bekannt war, und der ihr allerhand kleine Auszeichnungen zu Teil werden ließ. Wie ein Heiligtum bewahrte sie den Handschuh auf, den sie getragen, als der König ihr einmal bei irgendeiner Gelegenheit huldvoll die Hand gereicht hatte.

Dies Kleinod hing unter Glas und Rahmen im besten Zimmer an der Wand, und darunter hatte Madame Dutitre die bedeutungsvollen Worte gesetzt: »Mein Keenig hat mir dran gefasst!«

Im Sommer wohnte die Dame mit ihrem Gatten in Charlottenburg, damals eine beliebte Sommerfrische für die Berliner, die noch nicht zu reisen pflegten. König Friedrich Wilhelm III. ritt fast täglich in Charlottenburg spazieren, und wenn er dann an dem Hause der Madame Dutitre vorüberkam, so grüßte er jedesmal zu dem Fenster hinaus, an welchem die Dame mit irgendeiner Handarbeit beschäftigt saß und glückselig den Gruß des hohen Herrn erwiderte.

Einmal jedoch war Se. Majestät so tief in Gedanken versenkt, dass er vergaß, beim Vorüberreiten zu dem bewussten Fenster emporzublicken, so sehnsuchtsvoll auch die Vergessene auf die gewohnte Begrüßung wartete.

Als nun am folgenden Tage der König das Versäumte nachholte und huldvoll hinaufwinkte, tat Madame, als ob sie dies nicht sähe und hob die Augen nicht von ihrer Arbeit empor.

»Ja«, sagte sie dann, gleichsam sich entschuldigend, zu den im Zimmer Anwesenden, »jestern maulte er – un heute maule icke!«

Bei Krankheitsfällen scheint indessen die sonst so heitere Frau nicht sehr gemütlich gewesen zu sein. Als Herr Dutitre einmal an einer heftigen Erkältung daniederlag, hielt sich seine Frau ständig in einem andern Zimmer auf und wagte sich nicht an das Bett des Kranken.

Der Gatte ließ sie schließlich bitten, ihm doch ein bisschen Gesellschaft zu leisten. Da ging sie bis an die Tür des Krankenzimmers, und vorsichtig eine Spalte derselben öffnend, rief sie durch diese ihrem Gemahl zu: »Ach, Jotte doch, lieber Mann, laß mir doch in Ruhe! Du weeßt ja, det ick keene Doten nich sehen kann!«

Einmal sprach man in einer Gesellschaft, in der sich Madame Dutitre befand, viel von außerordentlichen Dingen, die sich gerade zugetragen hatten, in Berlin und anderswo. Da unterbrach die darüber aufgeregte Frau plötzlich die Unterhaltung, indem sie ausrief: »Ach, heutzudage wundere ick mir schonst über jar nischt mehr! Wenn der Ofen da nießt, denn sagt ick: Prost! Aber wundern dhu ick mir nich!«

Zuweilen versuchte irgendeine feiner gebildete Freundin Madame Dutitre in ihrer drastischen Sprechweise zu korrigieren. So geschah es einmal, dass eine Dame, der es in ihren pekuniären Verhältnissen sonst nicht gerade gut erging, der Frau Dutitre zu verstehen gab, es hieße im Hochdeutschen nicht *loofen*, sondern *laufen*!

»Ach, wat!«, erwiderte die Gescholtene lebhaft. »Lassen Se mir zufrieden! Sie sind immer *gelaufen, gelaufen*! Na, un wat haben Se denn nu Jroßet erwischt? Jck aber bin immer *geloofen, geloofen* – un nu sehen Se mir an, wie weit ick damit jekommen bin!«

Als Madame Dutitre einmal dem König auf der Promenade begegnete und von ihm huldvoll gefragt wurde, wie es ihr erginge, erwiderte sie mit tiefem Knickse: »Danke, Majestätken, mir jeht's ja jut. Meine Kinder sind jetzt in Rom! Meine beiden Schwiegersöhne sind vonn' Papst empfangen worden. Un meine Döchter sind zweimal wöchentlich zum Tee gebeten bei de Frau Päpstin!«

Im Theater fehlte Madame Dutitre selten. Sie verehrte Ludwig Devrient auf das eifrigste und wünschte, den großen Künstler einmal bei sich zu sehen. Meister Devrient, dem dieser Wunsch durch einen Freund hinterbracht wurde, war denn auch bereit, denselben zu erfüllen. Er legte seine beste Toilette an und erschien eines Tages im Salon der alten liebenswürdigen Dame. Doch, ehe er seine Begrüßungsrede beginnen konnte, richtete Madame an ihn die naive Frage: »Aber sagen Se mir, Devrientchen, warum sind Se denn, wie Se noch kleen waren, Ihren Vater fortgeloofen und unter de Lumpen-Komödianten jejangen?« Diese Anspielung auf seine Jugendgeschichte brachte den großen Mimen denn doch etwas außer Fassung, und er gewann seine gute Laune erst wieder, als er nach einiger Zeit an seinem gewohnten Platze bei Lutter & Wegner eine Flasche guten Rotspon vor sich auf dem Tische, saß.

Sonntags pflegte Madame Dutitre sich irgendeinen netten Kadetten einzuladen, den sie vorzüglich verpflegte, und der dafür mit ihr einen hübschen Spaziergang im Tiergarten machen musste. Wenn sie Bekannten begegnete, dann stellte sie ihren jugendlichen Begleiter holdselig lächelnd vor: »Mon neveu!« So wuchs die Schar ihrer Neffen mit der Zeit zu einer ganz stattlichen Menge heran. –

Auch folgender Witz sieht denen der Madame Dutitre ähnlich, obgleich er nicht von jener Dame herrührt.

Damals war es in Berlin Sitte, wie dies ja auch jetzt noch der Fall ist, dass die Wache auf dem Opernplatz herausgerufen wurde und das Gewehr präsentierte, während der Trommler den Wirbel rührte, wenn irgendein Mitglied der königlichen Familie das Palais verließ, um eine Ausfahrt zu machen. Als nun einige Tage nach ihrer Vermählung die Fürstin von Liegnitz, frühere Gräfin Harrach, aus dem Prinzessinnenpalais, in welchem sie ihren Sitz genommen, herausfuhr, war die Wache schuldigst unter Gewehr getreten. Der Trommler indessen, der nicht recht wusste, wie er sich der Fürstin, die doch nicht aus königlichem Geblüte stammte, gegenüber zu verhalten hatte, fragte ängstlich seinen Nebenmann, ob er denn trommeln solle oder nicht. »Trommle man immer en bissken, aber mit de linke Hand!«, entgegnete der Gefragte schnell (denn die Fürstin war ja dem König Friedrich Wilhelm III. nur zur linken Hand angetraut). – –

Jetzt sind es hundert Jahre her, dass in Deutschland, und also auch in Berlin, die Beleuchtung der Straßen mit Gas eingeführt worden ist. Damals wunderten sich die Berliner, wie so ein Licht ohne Docht brennen konnte, und da es ihnen schwer wurde, sich an das fremde Wort »Gas« zu gewöhnen, das sie nicht recht verstanden, sagten sie kurzweg:

»*Gassen*beleuchtung!« was ihnen jedenfalls verständlicher war.

Sehr komische Szenen kamen vor, wenn im alten Berlin einmal ein tüchtiger Regenguss niederging, wie dies bei einem Gewittersturm an einem recht schwülen Sommertage oft der Fall ist.

Das niederstürzende Wasser fand durch die Rinnsteine keinen raschen Abfluss. Unter den Brücken verstopfte sich bald die Flut durch allerlei Unrat, der hier aufgespeichert lag. Dann hoben sich die Brückenbohlen und schwammen durch die Straßen munter dahin, gleich kleinen Flößen, und die liebe Jugend watete mit aufgekrempelten Hosen hinterher, lachend und schreiend, indem sie versuchte, diese schwimmenden Flusswunder zu lancieren und zu steuern!

Eines fabelhaften Unwetters, das über Berlin hereinbrach und die spaßhaftesten Szenen veranlasste, erinnere ich mich aus dem Beginn der sechziger Jahre.

Ich war den Tag über in Potsdam gewesen; das Wetter war so heiß und schwül, dass man wähnte, in den Tropen zu sein. Gegen Abend, als ich nach Berlin zurückkehrte, hatte sich der ganze Horizont mit schweren, dunkel drohenden Wolken bezogen. Schon während der Fahrt brach das tobende, furchtbare Unwetter los. Es waren *vier* Gewitter, die sich auf einmal mit Donner und Blitz und wolkenbruchartigem Regen entladen.

Auf dem Potsdamer Bahnhof angelangt, fand ich weder Droschke noch Omnibus, noch sonst irgendeine Fahrgelegenheit, die mich nach der Neuenburger Straße, wo ich mit meinen Eltern wohnte, befördert hätte.

Ich musste also nach Hause waten, tatsächlich waten unter strömendem Regen, denn in den Straßen, auf den Plätzen, stand das Wasser beinahe *fußhoch*. Fast alle Brücken waren fortgeschwemmt, so dass man von einer Straßenseite zur andern über die flutenden Rinnsteine nicht gelangen konnte.

Da sah man ritterliche Herren, die auf starken Armen ihre Damen, die Gefahr nicht scheuend, über die brausenden Wogen trugen.

Und die Damen, die sich keines männlichen Schutzes erfreuten und den Kampf mit den Elementen allein zu bestehen hatten – nun; die rafften ihre Kleider und Röcke hoch empor und schritten todesmutig in ihren »Kiekelkörben« dahin, nämlich in ihren Krinolinen, die damals Mode waren und die bekanntlich von einem Drahtgestell gebildet wurden. Ja, da konnte man die wunderbarsten Beobachtungen machen! Man sah dicke und dünne Beine, schöne und hässliche Waden, von hellen und dunklen Strümpfen bekleidet – sie alle präsentierten sich dem Beschauer da unter den durchbrochenen Kiekelkörben!

Da es gerade Sonntag war und nach langem Regenwetter ein sonnig schöner Tag gewesen, so befand sich eine Unmasse von Menschen vor den Toren der Stadt. Diejenigen, welche ihren Ausflug bis in entferntere Dörfer ausgedehnt hatten, waren gezwungen, auch dort zu übernachten; denn die wenigen Omnibusse und Stadtwagen, welche damals im Gange waren, wurden dermaßen vom Publikum gestürmt, dass es lebensgefährlich gewesen wäre, sich in sie hineinzudrängen.

In der ersten Morgenfrühe des folgenden Tages sah man dann Scharen von Ausflüglern zurückkehren und erblickte in den Straßen die abenteuerlichsten Gestalten. Die Herren mit verbeulten Hüten, die Damen in ihren hellen, verregneten und zerdrückten Sommerkleidern, alle mit übernächtigen, müden Gesichtern – so eilten sie nach Hause, um sich durch Speise und Trank zu stärken und dann erfrischt an die Arbeit der Woche zu gehen! – –

Noch einen Witzes will ich erwähnen, der nicht sehr bekannt sein dürfte.

Am alten Berliner Dome, der nun schon seit einer Reihe von Jahren durch den neuen schönen Bau ersetzt worden, befanden sich vorn an der Fassade zwei Nischen.

In der einen derselben stand ein Apostel mit einem Kelche in der Hand; die andere war leer. – Die Berliner sagten nun: »In die leere Nische wird Luther gestellt werden, denn auf der andern Seite steht ja Wegner!« (In Bezug auf *Lutter & Wegner* am Gendarmenmarkte, das bekannte Weinrestaurant.)

Anfang der achtziger Jahre wurde in Berlin der Kasseler Rippespeer eingeführt und zum Sauerkohl gekocht. Ein alter Berliner Herr, dem wohl dies etwas schwere Gericht nicht gut bekommen war, reichte seinem Sohne die Schüssel, als ihm wieder einmal Rippespeer mit Sauerkraut aufgetischt wurde, indem er drolligtragisch rezitierte:

>>Sohn, da hast 'n Rippespeer,
Ess' ihn auf, mir is er schwer!
Nimm dir ooch den Sauerkohl,
Ess' auch ihn – mir is nich wohl!«

Interessant und unterhaltend ist es, sich von Mitgliedern alter Berliner Familien etwas aus ihren Erlebnissen und Erfahrungen erzählen zu lassen, und sich dadurch ein lebhaftes Bild unserer lieben Vaterstadt, mit ihrem Leben und Treiben in längst vergangenen Zeiten, vor die Seele zu zaubern.

Wohl eine der ältesten Familien Berlins ist die Familie Haase, die schon im dreizehnten und vierzehnten Jahrhundert hier eingewandert ist und deren Urkunden über ihre Niederlassung allhier sich in den Archiven von Sankt Marien, einer der ältesten Kirchen Berlins, befinden sollen. Ein Mitglied besagter Familie, Herr Paul Haase, der in der Potsdamer Straße ein gediegenes Juweliergeschäft besitzt, erzählte mir so manches aus seinen Erinnerungen, welches gewiss den Leser interessieren wird und das ich deshalb hier wiedergebe.

Die Haases hatten seit undenklichen Zeiten das Seilerhandwerk inne und betrieben dasselbe natürlich auch, als sie sich in Berlin niedergelassen hatten. Bis auf den heutigen Tag ist dies Handwerk in ihrer Familie geblieben, und zwar ist es stets von dem ältesten Sohne derselben ausgeübt worden.

Das Stammhaus der Haases befand sich nach ihrer Einwanderung in Berlin am Molkenmarkt. Hier konzentrierte sich damals bekanntlich der Fischhandel, bei dem ja viele Netze gebraucht werden, und wo also die Seiler am rechten Platze waren. Ein besonderes Privilegium der Haases war es, dass sie die Stricke zu liefern hatten, wenn Verbrecher durch den Strang hingerichtet wurden. Daher wurden auch die Haaseschen Kinder von Freunden und Bekannten zum Scherze »Galgenstricke« genannt.

Ein anderes ihrer Privilegien war, dass sie die Seile anzufertigen hatten, die für die Glocken beim Bau einer neuen Kirche gebraucht wurden. So z.B. lieferten sie auch in neuerer Zeit, als die Sankt-Markus-Kirche in der Weberstraße errichtet wurde, die Seile für die darin befindlichen Glocken.

Als im Laufe der Jahre der Betrieb des Haaseschen Geschäftes am Molkenmarkte ein größerer wurde und der Besitzer desselben in seinem Schaufenster eine Tafel angebracht hatte mit der Inschrift: »En gros et en détail« – da sagten die alten Berliner, die des Französischen nicht kundig waren, in ihrer drastischen Weise: »En jroß Ende Talch!«

Seit ungefähr achtzig Jahren hat nun die Familie ihren Stammsitz am Molkenmarkt verlassen und sich in andern Stadtteilen Berlins angesiedelt. Augenblicklich befindet sich das Geschäft in der großen Frankfurter Straße, wo es auch, wie dies immer gewesen, von dem ältesten Sohne der Familie betrieben wird.

Eine interessante Begebenheit erzählte mir Herr Paul Haase aus dem Leben seiner Großmutter, wie er es selbst von ihr gehört hatte.

Das junge Mädchen wurde im Dom eingesegnet, und zwar gerade zu jener Zeit, da Napoleon I. Berlin in Besitz genommen hatte.

Während nun der Geistliche den Kindern die Konfirmationsrede hielt, wurde draußen vor der Kirche ein so betäubender Lärm von den mit Trompetengeschmetter und Trommelgewirbel heimkehrenden Truppen gemacht – sie kamen von der Parade heim –, dass die Konfirmanden kein Wort ihres Predigers verstehen konnten und darüber ganz unglücklich waren.

»Lasst nur gut sein, Kinder«, sagte dann der Geistliche tröstend, als das Getöse draußen etwas nachgelassen hatte, »bessere Zeiten werden kommen! Und dann wird diese Episode heute an eurem Einsegnungstage euch eine denkwürdige Erinnerung sein für euer späteres Leben!«

Der Bruder der Großmutter war indessen nicht bei der Feier zugegen gewesen, sondern draußen geblieben, um die Truppen vorüberziehen zu sehen. Und als ihm dann die Schwester zu Hause ihr Leid klagte über die rücksichtslose Unterbrechung der heiligen Feier, sagte er lachend: »Na, sei man ruhig, Jettchen! Jck habe dir jerächt! Jck habe den Adjutanten eenen Pferdeappel uf det Epaulett jeschmissen, un damit is er denn in det Schloss rinjeritten! Mit so 'n Orden von mir!«

Im Revolutionsjahr 48 passierte am 18. März etwas sehr Komisches in Bezug auf die Familie Haase. –

Damals befand sich das Geschäft an der Ecke der Markusstraße, am Durchgang zur Webergasse. Als der Kampf in den Straßen begann, drangen die Aufständischen mit Gewalt in den Laden ein und nahmen, ohne erst lange zu fragen, alles heraus, was sie zum Bau der Barrikaden brauchen konnten.

Unter anderm eigneten sie sich auch eine Menge von den zwölf Fuß langen Bohlen an, in welchen sich in gewissen, abgemessenen Entfernungen Löcher befanden, die dazu dienten, die Seile hineinzustecken. Diese Bohlen benützten sie nun bei der Errichtung der Barrikaden an der Ecke der Weber- und Landsberger Straße.

Am Tage nach der Revolution – der bekanntlich ein Sonntag war – holte sich Herr Haase dann sein Werkzeug von den Barrikaden wieder heim. Eine Zahl von Jungens stand dabei gaffend herum und sah zu, wie der Meister die Bretter zusammenlegte.

Verwundert betrachteten sie die durchlöcherten Bohlen; dann sagte einer der Bengels kopfschüttelnd: »Nu kiekt doch nur de Bretter an! So *jut* hat de Bande (die Soldaten) jeschossen. Da is ja rejelrecht Loch für Loch drin, un nich mal Splitter sind dabei!«

Ein mit der Familie Haase befreundeter Schlächtermeister wohnte in der Holzmarktstraße. Er war ein sehr frommer Mann und machte sich eigentlich immer ein Gewissen daraus, dass er Sonntags sein Geschäft offen hielt und Waren verkaufte.

Nun also, am 18. März, als der Aufruhr an seinem Laden vorübertoste, sah er zu seinem Schrecken, dass die Aufständischen Miene machten, bei ihm einzudringen, um zu plündern und zu rauben. Der arme Kerl betete in seiner Herzensangst zu Gott und gelobte, nie mehr am Sonntag Waren zu verkaufen, wenn der Herr ihn bewahren würde vor der Plünderung. Und siehe! Da kam plötzlich ein Straßenjunge herangelaufen und rief der erregten Menge zu: »Aber Kindersch! Lasst den doch mit seine Jauerschen zufrieden! Det is ja doch bloß *Pferdefleesch* ! Wat habt Ihr denn von *seine* Wurscht?«

»Ja, det is wahr! Da haste recht, Iunge!«, lachten einige. »Na, denn jehen wir eben!« sagten andere, und so zog der Haufe johlend davon.

Der Junge war der Sohn einer armen Frau, die ihre kleinen Einkäufe bei dem Schlächtermeister machte und von diesem stets aufs beste bedient wurde; denn er war ein guter und mildtätiger Mann.

So hatte denn der dankbare Sohn dieser ärmlichen Kundin den Meister vor der Plünderung seines ganzen Geschäftes bewahrt. – Noch eine sehr komische Ansprache will ich erwähnen, welche von dem Mauerpolier gehalten wurde, als in der Frankfurter Straße das Haus des Großvaters von Herrn Haase fertiggestellt worden war.

Heutzutage, wo die Häuser wie die Pilze aus der Erde wachsen, macht es keinen besonderen Eindruck mehr, wenn ein neuer Hausbau beendet ist. Aber in meiner Jugendzeit war es stets ein Ereignis, wenn ein neues Haus, auf welchem die stattliche Krone mit den farbigen Bändern prangte, mit Musik und Hurrarufen gerichtet wurde, und der Mauerpolier die solenne Festrede hielt! – Die Ansprache, mit welcher der Herr Mauerpolier Wernicke einst das Haus des Großvaters von Herrn Haase einweihte, lautete folgendermaßen: »An diesen Bau hier haben drei Sorten jearbeetet. De erste vasteht et, kann et' aber nich! Det is der Baumeester! De zweite kann et, vasteht et aber nich! Det seid Ihr, de Uverjehs! (ouvriers= Arbeiter). De dritte vasteht et nich bloß, sondern se kann et ooch! Un det bin ick, der Herr Mauerpolier, der Eich un alle ihrigen Handwerker mit Arbeet vasieht, un den Ihr Eier Leben vadankt. Punktum!« –

Nett! Nicht wahr?

Originelle Berliner Redensarten und Ausdrücke.

In fast allen Großstädten hat sich im Volke ein besonderer Dialekt gebildet, der von der Umgangssprache der höheren Gesellschaftsklassen gar sehr verschieden ist. Der Ausländer, und wenn er auch noch so fließend die Sprache des Landes spricht, versteht diesen Jargon im allgemeinen kaum. Besonders ist dies in Berlin der Fall, wo die Sprechweise der niederen Bevölkerung absolut eine ganz andere, als die der gebildeten Stände, ist.

Außerdem gibt es wohl in keiner andern großen Stadt so viel originelle – man nennt sie berlinisch auch schnoddrige – Redensarten, die sich im Laufe der Zeit im Munde des Volkes gebildet haben, wie gerade in Berlin.

Manche Worte und Ausdrucksweisen, die in Berlin gebräuchlich sind, rühren noch aus dem Französischen, vielleicht auch einige aus dem Italienischen her. Sie werden, obgleich sie verdeutscht sind, doch fast immer in dem Sinne angewendet, den sie in ihrer Ursprache gehabt haben.

Ganz amüsant ist es, eine kleine Sammlung drolliger Wörter und Redensarten hier vorzuführen.

Da ist z.B. das Wort: »*Fatzke*«, welches im Volksmunde gang und gäbe ist und wohl soviel heißt wie: »Narr oder eingebildeter Dummkopf, der etwas aus sich machen möchte, aber nicht recht kann.

Dieses Wort ist aus einem portugiesischen Namen entstanden, der uns allen bekannt ist.

In den vierziger Jahren des vorigen Jahrhunderts war in Berlin ein Puppenspieler, namens Linde sehr beliebt. Besonders beim Stralauer Fischzuge spielte er eine große Rolle, wo er in seinem Puppentheater die berühmte Tragödie der »Ravoline von Rummelsburg« zum besten gab, und auch den »großen Krebs« dem Publikum vorführte.

Sein Hauptstück aber hieß: »Vasco da Gama«; es stellte das Leben des bekannten Portugiesen dar, der zuerst den Seeweg nach Ostindien gefunden. Da dies Schauspiel nun nicht mit geschichtlicher Treue, sondern in fantastischer und komischer Weise gegeben wurde und dadurch viel Anklang im Publikum fand, so wurde der Name Vascos im Volke gar oft genannt und im Berliner Jargon schließlich *Fatzke* daraus gemacht, womit man einen aufgeblasenen Narren bezeichnen wollte. Und so ist dieses Wort bis auf den heutigen Tag im Gebrauche geblieben.

Wenn jemand fragt: »Wann kommen Sie?«, so ist öfter die Antwort: »Ja, wenn ehr denn wünschen Sie es?«

Was bedeutet dieses »*ehr*«? – Etliche meinen, es käme her von *eher*. Aber das scheint mir nicht im Sinne der Antwort zu liegen. Ich glaube vielmehr, es kommt aus dem Französischen: »A quelle heure donc?«

Ebenso ist es mit »*etepetete*«, welchen Ausdruck man gern für zimperliche, meist ältliche Damen gebraucht. Wahrscheinlich ist dies aus dem Französischen être-peut-être entstanden. –

»Kleine Karumje«, pflegte meine Großmutter öfter zu mir zu sagen, wenn sie mich mit einem Schmeichelnamen erfreuen wollte. Sie meinte damit: »Kleines, liebes Ding!« – »Karumje« ist eine Verstümmelung des italienischen Wortes »Caronja«, und bedeutet gar nichts Schönes, denn es heißt auf Deutsche »*Aas*«.

»Per pasterletant« ist auch ein zuweilen gebrauchter Berliner Ausdruck, der aus dem Französischen stammt: »Pour passer le temps.« Auf Deutsch: »Zum Zeitvertreib«

Jemanden *kascholieren* kommt von *cajoler*, umschmeicheln, liebkosen.

»Der is nich mein Ju!«, sagt der Berliner. (Nicht sein *goût* fein Geschmack.)

»Kinder, menaschiert euch 'u bißken!« heißt es öfter. Man meint: *menager*, sich zusammennehmen.

»Eine »*larmornante* Predigt, ein *reputierlicher*, ein *scharmanter* Mann« sind an das Französische anklingende Adjektiva.

»*Lusch* mit de Aalogen!« kommt jedenfalls doch von *louche*, schieläugig, her.

Und so könnte man noch eine Menge solcher aus Fremdwörtern stammenden Ausdrücke finden; es würde aber zu weit führen, sie alle herzuzählen. Statt dessen will ich nur noch einige der bekanntesten »Berliniaden« auszeichnen, die alle etwas ungemein Drolliges besitzen und von urwüchsigem Humor zeugen.

»Uf *den* Kalmus piep ick nich!«

»Uf *den* Leim krauch ick nich!«

»Schade, det ick nich 'n Hut uf habe! Vor Ihnen würd ick 'n abnehmen!«

»Langer Lulatsch.«

»Langet Reff.«

»Spillrich.«

»Dachstubenkitzel.« (Niedrige Wohnung)

»Olle Qualmtute!« (Jemand, der viel zusammenfaselt und vom Hundertsten ins Tausendste kommt.)

»Olle Droomlade oder Droomtille!« (Ein Träumer.)

»Pussierstengel.« (Kurschneider.)

»Briezkeile.« (Bruder.)

»Olle Iriennese.« »Oller Irienefister.« (Jemand, der sich ins Fäustchen lacht.)

»Jiegern.« (Nach etwas sehnsüchtig, verlangend ausschauen.)

»Kieterbietern.« (Schachern.)

»Halte de Luft an!« (Schweig!)

»Mir jeht de Puhste aus!«

»Dir wer' ick mal uft Dach steijen!«

»Dir wer' ick uf de Beene helfen!«

Vermießt, vermeckert.

Er sieht aus wie Braunbier und Spucke.

Er kann nich de Zähne bedecken.

Man kann ihm das Vaterunser durch die Backen blasen.

Jaulen, plinsen, knautschen. (Weinen.)

Einen Flunsch ziehen.

Bräjenklietrig. (Verdreht.)

Jemanden uft Jewissen knien. (Jemand zu einem Bekenntnis veranlassen.).

Der schlagt' nach seinen Vater. (Er wird dem Vater ähnlich.)

Kobolzknochen. (Ein Ausdruck, der in den unteren Klassen für etwas Liebes, wie ein Kind z.B. angewendet wird.)

Rachenputzer. (Schnaps.)

Lippentriller. (Feiner Damenlikör.)

Kalter Dotschlag. (Schlechtes, abgestandenes Bier.)

Quetschkommode. – Quetschorgel. (Harmonika.)

Polkschinken. (Mandoline.)

Ein Aas uf de Baßjeige. (Ein Raffinierter.)

Schubbiak. (Schlechter Kerl.)

En Intrijant uf Filzpariser. (Ein Filou.)

Aalfanz. – Lackierter Affe. (Ein Fatzke.)

Schmalz-Amor. (Ein dicker fetter Bräutigam.)

Aalkasten. – Angströhre. (Zylinderhut.)

Jraue Knochenkiste. (Grauer Zylinder.)

Dreistöckije Radaumütze. (Eine hohe Mütze.)

Dunstkiepe. (Runder, tiefhängender Hut.)

Samenjurke.
Zinken.
Lötkolben.
Plansch-Nese. } (Nase.)

Een Jieterzug. (Bei Trinkern ein langer Schluck.)

Een jutet Iefelle. – Er hat nei verledern lassen. (Er kann gut trinken.)

Für die nackten Figuren auf der Schlossbrücke dichteten die alten Berliner:

»Die Puppen, die uf de Schlossbrürke stehn,
Die können nich zu Landsberjer* jehn!«

---

* Dies war früher das bekannteste Kleidergeschäft Berlins. Es befand sich in der Jägerstraße.

XVI

Von den Sagen- und Spukhäusern Alt-Berlins

Je mehr sich aus dem einstigen kleinen Berlin die Groß- und Weltstadt entwickelt mit ihren modernen Palästen und großartigen Warenhäusern, um so mehr verschwinden natürlich die früheren einfachen Bauten, und die Physiognomie der Straßen wird daher allmählich eine ganz, ganz andere, als sie es sonst gewesen.

Darum ist es interessant, hier noch einmal von den alten Häusern aus grauer Vorzeit zu sprechen, von denen sich etliche noch im Mittelpunkte Berlins befinden, ehe auch sie vom Erdboden verschwinden, um neuen Gebäuden Platz zu machen.

Einige dieser Häuser tragen ein besonderes Merkmal, ein Abzeichen, an welches sich eine Sage oder Legende knüpft, die oft eine tiefere Bedeutung hat. Der moderne Mensch von heute, der Vielbeschäftigte, geht achtlos daran vorüber; denn er kennt ja nicht die Geschichte jener Bauten.

Doch der alte Berliner, der noch in dem »kleinen Berlin« geboren und aufgewachsen, erinnert sich aus seiner Jugendzeit deutlich all jener Geschichten, von denen er als Kind schon gehört oder gelesen hat. – Auch mir ist manches in der Erinnerung geblieben, was mir einst meine Großmutter von jenen alten Häusern erzählt hat. Einiges habe ich dann noch in alten Büchern und Kalendern gelesen, und das will ich in Kürze hier wiedergeben, weil ich annehme, dass es jeden, der in Berlin – und sei es auch nur vorübergehend – lebt, interessieren wird.

Das Haus mit der Rippe

Ich beginne mit dem Hause, welches als Abzeichen eine riesengroße steinerne Rippe trägt, und das von all jenen Merkhäusern Alt-Berlins wohl das bekannteste ist. Es befindet sich am Molkenmarkt Nr. 13, an der Ecke der Molkenstraße, die früher »Bollengasse« benamset war. Die Sage, welche mit jenem Merkzeichen verbunden ist, führt in die Zeit zurück, in welcher Kölln – Berlin noch Fischerdörfer an der Spree waren und klingt fast wie ein Märchen.

An jener nämlichen Stelle, wo sich das Haus Nr. 13 befindet, stand einst in grauer Vorzeit die Hütte eines wohlhabenden Fischers. Dieser besaß eine schöne junge Tochter, welche gern auf der Spree umherzurudern pflegte. Einmal, als sie mit ihrem Boote an einem schönen Sommerabende bis hinaus zu jener Stelle, wo heute das Restaurant des Eierhäuschens ist, gelangt war, beschloss sie, ein Bad in der kühlen Flut zu nehmen. Kaum aber plätscherte sie fröhlich im Wasser umher, als ein mächtiger Riese aus dem nahen Walde hervortrat. Dieser Unhold hatte seinen Sitz in den Müggelsbergen, von wo aus er seine Raubzüge in die Umgegend ausführte.

Er bemächtigte sich sogleich des unglücklichen Mädchens und führte dasselbe trotz all seines Sträubens und Schreiens mit sich fort.

Als nun die Tochter bis zu später Stunde nicht nach Hause zurückgekehrt war, machte sich ihr Vater nebst einer Schar junger Leute auf, um die Vermisste zu suchen. Sie fanden ihre Spur an der Stelle, wo sie gebadet hatte, und wo noch einige ihrer Kleidungsstücke umherlagen. Dann verfolgten sie weiter den Weg, der ihnen an geknickten Zweigen und niedergetretenem Gebüsch kenntlich war, bis sie zu den Müggelsbergen gelangten, wohin die Geraubte geschleppt worden war.

Eilig kehrten sie nun in das Dorf zurück, um noch mehr Hilfe zu holen, den Riesen zu bekämpfen. Doch ein Jüngling, der das Mädchen innig liebte, blieb zurück und beschloss, ganz allein den gefährlichen Kampf mit dem Unholde aufzunehmen. Er drang in die Höhle desselben ein und besiegte ihn wirklich. Und zwar geschah dies mit Hilfe eines Zaubermittels, das er durch freundliche Zwerglein, die in der Höhle versteckt wohnten und die Jungfrau beschützten, erhalten hatte.

Dann nahm er dem toten Riesen eine Rippe aus der linken Seite heraus, da die Zwerge ihm geraten hatten, dies zu tun. Er sollte, so sagten sie ihm, diese Rippe aufhängen an seinem Hause in der freien Luft. Hier müsste sie durch Jahrhunderte bleiben, wenn dem Lande nicht ein großes Unheil widerfahren sollte.

Zum Lohne für seine Heldentat erhielt der Jüngling das schöne Mägdelein zur Frau. Die erbeutete Rippe aber wurde an dem Hause des jungen Paares befestigt.

Den nachfolgenden Besitzern dieses Hauses war die Verpflichtung auferlegt, das Abzeichen nicht fortzunehmen, und wenn das alte Gebäude durch ein neues ersetzt werden müsste, die Rippe ja wieder an demselben anzubringen.

Selbstverständlich ist die natürliche Rippe in späteren Zeiten durch Holz oder Stein ergänzt worden, und so ist sie in dieser Form bis in die Gegenwarterhalten geblieben.

Das weiße Haus mit den drei Blutflecken

In der Lindenstraße, nicht weit von dem Kammergerichte, stand vor fast dreihundert Jahren ein stattliches Gebäude mit weißem Anstrich, welches später *das Haus mit den drei Blutflecken* genannt wurde.

Es gehörte einem reichen Bierbrauer, namens Asmodi, der auf seiner Wanderschaft in München die Brauerei erlernt hatte. Nach seiner Vaterstadt Berlin zurückgekehrt, braute er hier ein Bier, das dem bayrischen ähnlich war und von den Berlinern sehr gern getrunken wurde.

In der Gaststube bediente eine sehr hübsche Kellnerin in bayrischer Tracht. Sie war die Tochter von Asmodis früherem Lehrherrn in München, und von dem Vater, der verarmt war, zu ihm nach Berlin geschickt worden, um hier ihr Brot zu verdienen. Aber der reiche Brauer, der sich in das schöne Mädchen bis über die Ohren verliebt hatte, stellte demselben nach, wo er nur wusste und konnte, so dass die Arme eines Nachts bei strömendem Regen aus ihrem Kammerfenster auf den Hof hinaussprang und davonlief, um den Verfolgungen zu entgehen.

Doch Asmodi wusste bei dem Gerichte die Sache so darzustellen, als ob die junge Kellnerin ihn hätte bestehlen wollen, und sich dann, als er sie dabei überraschte, aus Furcht vor der Strafe durch die Flucht gerettet hätte. Seine Dienstleute, die er bestochen hatte, sagten dasselbe aus. So wurde denn das unglückliche Mädchen, welches sich in der Stadt versteckt gehalten, verhaftet, und nach kurzem Prozess zum Tode verurteilt. Sie beteuerte ihre Unschuld, erzählte immer von neuem den Hergang der Sache und bat, man möchte sie noch einmal in das Haus zurückführen, weil sie hier zeigen wollte, wie sich alles zugetragen hatte. Als man ihr schließlich diese Bitte gewährte und sie mit den Richtern den Hof des Hauses betrat, erblickte man hier auf einem der Steine drei große Blutflecken welche von der Unglücklichen herrührten, als sie sich bei dem Sprunge aus dem Fenster den Fuß verletzt hatte.

Trotz alledem blieb das Urteil bestehen, und so wurde denn das unschuldige Mädchen auf dem öffentlichen Richtplatze, der sich damals in der Gegend der heutigen Oranienburger Straße befand, durch das Beil gerichtet. Ehe sie starb, betete sie laut und rief Gott an, er möge sie rächen, dass ihr Blut nach ihrem Tode über den schändlichen Verräter komme!

Kurze Zeit, nachdem dies Traurige geschehen, traf der alte Vater des Mädchens in Berlin ein. Er kam, um sein Kind zu besuchen. Als er das schreckliche Ende desselben erfuhr, verfluchte er den schändlichen Mörder und fiel dann, vom Schlage getroffen, tot nieder.

Asmodi hatte vergeblich versucht, den Stein im Hofe von dem Blute zu reinigen. Immer von neuem kamen die Flecke zum Vorschein, so dass der Brauer schließlich den Stein herausnehmen und durch einen andern ersetzen ließ.

Doch am Morgen darauf, als Asmodi erwacht war, hörte er draußen auf der Straße einen wüsten Lärm. Er schaute hinaus; da erblickte er vor seiner Tür einen Volkshaufen, der schreiend und fluchend auf eine Stelle seines Hauses deutete! – Erschrocken eilte er hinunter auf die Straße, und siehe – da waren auf der weißen Wand draußen drei große Blutflecke, ähnlich denen, die sich vorher auf dem Steine im Hofe befunden hatten!

Und auch diese Flecke ließen sich nicht fortwaschen. Ja, selbst als der Kalk von der Wand abgekratzt wurde, erschienen sie immer wieder von neuem an einer andern Stelle der Mauer! Asmodi verfiel darüber in Irrsinn und machte seinem Leben ein gewaltsames Ende. Doch kurz vor seinem Hinscheiden, als er noch einige klare Augenblicke hatte, bekannte er seine Schuld! – Die Leiche des armen schönen Mädchens wurde nun hinter der Kirchhofsmauer, wo man sie eingescharrt hatte wieder ausgegraben und in einem anständigen Sarge neben der Gruft ihres Vaters beigesetzt.

Die drei Blutflecken aber blieben an dem weißen Hause haften. Auch, als es neu angestrichen wurde, kamen sie wieder hervor, bis es schließlich niedergerissen, und an seiner Stelle ein neues Gebäude aufgeführt wurde.

Der Neidkopf

In der Heiligen-Geist-Straße sieht man am Hause Nr. 38 in der Mitte der Front das in Stein gehauene verzerrte Gesicht eines hässlichen alten Weibes. Es hat die Zunge wie höhnend weit aus dem Mund gestreckt, während sich um seinen Kopf Schlangen statt der Haare ringeln.

Die Geschichte, welche sich an dieses Bildnis knüpft, ist den meisten Berlinern wohl bekannt, da sie ja häufig schon in den Schullesebüchern gedruckt steht. Doch will ich sie in Kürze hier nochmals erzählen für diejenigen, die sich ihrer nicht erinnern sollten.

König Friedrich Wilhelm I., der, wie bekannt, mit dem Krückstocke in der Hand öfter durch die Straßen seiner Hauptstadt zu wandern pflegte, und auch wohl hier und da einen ahnungslosen Bürger in seinem Heim überraschte, machte an einem schönen Sommerabend Sonntags einmal seinen Spaziergang durch die Heilige-Geist-Straße. Da sah er durch das offene Fenster eines kleinen Hauses, wie ein Goldschmied drinnen noch eifrig und fleißig bei der Arbeit saß. Der König trat zu dem Manne ein und fragte ihn erstaunt, weshalb er sich denn am Abend des Feiertags noch so mühe, während alle andern sich draußen vor den Toren mit allerlei Kurzweil vergnügten.

Da erzählte der Goldschmied, dass er sehr arm sei und notgedrungen arbeiten müsse, um den Unterhalt für seine Familie herbeizuschaffen.

Der König besichtigte darauf die wirklich kunstvollen Arbeiten des fleißigen Mannes und gab ihm dann den Auftrag, für ihn ein schönes Tafelservice zu verfertigen, zu welchem er ihm das nötige Silber aus der Königl. Schatzkammer zukommen ließ.

Als Friedrich Wilhelm nach einiger Zeit wieder bei dem Goldschmied vorsprach, um zu sehen, wie weit schon seine Arbeit gediehen, bemerkte er, dass aus dem großen schönen Hause gegenüber zwei Frauen herausschauten und die abscheulichsten Grimassen schnitten.

Der König sprach dem Manne seine Verwunderung über diesen seltsamen Anblick aus, und da erklärte ihm der Goldschmied, dass gegenüber ein reicher Juwelier wohne, dessen Frau und Tochter auf ihn neidisch seien, weil der Hohe Herr sich ihm so gnädig erwiesen habe, und dass sie ihm, so oft sie sich zeigten, stets die greulichsten Gesichter schnitten.

Da befahl Friedrich Wilhelm dem Manne, dass er sein Häuslein verließe und in eine andere Wohnung zöge, die er ihm anweisen ließ. Hierauf wurde das kleine baufällige Haus niedergerissen und dafür ein großes, schönes Gebäude errichtet, das der König dem fleißigen Goldarbeiter als Besitztum übergab. An der Front des Hauses aber wurde das Bild eines hässlichen alten Weibes mit Schlangen, anstatt der Haare, um den Kopf ringelnd, angebracht, dessen Anblick täglich die gegenüberwohnenden reichen Frauen beschämen sollte, und das noch heute »der Neidkopf« genannt wird.

Die Jungfernbrücke

Wenig bekannt ist die Legende, welche der Jungfernbrücke, eine der ältesten Brücken Berlins, den Namen gegeben hat.

Zur Zeit, als die französischen Reformierten durch Aufhebung des Ediktes von Nantes aus ihrem Vaterlande vertrieben wurden und durch den großen Kurfürsten gastliche Aufnahme in Brandenburg fanden, wohnte ganz nahe jener Brücke ein reicher Junggeselle, der sich sterblich in eine reizende junge Französin, Louise Renand, verliebt hatte. Diese war mit ihrer Familie kürzlich aus Paris gekommen, das sie ihres Glaubens wegen verlassen hatten, um sich in Berlin ein neues Heim zu gründen. Sie wohnten mit dem Junggesellen, Herrn Balthasar, in demselben Hause, so dass sie einander fast täglich begegneten. Das junge Mädchen, welches durch seine maßlose Koketterie den schon ältlichen Mann ganz sinnlos verliebt gemacht hatte, dachte indessen durchaus nicht an eine Heirat mit ihm. Sie war mit einem jungen Manne verlobt, der als Gehilfe im Geschäft ihres Vaters arbeitete.

Mit diesem besuchte sie eines Abends ein Tanzvergnügen, auf dem sie mit andern Herren so lebhaft kokettierte, dass ihr Verlobter ihr während der Heimkehr dann die heftigsten Vorwürfe machte. Darüber geriet sie in Zorn gegen ihn; ein Wort gab das andere und schließlich trennten sich die beiden im höchsten Unfrieden.

Als Louise nun allein die einsame Brücke passierte, um zu ihrer Wohnung zu gelangen, gewahrte sie plötzlich Herrn Balthasar, der ihr heimlich aufgelauert hatte. Erschreckt wollte sie an ihm vorübereilen; doch er vertrat ihr den Weg.

In wahnsinniger Leidenschaft umschlang er sie, und flehte sie an, ihm zu versprechen, dass sie sein Weib werden wolle! Aber unwillig riss sie sich los, indem sie ihm erklärte, dass all ihre Freundlichkeit ihm gegenüber nur ein Scherz gewesen sei, ein Spiel, das junge Mädchen treiben, um sich die Zeit zu verkürzen.

Als der alte Herr dies hörte, erfasste ihn eine maßlose Wut. Er packte die Wehrlose und würgte sie so lange, bis sie kein Lebenszeichen mehr von sich gab! – Entsetzt über seine grause Tat raffte er dann die Tote auf und schleuderte sie über das Brückengeländer hinein in die dunkle Spree! Da – zu seinem Schrecken – hörte er ganz nahe eine Stimme, die ihn fragte: »Was hast du denn da eben in den Fluss geworfen?«

Mit angstvoll pochendem Herzen wandte Balthasar sich um. Aber sogleich wurde er ruhiger, denn der Mann, welcher in seiner Nähe stand, war ein ihm wohlbekannter Blinder, der in der Stadt zu betteln pflegte. Und, so kaltblütig wie nur möglich, erwiderte er auf die Frage, dass nur ein paar Mauersteine sich durch den Sturm vom Geländer gelöst hätten und plötzlich in das Wasser gefallen seien.

Am folgenden Tage wurde die Leiche des schönen jungen Mädchens aus der Spree gefischt! Und in der ganzen Stadt wurde nun von nichts, als dem furchtbaren nächtlichen Morde gesprochen!

Sofort fiel der Verdacht auf den jungen Mann, Louises Verlobten, der ja im Streite in der Nacht von ihr geschieden war. Er wurde festgenommen und des Mordes angeklagt. Und da er keine hinreichenden Beweise für seine Unschuld geben konnte, war ihm das Todesurteil gewiss.

Ehe dies jedoch ausgesprochen wurde, forderte sein Verteidiger, dass noch einmal alle Bekannte und Freunde des Jünglings vor den Gerichtshof geladen würden, damit sie Zeugnis über den früheren Lebenswandel des Angeklagten ablegen könnten. Man willfahrtete dieser Bitte.

Unter den vor Gericht Erschienenen befand sich auch der wirkliche Mörder Louisens, Herr Balthasar. Nachdem die Zeugen alle sehr günstige Aussagen über den jungen Mann gemacht hatten, kam auch der alte Junggeselle an die Reihe.

All seinen Mut und seine Selbstbeherrschung zusammennehmend, sagte er mit lauter entschlossener Stimme: »Was ich von dem Angeklagten weiß, beschränkt sich darauf, dass – «

»Nicht er, sondern *du* der Mörder bist!«, rief da plötzlich jemand vom Hintergrunde des Saales her.

Es war der Blinde, der auch zu der Verhandlung gekommen war, und der den Mörder an seiner Stimme erkannt hatte!

Herr Balthasar stand wie zerschmettert! Nun blieb ihm nichts anderes übrig, als ein offenes Geständnis seiner Tat abzulegen. Und so wurde denn das »Schuldig« über ihn gesprochen.

Sehr wahrscheinlich ist es, dass der Name der Brücke mit dem Morde zusammenhängt, der damals auf ihr vollbracht wurde; denn erst von jener Zeit an wurde sie »Jungfernbrücke« genannt.

Das steinerne Kreuz au der Marienkirche

Das Kreuz an der Außenwand der alten ehrwürdigen Marienkirche auf dem Neuen Markt ist wohl den meisten Berlinern bekannt. Aber nicht alle wissen, welche Bewandtnis es mit demselben hat.

Der Ursprung dieses Kreuzes stammt aus dem Jahre 1340, also aus einer Zeit, in der sich die Einwohner der Mark und also auch Berlins noch zum katholischen Glauben bekannten.

Damals übten die Mönche und besonders die vom grauen Kloster in der Heiligen-Geist-Straße eine Art Herrschermacht über die Berliner Bürger aus. Vergebens lehnten sich dieselben gegen die Gewalt der Priester auf; denn Herzog Rudolf von Sachsen, welcher das Statthalteramt in der Mark innehatte, begünstigte die Geistlichkeit, wo er nur wusste und konnte.

Ein Mönch, namens Roderich, der seines lahmen Fußes wegen in Berlin allgemein »Der hinkende Mönch« genannt wurde, suchte durch seine

Intrigen und Ränke auch die Tempelherren zu schädigen, welche erst vor kurzem ihren Wohnsitz in dem nach ihnen benannten Dorfe Tempelhof genommen und sich auf seiten der Bürger gestellt hatten.

Er ließ durch seine Helfershelfer einen Mönch, den Pater Ruprecht, der mit einer Botschaft nach Tempelhof gesandt worden war, aus seinem Heimwege meuchlings in einer hohlen Gasse ermorden und schob dann die Schuld des Verbrechens auf den Ordensherrn, den Ritter Eginhard von Tannrod. Dieser wurde gefangen genommen und mit ihm auch zugleich der Parteiführer der gegen die Priester aufsässigen Berliner, ein angesehener Schlächtermeister, namens Wendler.

Der Abt des Klosters, Niklas von Bernau, der gleichfalls von Rodrich angestachelt worden war, bot nun all sein Ansehen auf; um diese beiden Männer zu vernichten und mit ihnen alle, die ihnen tapfer zur Seite gestanden und sie verteidigt hatten, als man gekommen war, sie zur Gefangenschaft abzuführen.

Ein unerbittlich strenger Prozess wurde allen gemacht, bei dem die schreckliche Folter mehrfach angewendet wurde.

Indessen schlug dem einen der von Roderich gedungenen Mörder, einem Manne namens Andreas, das Gewissen. Er war als Zeuge zugegen, als man bei Wendler die furchtbare Folter gebrauchte, und er erinnerte sich, dass ihn dieser Unglückliche bei der letzten Teurung durch seine Wohltätigkeit mit Weib und Kind vom Hungertode gerettet hatte. So schickte er sich denn an, die Wahrheit zu bekennen und trat mutig aus dem Kreise der Zeugen hervor!

Dies aber bemerkte der in seiner Nähe stehende Mönch Roderich, und in schlauer Weise wusste er es so einzurichten, dass Andreas von einem der Richter zum genaueren Verhör aus dem Saale geführt wurde. Er selbst folgte den beiden, und als er bald darauf zurückkehrte, geschah dies ohne Andreas, nach dem nicht weiter gefragt wurde, da die Verhandlung ihren Fortgang genommen hatte.

Als dieselbe beendigt war, wurden die Gefangenen in ihre Zellen gebracht, und schon nach kurzer Zeit empfingen sie alle ihr Todesurteil.

Die Exekution war auf den dritten Tag festgesetzt worden, und wirklich waren am Mittag dieses Tages die Häupter all der Unschuldigen gefallen! Die Hinrichtung war durch keine Kundgebung der Volksmenge gestört worden; alles hatte sich in bester Ordnung zugetragen.

Aber, als dann die Zuschauer des blutigen Schauspieles nach Hause gingen, bildete sich plötzlich auf dem Markte, dem heutigen Lustgarten, ein Knäuel von Menschen, aus dem Schreien und Toben ertönte. Soeben war nämlich der Zeuge Andreas aus seinem Gefängnisse, in welches man ihn durch Vermittlung des Paters Roderich gebracht hatte, entsprungen, begünstigt durch die Nachlässigkeit seiner Wächter, die auch zur Hinrichtung gegangen waren. Und sogleich hatte er laut auf dem Markte verkündigt, dass die Verurteilten unschuldig gewesen seien, und dann hatte er in Kürze den Hergang der Sache erzählt.

Die Wut des Volkes war grenzenlos, als es diese Kunde vernommen hatte! Und aus tausend Kehlen erscholl der Ruf: »Auf, nach dem Kloster! Nach dem Kloster!«

Und unaufhaltsam drängte der Strom der Menschen vorwärts. Doch, als man die jetzige Kurfürstenbrücke erreicht hatte, stellte sich eine Schar von Kriegsknechten dem aufgeregten Volkshaufen entgegen. Schon wollte sich ein wütender Kampf entspinnen – da erschien plötzlich der Abt Niklas mit dem Kreuze in der Hand! Er kehrte von dem Richtplatze zurück, wo er den Verurteilten in ihrer letzten Stunde Trost zugesprochen hatte. Von Zorn erfüllt, beschuldigten ihn die Bürger, dass er im Einverständnisse mit dem Pater Roderich gewesen sei! Er indessen, anstatt sich zu verteidigen, antwortete in hochmütiger Weise, dass es den Bürgern nicht zukäme, über die Diener der Kirche zu richten, und dass ihnen für eine solche Freveltat der Bannfluch drohe! – Kaum hatte er dies ausgesprochen, so stürzte sich, aufs äußerste gereizt, der wütende Haufe auf ihn! Die Soldaten wollten ihn beschützen; doch im Nu waren sie in die Flucht gejagt, und unter den Streichen der Rasenden musste der Abt verenden! Wie die Chronik erzählt, soll er so schwer gestorben sein, dass die Frauen mit ihren Schlüsselbunden ihm den Rest geben mussten! –

Dann stürmte der Volkshaufen weiter nach dem Kloster und bemächtigte sich hier des Mönches Roderich. Er wurde gefesselt, auf den Markt geschleppt und unter dem tausendstimmigen Jubel der Menge enthauptet.

So weit war nun die Rache der Bürger Berlins befriedigt. Auch der Herzog Rudolf wurde durch diesen Ausstand aus der Stadt vertrieben und musste dem rechtmäßigen Erben, Ludwig von Bayern, Platz machen. Dieser beschränkte die Macht der Priester bedeutend, und selbst, als auf die rasche Tat der Berliner der rächende Bannstrahl des Erzbischofs von Magdeburg folgte, wusste er geschickt, den Frieden zwischen der Stadt und der Kirche durch den Kaiser zu vermitteln.

Doch zur Sühne für den an dem Abt Niklas vollzogenen Mord mussten die Berliner das steinerne Kreuz an der Marienkirche errichten, das sich bis auf die heutige Zeit erhalten hat. Nur das eiserne Richtschwert, das an demselben befestigt war, ist nicht mehr vorhanden.

Von dem hinkenden Mönch im grauen Kloster ist noch lange nach dieser Begebenheit gesprochen worden. Und man erzählte, dass in dem unteren Kellergewölbe des Klosters sich oftmals ein lautes Klagegestöhn und jammervolle Seufzer vernehmen ließen, was man allgemein dem hinkenden Mönche zuschrieb, der, wegen der vielen Greueltaten, die er begangen, nicht zur Ruhe kommen könne.

In dem Gebäude des ehemaligen grauen Klosters in der Heiligen-Geist-Straße befindet sich schon seit Jahren ein Schüler-Gymnasium. Der schöne Bau ist in seiner Eigenart und Großartigkeit fast ganz noch so erhalten, wie er früher gewesen.

Im unteren Raume sind die herrlichen Kreuzgänge, und oben im ersten Stock ist der weite prächtige Saal des Kapitols und des Refektoriums. In dem letzteren und auch in der großen Lesehalle ist eine Sammlung von sehr schönen alten Gemälden, die meist von italienischen Künstlern, wie Zuccarelli, Calaretti usw., herrühren. Hauptsächlich stellen sie das schöne Venedig mit seinem Markusplatze aus dem Mittelalter dar. Auch ein Bild von dem berühmten Arzte Diesenbach, als Kind, mit einem Hündchen spielend, das einen hohen, künstlerischen Wert hat, ist in dem Lesezimmer.

Der Kaaks an der alten Gerichtslaube

An einem der Strebepfeiler der alten Gerichtslaube des früheren Berliner Rathauses befand sich ein aus Sandstein geformtes Spottbild in Vogelgestalt mit menschlichem Antlitz und langen Tierohren, unter welchem in einstiger Zeit die Übeltäter an den Pranger gestellt und gebrandmarkt wurden. Im Volke wurde diese Figur der »Kolk« oder auch der »Kaaks« genannt. Was sie aber geschichtlich zu bedeuten hatte, das wusste eigentlich niemand.

Allerhand Sagen und Traditionen hatten sich an dies Steinbild geknüpft, die von Kind zu Kindeskind im Volke weiter erzählt wurden und sich bis auf die heutige Zeit erhalten haben. Eine der bekanntesten will ich hier mitteilen. Diese Sage geht zurück bis in die Zeit Albrechts des Bären, als die Kämpfe gegen die Wenden stattfanden, die von den Deutschen aus der Mark, in der sie sich angesiedelt hatten, wieder verdrängt werden sollten.

Damals zog ein Ritter, ein gewisser Bruno von Eckenberg, der ein tapferer und schöner Mann, doch sonst ein ziemlich roher Gesell war, mit Albrecht dem Bären in den Kampf, um die Veste Brennabor (Brandenburg) zu erobern. – Auf einem seiner Streifzüge griff Bruno die Burg des Wendenfürsten Pribislaw an; er besiegte den Fürsten und nahm Besitz von seiner Burg. Im blutigen Zweikampf tötete er dann Pribislaw und nach ihm auch seine beiden jugendlichen Söhne.

Olga, die schöne schwarzäugige Tochter Pribislaws, hatte sich beim Ausbruch der Fehde mit andern edlen Wendenfrauen in die feste Stadt Brennabor geflüchtet.

Brennabor wurde nach hartem Kampfe von Albrecht dem Bären genommen, und Bruno von Eckenbergs, der von seinen Streifzügen zurückgekehrt war und sich im Heere Albrechts befand, war einer der Tapfersten bei der Eroberung der Wendenstadt. Als er durch die Straßen stürmte, erblickte er die schöne junge Fürstin Olga, die von einer wilden Schar Soldaten davongeschleppt wurde. Er befreite sie aus den rohen Händen der Kriegsknechte und rettete sie vom Tode oder von schlimmer Sklaverei.

Nach beendetem Kriege führte er Olga mit heim auf seine Stammburg. Sie war ihm in leidenschaftlicher Liebe ergeben und lebte mit ihm glücklich und zufrieden. Über das Schicksal ihres Vaters und ihrer Brüder hatte er wohlweislich zu ihr geschwiegen. Sie wusste also nichts von dem traurigen Ende ihrer Verwandten.

Nach einiger Zeit aber begann Bruno seine Geliebte zu vernachlässigen. Er bemühte sich um die Gunst der Tochter eines reichen Nachbarn, der lieblichen Hildegard von Rosenhech. Olga, die dies erfuhr, machte dem Ritter die heftigsten Vorwürfe und reizte ihn dadurch so sehr zum Zorn, dass er sie aus dem Schlosse verstieß.

Nur von einer Dienerin begleitet, verbarg sich die Unglückliche in der Einöde des nahen Waldes. Hier gab sie zu frühzeitig einem Knaben das Leben. So fand sie in ihrem Elend Priluk, ein alter treuer Diener ihres Vaters, der sie vergeblich überall in Brennabor gesucht hatte. Durch ihn erfuhr sie auch endlich den schmählichen Tod ihres Vaters und ihrer Brüder, und jetzt erst erhielt sie Kenntnis davon, dass der Mann, der sie selbst verraten hatte, auch der Mörder ihrer Lieben war.

Voller Schmerz und Verzweiflung rief sie den Zorn der Götter über Bruno von Eckenberg und sein ganzes Geschlecht herab. Als sie dann die Augen für immer geschlossen hatte, stimmte Priluk in schauerlicher Weise über der Leiche einen Zaubergesang an, voller Rache und Hass gegen Bruno: »Blutsauger warst du! Blutsauger sollst du werden und bleiben auf ewig für dein *eigenes Geschlecht*!«

Und im Laufe der kommenden Zeiten erfüllte sich das Verhängnis, welches der alte Wende in Zauberformeln vorausgesagt, an der Familie derer von Eckenberg.

Ihr Schloss und die Umgegend desselben wurde häufig von einem vampirähnlichen Gespenste heimgesucht. Es sollte – so erzählt die Sage – den jähen Tod vieler Herren von Eckenberg herbeigeführt haben. Und noch ein zweites Gespenst – so berichtet die Legende weiter – ließ sich zu derselben Zeit sehen, in welcher der Vampir seinen Racheakt vollführte. Es war eine hohe, schwarzgekleidete Frauengestalt, mit dunklen Feueraugen, welche durch die weiten Gemächer des Schlosses schwebte und ein grausiges Hohngelächter anstimmte. – Auf der Brust der so plötzlich dahingeschiedenen Grafen von Eckenberg waren gewöhnlich drei rote, seltsam geformte Blutflecke zu sehen! Und dazu vernahm man in der Todesnacht deutlich das unheimliche Klagegestöhn des schrecklichen Vampirs.

Die Sage ging nun unter dem Volke, dass dieses unheilbringende Geschöpf, dieser Vampir, kein anderer sei, als der Urahn der Familie, Ritter Bruno von Eckenberg, in leibhaftiger Person! Denn er sei durch einen Zauberbann gezwungen, sein eigenes Geschlecht zu verderben!

Im vierzehnten Jahrhundert nahm Ritter Hugo von Eckenberg, ein Sprössling jenes unglücklichen Geschlechtes, die Stelle des Burggrafen von Berlin ein. Er war der Letzte seines Stammes. Doch wusste er nichts von jener seltsamen Tradition, die in seiner Familie von den Untaten des Vampirs herrschte, bis ihm diese eines Tages bekannt wurde, als er eine alte Urkunde seines Hauses studierte.

Einige Zeit darauf hörte er von einem seiner Diener, dass man in der Stadt in Schrecken und Angst sei, eines Vampirs wegen, der schon verschiedenen Leuten das Blut ausgesogen habe, und oftmals nachts auf dem Stadtkirchhofe ein klägliches Jammern vernehmen ließe! Und in der vorgestrigen Nacht sei auch der Totengräber selbst, ein frischer und gesunder Mann, plötzlich eines unerklärlichen Todes gestorben!

Diese Gerüchte berührten den Ritter Hugo sehr unangenehm; denn jetzt wurde ihm klar, weshalb die Bürger Berlins, welche all diese Geschehnisse mit seinem Hause in Verbindung brachten, ihn, der doch der Beschützer der Stadt sein sollte; mit fast ängstlicher Scheu mieden, sobald er sich ihnen nähern wollte.

Hugo von Eckenberg liebte eine schöne junge Maid, und merkwürdig! es war eine Tochter aus dem Hause der Fürsten von Prieslau, deren alte eingewurzelte Feindschaft gegen seine eigene Familie bisher unentwegt fortbestanden hatte!

Und nun berichtet die Sage weiter, wie dann der junge, tapfere Burggraf, durch seine innige Liebe dazu getrieben, eine Lösung des unseligen Geschicks herbeizuführen, die Ruinen seiner alten Ritterburg aufgesucht habe, in der einst sein Urahne gehaust. Und wie ihm hier das Gespenst der Wendenfürstin erschienen, und eine Reihe von Anforderungen an ihn gestellt, die er alle heldenmütig, voll Treue und Ausdauer, verrichtet, so dass er dadurch den Spuk gebrochen und die Rachegeister versöhnt habe!

Und somit war auch die Feindschaft, welche die beiden Geschlechter getrennt hatte, beendet, und Hugo von Eckenberg konnte Bertha von Prieslau heimführen als seine glückliche Gemahlin unter dem Festjubel der ganzen Einwohnerschaft der Stadt Berlin!

Und Olgas Gebeine, welche Ritter Hugo an der Stelle aufgefunden hatte, wo sie einstmals von dem alten Diener eingescharrt worden, erhielten endlich in der Schlossgruft derer von Prieslau ihre feierliche Beisetzung!

Das Bild von Hugos Urahn aber, das Spottbild in Vogelgestalt, welches dessen Vampirnatur andeuten sollte, prangte zum Andenken an seine einstigen Missetaten am Rathause von Berlin, wo es bis in das vorige Jahrhundert hinein zu sehen war.

Jetzt wird es im Märkischen Museum aufbewahrt, und zwar in jenem Raume, in welchem die Folterwerkzeuge, die früher der Rechtspflege dienten, gesammelt sind. Es befindet sich über der Tür, die einst zu der Zelle führte, in welcher Fritz Reuter in der Hansvogtei im Jahre 1837 gefangen saß.

Die weiße Frau

Eine der bekanntesten und populärsten Sagen, die sich auf das preußische Herrscherhaus beziehen, ist die von der weißen Frau, deren Erscheinen im Berliner Schloss jedesmal ein Unglück oder einen Todesfall in der Familie der Hohenzollern bedeutet.

Die weiße Frau zeigte sich im Schlosse in Berlin zuerst beim Ableben des Kurfürsten Johann Georg im Jahre 1598 und darauf bei dem Tode des Kurfürsten Johann Sigismund im Jahre 1617.

In der Leichenpredigt, welche der Hofprediger Johann Berger am Sarge des Kurfürsten hielt, sagte er – wie der authentische Bericht lautet – : »Es hat sich die weiße Frau in leidtragender Gestalt auf dem kurfürstlichen Schlosse sehen lassen vor Personen allerhand Standes und Geschlechtes, so dass also an ihrer Erscheinung nicht zu zweifeln ist«

In der unglücklichen Zeit des furchtbaren Dreißigjährigen Krieges soll die weiße Frau zu öfteren durch die Gänge und Gemächer des Schlosses geschritten sein und wehklagende Worte ausgestoßen haben.

Sie hat 1677 sowohl den Tod der Kurfürstin Luise Henriette, als den ihres Gemahls, des Großen Kurfürsten Friedrich Wilhelms, im Jahre 1688, angezeigt.

Der Hofprediger Brusenius erzählt über diese letzte Erscheinung, er sei eines Sonntags früh, ehe er den Gottesdienst in der Schlosskapelle abgehalten, in das Schloss gekommen, um zu seinem Beichtkinde, der Markgräfin Ludwiga, geb. Prinzessin von Radziwill, zu gehen, als er plötzlich, auf der Wendeltreppe in der Nähe der Galerie stehend, eine weißverschleierte Frauengestalt erblickte, welche aus den Gemächern der Prinzessin kommend, die Galerie entlang ging und am Ende derselben in einer unbewohnten Kammer verschwand.

Sogleich schrieb er sich Tag und Stunde dieser Erscheinung auf, und genau um dieselbe Stunde starb ein Jahr später der Große Kurfürst.

König Friedrich dem Ersten und auch Friedrich Wilhelm dem Ersten zeigte sich die weiße Frau kurz vor ihrem Tode, und selbst bis in die neuere Zeit hinein ist bei einem fürstlichen Todesfall in Berlin von der Erscheinung der weißen Frau die Rede gewesen.

Über den Ursprung und die Schicksale der weißen Frau zirkulieren nun verschiedene Sagen im Munde des Volkes. Die wahrscheinlichste derselben, die am meisten den Charakter der Erscheinung festhält, welche eine durchaus leutselige, unschuldig Leidende ist, will ich hierwiedergeben.

Schon im zwölften Jahrhundert blühte das Geschlecht der Grafen von Hohenzollern in Schwaben, mächtig an Reichtum und Ansehen. Der älteste Sohn des greisen Grafen Friedrich von Hohenzollern, Johann, liebte das Fräulein Bertha von Rosenberg, die schöne siebzehnjährige Tochter eines dem Stammsitz der Zollern benachbarten Ritters.

Er bewarb sich um die Hand des liebenswürdigen und sanftmütigen Fräuleins, doch wurde sein Antrag von ihrem Vater sehr ungünstig aufgenommen, da zwischen den beiden Familien eine traditionelle Feindschaft herrschte.

Zu gleicher Zeit mit Johann bemühte sich auch ein junger Ritter, Siegfried von Wangern, der unermesslich reich und der einzige Sohn einer der wichtigsten und angesehensten Familien war, um die Gunst des jungen Fräuleins von Rosenberg.

Bertha war indessen nicht gewillt, den Wunsch ihres Vaters, der die Bewerbung Siegfrieds angenommen, zu erfüllen; denn ihr Herz war in treuer Liebe dem Grafen von Hohenzollern ergeben. Doch wurde sie zur Strafe für ihren Ungehorsam in strenger Haft gehalten, und dann wurde, trotz ihres Sträubens, der Tag ihrer Vermählung mit Siegfried von Wangern festgesetzt. Aber mit Hilfe ihres Bruders, der ihr treulich zur Seite stand, gelang es ihr, zu entfliehen und sich von Johann auf sein Schloss entführen zu lassen, wo sie mit dem Geliebten getraut wurde. Darüber geriet nun der alte Ritter von Rosenberg in maßlose Wut. Er enterbte seinen Sohn und schwur Johann nebst seiner ganzen Familie die schrecklichste Rache.

Bald darauf aber starb der alte Herr ganz plötzlich ohne vorhergehende Krankheit. Und so kam es, dass sein Sohn, trotzdem er vom Vater enterbt worden war, doch den Besitz all seiner Güter erhielt!

Siegfried von Wangern jedoch konnte es nicht vergessen, dass die so heißbegehrte Bertha einen andern ihm vorgezogen hatte, und sein ganzes Sinnen und Trachten ging dahin, die glückliche Ehe, die Bertha mit ihrem Gemahl führte, zu zerstören.

Geschickt wusste er es so einzurichten, dass Johann öfter mit der schönen ränkevollen Mathilde von Hochstädt, Siegfrieds verwitweter Schwester, zusammenkam, und schließlich so in die Macht derselben geriet, dass er seine arme treue Gemahlin gänzlich vernachlässigte. Als aber Mathilde von ihm forderte, er solle seine Ehe mit Bertha lösen und sie selbst als Gattin heimführen, geriet er denn doch in hellen Zorn und wies empört dies schmachvolle Ansinnen zurück!

Mathilde, dadurch erzürnt, überschüttete ihn mit den bittersten Vorwürfen. Und als sie dann immer dringlicher mit ihrem Begehren wurde, verließ er sie und kehrte reuevoll zu seinem jungen Weibe zurück.

Kurze Zeit darauf starb auch Mathilde von Hochstädt eines plötzlichen Todes! Und nun wusste Siegfried den Verdacht auf Johann zu wälzen, dass dieser der Urheber des jähen Hinscheidens seiner Schwester gewesen sei!

Und eines Morgens vernahm Johann von seinem Diener die Schreckenskunde, dass draußen am Schlosstor eine Vorforderung der heiligen Feme angeschlagen sei!

Auch Berthas Bruder, der junge Rosenberg, hatte eine ähnliche Vorladung erhalten. Er war bei dem Femgerichte angeklagt worden, seinen Vater durch Gift getötet zu haben!

Johann – so forderte es die Feme als Sühne – sollte in eine Trennung von seiner Gemahlin willigen. Und, da er dies Verlangen entschieden zurückwies, wurde er eines Morgens tot in seinem Bette gefunden, den blinkenden Mordstahl im Herzen!

In der Hand hielt der Entseelte ein Papier mit den Worten: »So richtet die heilige Feme den *Ungehorsam*!«

Bertha überlebte ihren geliebten Gemahl nur um wenige Tage. Sie starb am gebrochenen Herzen.

Und auch ihr Bruder, der junge Ritter von Rosenberg, wurde auf Siegfrieds Anstiften, da er der Vorladung nicht Folge geleistet, von der geheimnisvollen Feme gerichtet! Man fand seine Leiche eines Morgens an dem Graben seines Schlosses.

Das Mordinstrument lag neben ihm mit einem Zettel, auf welchem die Anklage stand: »*Vatermord durch Gift!*«

Das Geschlecht der Rosenbergs blühte trotzdem weiter, ebenso wie das der Zollern. Letzteres lebte besonders in der Nachkommenlinie des einzigen Sohnes von Johann und Bertha noch lange fort. – Doch zeigte sich in beiden Familien, kurz nach diesen unglücklichen, eben erzählten Ereignissen, oftmals eine Erscheinung, welche man allgemein »Die weiße Frau« benannte. – Man brachte dieselbe in Zusammenhang mit Bertha von Rosenberg, die durch ihre Liebe zu Johann von Zollern unschuldigerweise soviel Unheil in ihrer Familie angestiftet hatte.

Öfter erschien die weiße Dame in der Familie der Rosenbergs, wenn irgendein Mitglied erkrankt war, als wollte sie helfen und trösten, so weit dies nur irgend möglich war. – Um die Mitte des achtzehnten Jahrhunderts starb das Geschlecht der Rosenbergs aus, und nun zeigte sich die »weiße Frau« nur noch bei den Hohenzollern. Hier erschien sie, wenn sie die Flügel des Todes über einem Mitglied der Familie rauschen hörte, um ihm anzuzeigen, dass er die rechten Vorbereitungen für die Reise in die Ewigkeit treffen möge!

Das Gießhaus

An das Gießhaus, das sich bekanntlich in der nach ihm benannten Straße: »Hinter dem Gießhause« befindet, knüpft sich die Erinnerung an die schöne Gießerin, Anna Sydow, deren erst so glänzendes Lebensschicksal in trauriger und tragischer Weise endete.

Anna Sydow war die junge schöne Gattin des Hofgießermeisters Hermann Sydow, dessen hübsches freundliches Häuschen dicht neben dem großen Gießhause stand. Während einer längeren Abwesenheit ihres Mannes, der sich in geschäftlichen Angelegenheiten nach Wien begeben hatte – es war im Jahre 1560 – wurde Anna die Geliebte des damals regierenden Kurfürsten, Joachims des Zweiten.

Der Kurfürst hatte die reizende junge Frau kennen gelernt, als er dem Gießer einmal in seiner Werkstatt einen Besuch gemacht, und hatte sich ihr dann nach der Abreise ihres Mannes in einer großen Bürgergesellschaft, die er veranstaltet und zu der sie geladen worden, in intimer Weise genähert.

Der Einfluss, den diese Frau allmählich auf den Kurfürsten gewann, teils durch ihre außergewöhnliche Schönheit, dann aber auch durch ihr einschmeichelndes intrigantes Wesen, war so groß, dass sie ihn seiner Gemahlin und seinem Sohne, dem Erbprinzen Johann, vollständig entfremdete. Aus einer schlichten, einfachen Bürgersfrau war sie mit der Zeit eine vollständige Hofdame geworden, die indessen durch ihren Hochmut und ihre Sucht zu geheimen Intrigen nichts weniger als beliebt bei Hofe war.

Ihren Mann, der durch immer neue Aufträge geschickt in der Ferne gehalten wurde, wusste sie durch liebevolle Briefe, die sie ihm schrieb, über ihre Untreue und ihre veränderte Lebensstellung hinwegzutäuschen, und im geheimen frohlockte sie noch darüber, wenn sie dachte, was der arme Narr wohl sagen würde, wenn er sie in ihren jetzigen glänzenden Verhältnissen erblicken könnte.

Und nun geht die Sage, dass einmal, als sie gerade dabei war, sich in ihrem prunkvollen Gemache für ein großartiges Hoffest zu schmücken, eine Erscheinung eigentümlicher Art vor ihr aufgetaucht sei! – Es schien Anna nämlich, als stände ihr Mann leibhaftig vor ihr! Sein Angesicht war blass wie das eines Toten; seine Gestalt war von einem weißen Sterbehemd umflossen, das sich in undeutlichen nebelhaften Umrissen verlor. Und dazu tönte eine Grabesstimme an ihr Ohr: »Deine Untreue hat mich in ein frühes Grab gebracht; aber Ruhe und Frieden sollst du dafür auf Erden nicht finden! Nicht lange wird die Freude dauern, die dich umgibt. Elend und verlassen wirst du sterben, und dein letzter Seufzer wird in dumpfen Kerkermauern verhallen!«

Und buchstäblich traf alles so ein, wie es der Anna Sydow durch den Spuk vorausgesagt worden! Zwar erhielt sie sich die Gunst des Kurfürsten, solange er lebte, doch als er im Jahre 1571 starb, konnte selbst seine Bitte, die er für sie noch auf dem Sterbebette an seinen Sohn und Nachfolger richtete, sie nicht von der Erfüllung ihres Schicksals retten.

Sie wurde auf die Festung nach Stettin geschickt und musste hier in Kerkermauern bis an ihr Lebensende schmachten. Von anderer Seite wurde sogar behauptet, dass sie lebendig eingemauert worden sei, und man brachte den seit langer Zeit vermauerten Teil des Berliner Schlosses, der nach der Spree hinaus liegt, mit der unglücklichen schönen Gießerin in Verbindung. – Ihre Gestalt ist, wie dies ja öfter bei derartigen Ereignissen zu gehen pflegt, von dem grauen Schleier der Sage umsponnen worden.

Das Galgenhaus

Diesen eigenartigen Namen trug längere Zeit das Haus Nr. 10 in der Brüderstraße. Und zwar erhielt es diese Bezeichnung durch folgendes Geschehnis.

König Friedrich Wilhelm der Erste, der ja ein strenges und oft hartes Regiment führte, hatte im Zorn über die vielen Hausdiebstähle, die eine Zeitlang in Berlin passierten, den Befehl erlassen, dass der Erste, welcher sich wieder eines solchen Vergehens schuldig machte, auf der Stelle vor dem Hause, in dem er die Missetat begangen, aufgeknüpft werden sollte.

Kurz darauf wurde in dem Hause Brüderstraße Nr. 10, in welchem damals der Kabinettsminister von Happe wohnte, ein silberner Löffel vermisst. Der Verdacht fiel auf das Hausmädchen, das erst seit einigen Wochen dort in Dienst getreten war.

Zwar beteuerte die Angeklagte standhaft ihre Unschuld. Doch konnte sie dieselbe nicht beweisen, da alle Umstände gegen sie sprachen. Und so kam es, dass der Minister, so unangenehm ihm dies auch sein mochte, dem Befehle des Königs nachkommen musste. Die vermeintliche Diebin wurde an einem eigens dazu errichteten Galgen, einem Schandpfahl mit einem Arm, dicht vor der Tür des Hauses ausgehängt. Bald jedoch kam die Unschuld der Armen an den Tag. Eine zahme Ziege, die im Hause überall umherzuspazieren pflegte, war der Dieb gewesen! Sie hatte, mit dem Löffel gespielt, ihn vertragen und im Hof im Sande verscharrt, ihn dann aber zufällig als Spielzeug wieder hervorgeholt, so dass er gefunden wurde!

Die Geschichte machte ein ungeheures Aufsehen ins Berlin! Der Minister bot sein Haus, als der wirkliche Dieb entdeckt worden, sofort zum Verkaufe aus.

Niemand wollte es ihm jedoch abkaufen. Schließlich erstand es der König selbst der nach diesem traurigen Ereignisse seinen strengen Befehl zurückgenommen hatte.

Noch lange Zeit nach dem eben Erzählten war vor der Tür des Hauses Brüderstraße Nr. 10 das Loch zu sehen, in welchem der Galgen gestanden hatte, bis man es später mit einem Gitter umgab, das indessen jetzt nicht mehr am Orte ist.

Behrenstraße Nr. 69

Auch an das Haus in der Behrenstraße Nr. 69 knüpft sich die Erinnerung an ein merkwürdiges Ereignis, welches wenigen bekannt sein dürfte. Im Herbste des Jahres 1720 wurde eines Morgens die Witwe des Schlossermeisters Sebald, die hier im ersten Stockwerk wohnte, in ihrem Bette erdrosselt aufgefunden.

Um ihren Hals war ein dicker Strick gezogen, der vorn in der Gegend des Kehlkopfes in einem seltsamen Knoten zusammenlief.

Der obere Kasten der im Zimmer befindlichen Kommode war erbrochen und die darin enthaltenen Sachen in größter Unordnung zusammengewühlt. Alles deutete also auf einen Raubmord.

Der erste Verdacht fiel auf das Dienstmädchen der Ermordeten, und dies wurde auch sofort in Gewahrsam genommen. Doch leugnete es mit

Bestimmtheit jegliche Schuld und erklärte, dass kein anderer als der Sohn der Frau Sebald, die Tat hätte begehen können.

Der junge Mann, der nicht im Hause der Mutter wohnte und einen ziemlich leichtsinnigen Lebenswandel führte, sei gestern gekommen und habe seine Mutter um Geld gebeten. Und als ihm seine Bitte abgeschlagen worden, sei er im Zorne davongegangen und habe dabei geäußert, er wisse es wohl, dass die geizige Frau 300 Taler in ihrer Kommode ungebraucht liegen habe! Auf diese Aussage hin wurde Eduard Sebald verhaftet, und da er nicht seine Schuld gestehen wollte, wurde an ihm die grausame Folter vollzogen. Unter den Qualen derselben bekannte er schließlich, dass er den Mord begangen habe. Und das Urteil lautete: »Tod durch den Strang!«

Und zwar sollte der Verbrecher mit demselben Stricke, mit dem er die Mutter erdrosselt hatte, aufgehängt werden. Dann sollte sein Leichnam auf das Rad geflochten und zur allgemeinen Warnung während acht Tage öffentlich ausgestellt bleiben.

Doch plötzlich erklärte nun der Verurteilte, er sei unschuldig, und er könne auch den Beweis dafür liefern; denn in jener Nacht, in der seine Mutter ermordet worden, sei er bei einer vornehmen Dame gewesen, mit der er ein Liebesverhältnis unterhalte. Nur aus Rücksicht für den Ruf derselben habe er bisher diese Tatsache verschwiegen. Er wäre aber sicher, dass die Betreffende von selbst hervortreten würde, um seine Rettung zu bewirken.

Trotz dieser Erklärung nahm das Verfahren seinen Fortgang, und nach einigen Tagen sollte die Hinrichtung stattfinden.

An dem Morgen, an dem die Exekution festgesetzt war, hatte sich eine unabsehbare Menge Volks auf dem Richtplatze versammelt, um dem traurigen Schauspiele beizuwohnen.

Als der junge Sebald erschien, blickte er sehnsüchtig nach allen Seiten umher, als erwarte er jemand, der ihn zu retten käme. Hinter ihm stand der Henker, den bewussten Strick in der Hand, den er aufmerksam und mit einem gewissen Befremden zu betrachten schien. Und jetzt, als der Richter sich noch einmal an den Gefangenen mit der Frage wandte, ob er noch etwas zu seiner Verteidigung zu sagen habe, sprang der Henker plötzlich zwischen die beiden, den Strick hoch empor schwingend, indem er ausrief: »Herr Richter, eine weitere Erklärung des Delinquenten ist nicht nötig! Hier ist der Beweis seiner Unschuld; denn seht, dieser Knoten hier, den keiner bis jetzt hat auflösen können, kann von keinem andern geschürzt worden sein, als von einem Scharfrichter!«

Und dann wandte er sich zu seinen umherstehenden Gehilfen und schaute alle der Reihe nach forschend an. Einer der Leute erbleichte und zitterte merklich.

»Schuft! Du hast es getan!«, rief der Henker, den Burschen hervorziehend, der wie gebrochen in die Knie sank und dann seine Schuld bekannte.

Der junge Mensch war der Geliebte des Dienstmädchens, das ihm verraten hatte, Frau Sebald sei im Besitze einer baren Summe Geldes. Und da ihm die Magd versprach, den Verdacht auf den Sohn der Witwe zu lenken, so unternahm er, ohne zu zögern, die grausige Tat!

Eduard Sebald, dessen Unschuld so glänzend an den Tag gekommen, wurde nun unter dem Jubel des Volkes im Triumphe nach seiner Wohnung geleitet.

Der Scharfrichtersknecht aber und seine Geliebte büßten bald darauf ihre Schuld mit dem Tode auf dem Schafott!

Das Haus mit den 99 Schafsköpfen

An dem Hause Alexanderstraße Nr. 45 befindet sich als Verzierung unter den Fenstersimsen eine Reihe von Widderköpfen, die von den Berlinern »Schafsköpfe« betitelt wurden. »Das Haus mit den neunundneunzig Schafsköpfen«, so wurde gewöhnlich jenes Gebäude benannt. Wie es zu diesem Namen gekommen, ist eine ziemlich bekannte Tatsache. Für den, welcher sie nicht kennen sollte, will ich sie in Kürze hier mitteilen.

König Friedrich Wilhelm der Erste, wie auch später sein Sohn Friedrich der Große, pflegte einen Bürger, der sich ein besonderes Verdienst um die Stadt erworben, dadurch zu belohnen, dass er ihm aus seine Kosten ein Haus bauen und dies dann auch mit einem bestimmten Abzeichen versehen ließ.

Nun hatte ein Berliner Bürger, der sehr ehrgeizig war und sich in jeder Weise um die Gunst des Königs bemühte, den glühenden Wunsch, dass ihm ein solches Haus errichtet würde!

Er machte der Stadt Schenkungen, gab Almosen an die städtische Armenverwaltung usw., und als dies alles ihm nicht zur Erfüllung seines Wunsches verhalf, schrieb er selbst an den König, ihn um die gnädigste Gabe eines Hauses bittend. Schließlich wurde ihm sein Gesuch auch bewilligt, und das Haus wurde für ihn nach Angabe König Friedrichs erbaut.

Einige Zeit darauf, als der König gerade durch die Mexanderstraße ritt, kam ihm der Einfall, das neue Haus zu besichtigen, um sich davon zu überzeugen, ob alles darin auch so ausgeführt sei, wie er selbst es angeordnet hatte.

Er fand, dass dies in jeder Weise geschehen und fragte dann den Besitzer, ob er nun zufrieden sei. Dieser indessen sprach nicht seine Dankbarkeit aus für das schöne Geschenk, wie es der König wohl erwartet hatte, sondern beklagte sich bitter darüber, dass Majestät vergessen hätten, dem Hause ein Abzeichen zu geben, was doch bei andern Häusern immer geschehen sei! –

Der König lächelte und sagte dann zu dem Unzufriedenen, dass man das Versäumte nachholen werde. Bald darauf sandte er auch einen Künstler, der das neue Gebäude mit einem sehr bezeichnenden Schmucke, nämlich mit neunundneunzig Schafsköpfen, versehen musste.

Nach einiger Zeit ritt der König wieder an jenem Hause vorüber, und da der Wirt gerade aus einem, Fenster herausschaute, rief er ihm zu, ob er denn jetzt mit seinem Hause zufrieden sei.

Doch der Gefragte schüttelte das Haupt, indem er kläglich sagte: »Der Künstler wird jedenfalls den Befehl Ew. Majestät nicht pünktlich vollführt haben. Es sind ja nur neunundneunzig Schafsköpfe am Hause, und es müssten doch sicher hundert sein!«

»Er hat recht!«, erwiderte Friedrich lachend. »Doch tröste Er sich! Der hundertste ist jedesmal Er selber, wenn Er aus dem Fenster sieht!«

Dies Haus, welches im Jahre 1783 erbaut wurde, besteht noch ganz in seiner ursprünglichen Form. Nur waren in früheren Zeiten unten, da wo sich jetzt die Kaufläden befinden, weite Kolonnaden. Auch sind die Fenster im ersten und im zweiten Stocke vergrößert und daher die Widderköpfe von dort entfernt worden. Nur noch am oberen Teile des Gebäudes sind diese Abzeichen geblieben, und zwar sind ihrer nur noch dreiunddreißig vorhanden.

Die schwarzen Brüder

Woher die Brüderstraße ihren Namen hat, wissen wohl die meisten alten Berliner. Für diejenigen, denen es nicht bekannt ist, will ich Nachfolgendes erzählen.

Zwischen der Breiten Straße und dem Eingang zur Brüderstraße stand früher ein schönes Kloster, mit dazugehöriger Kirche, das von vier Brüdern gegründet worden war. Diese Brüder waren in seltener Liebe einander zugetan und lebten in herzlichster Eintracht zusammen. Die Legende erzählt nun, dass der Herr Satan, der bekanntlich ein Feind alles Friedens ist, unter diese vier Hass und Rachsucht zu bringen suchte, indem er ihnen ein wunderschönes Mädchen in den Weg führte, in welches sich alle zugleich sterblich verliebten! Und da keiner dem andern das schöne Weib gönnte, so gingen die Brüder fortan, getrennt und von Misstrauen erfüllt, ihre eigene Straße. Ein jeder von ihnen war bemüht, das Mädchen, das ihnen bald wieder entschwunden war, aufzufinden und für sich zu gewinnen.

Da geschah es, dass eines Tages die junge Fremde ganz von selbst zurückkehrte und das Haus der Brüder betrat, um sich ihnen als Dienerin anzubieten, und dadurch von neuem Verderben und Zwietracht unter sie zu bringen.

Aber wie erstaunte sie, als sie die vier Brüder auf den Knien liegend erblickte, in heißem Gebete zum Himmel flehend, dass er ihnen die Liebe füreinander und ihre frühere Eintracht zurückgeben möchte! Als nun das schöne Mädchen mit ihrem Anerbieten hervortrat, wiesen die Brüder dasselbe einmütig zurück und taten gegenseitig das Gelübde, einander treu zu bleiben bis ans Ende. – Und damit ihnen keine Verführung wieder nahen und sie voneinander trennen könnte, fassten sie den Entschluss, sofort ein Kloster zu gründen, in welchem sie vereint ihr Leben beschließen wollten. Dies Kloster erhielt den Namen »Die schwarzen Brüder« und wurde erst im Jahre 1747 zur Erweiterung des Schlossplatzes abgerissen. Die daranstoßende Straße hat aber den Namen »Brüderstraße« beibehalten.

Das Haus Wallstraße Nr. 25

An der Vorderfront des Hauses Wallstraße Nr. 25 – jetzt ein stattlicher Neubau – sieht man ein steinernes Bild, auf welchem ein Mann in Arbeiterkleidung dargestellt ist, der eine Tür auf dem Rücken trägt und mit dieser auf der Straße dahineilt.

Diese Darstellung bezieht sich auf ein Ereignis, welches sich einst in diesem Hause oder vielmehr in einem andern kleineren Häuslein, das früher an dieser Stelle stand, zugetragen hat.

In jenem Gebäude wohnte vor vielen Jahren ein braver Schuhmacher, der trotz fleißiger Arbeit für seine Familie kaum das tägliche Brot zu schaffen vermochte.

Da wurde ihm eines Tages ein Lotterielos angeboten, das er endlich auf eifriges Zureden seiner Frau kaufte, nachdem er sich das dazu nötige Geld von einem Bekannten geliehen hatte. Vielleicht hätte er dies nicht getan, wenn ihm sein Töchterlein nicht von einem Traum erzählt, den es gehabt, in welchem ein Engel ihm ein Papier gezeigt, und es dann in einen Saal geführt hatte, der ganz mit Goldstücken angefüllt war!

Am Ziehungstage ging der brave Meister nach dem Rathause, um selbst dabei zu sein, als die Lotterie stattfand. Und schier schwanden ihm die Sinne, als er vernahm, dass der größte Gewinn auf sein eigenes Los gefallen sei! Sogleich stürmte er heim, um das Los zu holen, das er vorher in der Eile vergessen hatte, und ohne welches er natürlich den Gewinn nicht erhielt.

Aber – o Schreck! Nirgends im Hause fand sich das Los, welches seine Frau sorgsam wollte fortgelegt haben, das aber wie vom Erdboden verschwunden war! – Schon überließ man sich der Verzweiflung, als plötzlich der älteste Knabe, der auch auf dem Rathause gewesen war, hereingestürmt kam, und dem Vater bekannte, dass er das Los hinten an die Tür geklebt habe, damit es nicht verloren ginge!

Vor Freude außer sich, stürzte der Vater zu der Tür, um von dieser sofort das Los abzulösen. Aber das ging nicht so leicht! Er hätte das Papier in kleine Stücke reißen müssen, um es frei zu bekommen, so fest war es geklebt!

Schnell entschlossen, hob der Meister also die Tür aus den Angeln, schwang sie auf den Rücken und schleppte sie eilig nach dem Rathause, gefolgt von einer jubelnden Schar, die sich gottvoll an dem seltenen Schauspiel belustigte!

Von dem gewonnenen Gelde erbaute er dann ein besseres, größeres Haus, an welchem er über der Tür zur Erinnerung an das gütige Geschick, welches ihm den großen Gewinn in den Schoß geworfen, das besagte Bild anbringen ließ. Aber auch dieses Haus wurde in neuerer Zeit durch einen modernen Bau ersetzt. Doch wurde die Vorderfront desselben wiederum mit dem alten Steinbilde geschmückt, so dass dies also heutzutage noch dort zu sehen ist.

Spreegasse Nr. 11

Wer einmal seinen Weg durch die Straßen des *alten Berlins* nimmt und an der Friedrichstraße entlang wandert, die ja noch ganz so erhalten ist, wie sie vor hundert und mehr Jahren gewesen, der versäume nicht, auch die kleine Spreegasse aufzusuchen, und einen Blick dankbarer Erinnerung auf das Häuschen Nr. 11 zu werfen!

In diesem wohnte im Jahre 1854 Wilhelm Raabe (Jakob Corvinus), der dort seine reizende »Chronik der Sperlingsgasse« schrieb. Das Haus gehörte damals der Großmutter des Herrn Julius Fuchs, der gleichfalls einige Zeit in jenem Hause wohnte. Obgleich er bedeutend jünger als Wilhelm Raabe war, befreundete er sich doch innig mit dem liebenswürdigen Dichter, mit dem er dann öfter weitere Ausflüge in die Umgegend Berlins unternahm.

Als im Jahre 1907 das Haus in den Besitz des Neffen von Herrn Fuchs überging, schrieb der neue Besitzer an Herrn Wilhelm Raabe, ihm davon Mitteilung zu machen und sandte ihm zu gleicher Zeit die Photographie des kleinen Gebäudes.

Darauf erhielt er als Antwort von dem Dichter den nachfolgenden Brief, den ich hier wortgetreu wiedergebe.

Braunschweig, 6. Januar 1907.

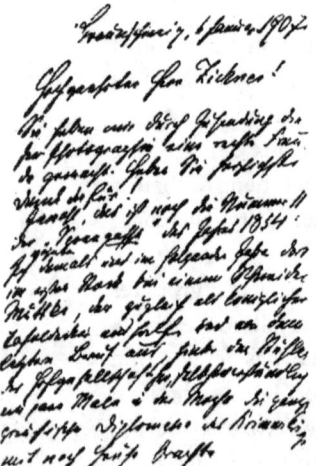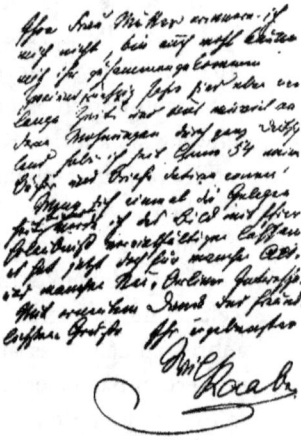

Hochgeehrter Herr Zichner!

Sie haben mir durch Zusendung dieser Photographie eine rechte Freude gemacht. Haben Sie herzlichst Dank dafür. Jawohl, das ist noch die Nummer 11 der »Spreegasse« des Jahres 1854! Ich wohnte damals und im folgenden Jahre dort im ersten Stock bei einem Schneider Wuttke, der zugleich als Königlicher Tafeldecker aushalf und von dem letzten Beruf aus, hinter den Stühlen der Hofgesellschaft her, selbstverständlich ein paarmal in der Woche die ganze preußische Diplomatie des Krimmkrieges mit nach Hause brachte.

Ihrer Frau Mutter erinnere ich mich nicht, bin auch wohl kaum mit ihr zusammengekommen. Zweiundfünfzig Jahre sind aber eine lange Zeit, und aus wieviel andern Wohnungen durch ganz Deutschland habe ich seit anno 54 meine Bücher und Briefe datieren können!

Wenn sich einmal die Gelegenheit bietet, werde ich das Bild mit Ihrer Erlaubnis vervielfältigen lassen; es hat jetzt doch für manche Alt- und manche Neu-Berliner Interesse. Mit erneutem Dank und freundlichstem Grüße

Ihr ergebenster Wilhelm Raabe.

Seit 1911, dem Todesjahre des Dichters, befindet sich eine Gedenktafel an dem kleinen Hause, welche die dankbare Straße ihrem Chronisten gestiftet hat.

Das Spukhaus in der Potsdamer Straße

Nachdem nun soviel von den alten Häusern Berlins die Rede gewesen, an die sich Sagen und Legenden der Vorzeit knüpfen, will ich noch eines Hauses erwähnen, das in der neuesten Zeit wegen des Spukes, der an ihm haftete, im Volke verrufen gewesen ist. Manches ist sogar in verschiedenen Tageszeitungen geschrieben und vom Publikum mit vielem Interesse gelesen worden.

Das so verrufene Haus stand in der Potsdamer Straße 97, wurde dann aber später abgerissen und neuerbaut. In dem jetzigen Gebäude befindet sich das Sargmagazin Grieneisen.

Das alte kleinere Haus, welches früher an jener Stelle gestanden, und also das »Spukhaus« genannt wurde, gehörte einem Manne, der für Dienstleistungen, die er dem König Wilhelm I., dem späteren Kaiser, erwiesen, größere Terrains am Lützow-Weg, der damals noch ganz unbebaut war, geschenkt bekommen hatte. Auf diesen Plätzen ließ der Besitzer dann mehrfache Bauten ausführen, in denen er indessen nur wenige Wohnungen vermietete, da er sehr geizig war und zu hohen Mietzins verlangte.

Auch in dem Hause Potsdamer Straße wohnte er allein mit seiner Familie, da er sich mit keinem Mieter einigen konnte.

Bekannte von mir hatten bei ihm eine Gartenwohnung nehmen wollen; doch erlaubte er ihnen nicht den Besitz eines Hausschlüssels. Er machte die Bedingung, dass die Leute immer um zehn Uhr zu Haus sein müssten. Und wenn es mit ihrem Heimkommen ja einmal später würde, dann sollten sie nur klopfen, und er selbst würde dann die Haustüre öffnen! Dazu verstanden sich nun meine Freunde nicht, und so wurde nichts aus ihrem Mieten dort.

Die Frau jenes Hauswirtes war ebenso wunderlich und eigenwillig wie ihr Gatte. Mit keinem Dienstmädchen konnte sie sich stellen; es war ewiger Krieg im Hause. Und so soll es denn geschehen sein – so munkelten die Leute –, dass die Frau in ihrer Wut einmal den Hund auf das Mädchen, mit dem sie zankte, gehetzt habe, und dass die Dienerin dabei zu Tode gekommen sei.

Um die Sache nicht ruchbar zu machen, soll dann die Leiche der Gemordeten in aller Stille unten im Keller verscharrt worden sein.

Später indessen muss die unheimliche Tat doch wohl an das Tageslicht gekommen sein; denn man sprach von einer Anklage gegen die Missetäterin, die aber schließlich unterdrückt wurde, eben wegen jener Dienstleistungen, die ihr Mann früher dem Könige erwiesen hatte.

Doch wurde ihr nicht ganz die Strafe erlassen. Es hieß im Volksmunde, dass sie zeitlebens den Henkersknoten am Halse habe tragen müssen.

Nach dem Tode ihres Gatten wohnte die alte Frau ganz einsam und allein in dem unheimlichen Hause, von dem nun das Gerücht ging, dass es in seinen Räumen spuke.

Nachts hörte man oft ein klägliches Gejammer, das aus dem Keller zu kommen schien; auch klang es zuweilen von dort wie Kettengerassel.

Und Vorübergehende, die zu später Stunde das Spukhaus passierten, wollen gesehen haben, wie die alte Frau in wahnsinniger Hast von einem Zimmer in das andere flüchtete, das flackernde Licht in der Hand haltend, als würde sie von bösen Geistern verfolgt!

Als sie endlich gestorben war, mochte niemand in das verrufene Gebäude ziehen. Es wurde von den Erben verkauft, dann abgerissen und ein neuer Bau an seiner Stelle errichtet. .

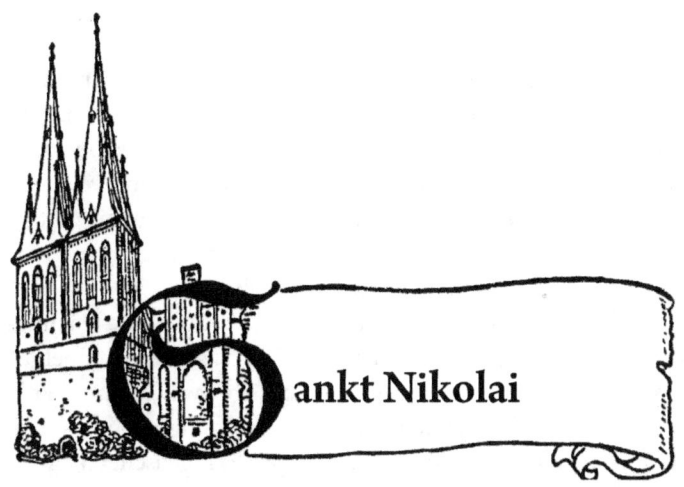

Sankt Nikolai

Ehe ich meine Erzählungen von den alten Bauten und Häusern Berlins mit ihren Abzeichen und den sich daran knüpfenden Legenden schließe, will ich noch ein paar Worte sagen über ein Haus, das freilich nicht in diese Rubrik gehört, das aber für mich selbst von einem besonderen und persönlichen Interesse ist. Ich meine die Kirche von Sankt Nikolai, in welcher ich einst getauft worden bin. Dieses Gotteshaus ist schon deshalb höchst interessant, weil es nebst Sankt Petri die *älteste* Kirche Berlins ist.

Schon am Anfange des 13. Jahrhunderts wurde Sankt Nikolai gegründet.

Ein Ablassbrief vom 18. April 1264 empfiehlt milde Gaben für den Kirchenbau, und noch weitere ähnliche Ablaßbriefe fordern zur Beisteuerung für den Bau unseres Gotteshauses auf.

Im Jahre 1380, am 10. und 11. August, wütete in Berlin eine entsetzliche Feuersbrunst, die auch St. Nikolai sehr beschädigte. Wieder wurde da ein Ablass von hundert Tagen ausgeschrieben, um die Kirche von neuem zu restaurieren und aufzubauen! Erst im Jahre 1452 wurde dann die Liebfrauen- oder Marienkapelle an der Südseite des Gotteshauses errichtet. In späteren Jahren waren wieder vielfache Reparaturen nötig, und im Jahre 1878 – also vor gar nicht zu ferner Zeit – wurde eine vollständige Erneuerung der ganzen Kirche ins Werk gesetzt. Auch der zweite Turm, der bis dato unvollendet geblieben, wurde nun gleich dem andern fertig hergestellt.

Drei Jahrhunderte hindurch war St. Nikolai dem katholischen Gottesdienste geweiht. Doch gleich beim Beginn der Reformationszeit wurde sie in eine evangelische Predigtstelle umgewandelt, durch einen Schüler des großen Reformators, den Propst Buchholz.

Das Gotteshaus ist in Form einer gotischen Hallenkirche erbaut, die sich in drei Schiffen präsentiert, deren Gewölbe von achtzehn kolossalen Pfeilern getragen werden.

St. Nikolai war außerordentlich reich an Altären; doch im Jahre 1539 wurden dieselben entfernt und nur der Hauptaltar blieb stehen.

Die Kirche birgt in ihrem Innern einen Reichtum von Erbbegräbnissen, Grabsteinen, Denkmälern, Bildwerken, Motivgemälden, welcher gleichsam als eine Urkundensammlung in Bild und Stein Zeugnis gibt von vergangenen Geschlechtern, die einst in ihr vor dem allmächtigen Herrn des Himmels und der Erden ihre Knie gebeugt haben.

Aus Inschrift und Sinnbildern redet zu uns der Tod seine mächtige Sprache, spricht der Glaube, in welchem die Entschlafenen hinübergegangen in ein besseres Jenseits, bekundet sich die Liebe, welche um den bitteren Trennungsschmerz den grünen Kranz der Hoffnung windet. – Hier wird das Andenken wach an so manchen Zeugen evangelischer Wahrheit wie Paul Gerhardt, den Meisterdichter des evangelischen Kirchenliedes, Spencer, den Vater des Pietismus, Propst Schrader, den geistlichen Liederdichter, Propst Johann Joachim Spalding, den frommen Poeten (Geistliche liebliche Lieder) und andere Gottesmänner, welche in dieser Kirche gewirkt haben.

Mit ihnen zugleich sei auch erwähnt der Kantor Ditmar und der Tonsetzer Johann Crüger, der das Choralbuch verfasst hat. Was Paul Gerhardt für das Kirchenlied, das war Crüger für den Choral. Wir haben von ihm eine große Zahl der herrlichsten Melodien voll Glaubenskraft und zarter Innigkeit zu den Liedern von Gerhardt, Franck, Rinkart usw.

Aber auch die Namen von Gelehrten, Staatsmännern und Kriegern, welche ihrem Vaterlande treu gedient haben, sind hier verewigt. So z.B. der des berühmten Historikers Samuel von Pufendorfs, gest. 1694, den der Große Kurfürst berufen, um die Geschichte seiner Regierung zu schreiben und dessen Grabinschrift in lateinischer Sprache, ins Deutsche übersetzt, lautet: »Seine Gebeine ruhen hier, seine Seele ist in dem Himmel aufgenommen, sein Ruhm schwebt über den ganzen Erdkreis.«

Ferner finden wir in einer der Kapellen das Erbbegräbnis des Kanzlers Lampert Distelmeier, des hochberühmten Staatsmannes unter Joachim II. (gest. 1588).

In einer Grabkapelle zur Linken der Westtür der Kirche ruht der Finanzminister Johann Andreas von Kraut (gest. 1723). Die Kuppel der Kapelle tragen ionische Säulen, in deren Kapitäle Totenköpfe grinsen.

An der Südwand befindet sich die Kapelle, die das Erbbegräbnis des berühmten Wohltäters und Stifters des bekannten Waisenhauses (1734), Geheimen Rats Severin Schindler (gest. 1737) und seiner Gattin Maria Rosina, geb. Bose (gest. 1746) enthält. Über einer schmalen Tür erkennen wir die Gedächtnistafel des am 4. März 1698 verstorbenen Rektors des Grauen Klosters, des verdienten Schulmannes, Gottfried Weber. Über seiner Inschrifttafel befinden sich zwei Totenköpfe und darunter zwei trauernde Amoretten mit Wappen.

Auch die großen Bildhauer Andreas Schlüter und Bettkober, welche dem Herrn dienten durch Werke der Kunst, die sie in den Dienst der Kirche stellten, haben in St. Nikolai ihre letzte Ruhestätte gefunden.

Es würde zu weit führen, wollte ich all die Namen verzeichnen von denen, welche auf den Grabschriften der Kirche genannt werden; darum mögen diese wenigen Beispiele hier genügen.

Die Kanzel und viele der schönen Fenster, wie z.B. die, welche den Altarraum einrahmen, und auch die auf der nördlichen Seite sich befindenden Fenster, sind Stiftungen des Königs Wilhelms I. im Jahre 1864 und des damaligen Kronprinzen, des späteren Kaisers Friedrichs und seiner Gemahlin.

Das Altarbild, die Verklärung Christi auf dem Berge Tabor, ist ein Geschenk des Malers Christian Bernhard Rode. Es ist ein Meisterwerk mystischer Stimmung; die leichte Gestalt des Heilands scheint im Äther zu schweben und wirkt durch den Gegensatz der irdischen Jüngergestalten* in massigeren Farben um so hervorragender. – Was die fürstliche Gunst anbelangt, so hat diese, wie schon vorhin bemerkt, der Kirche nie gefehlt. Dies beweist auch der große Abendmahlskelch, ein Meisterwerk der mittelalterlichen Goldschmiedekunst aus dem 13. Jahrhundert, der eine Gabe des Großen Kurfürsten ist.

Um nun die geschichtliche Vergangenheit der Nikolaikirche, die mit dem Geschicke unserer Stadt und unseres Vaterlandes so nahe verknüpft ist, den Einwohnern Berlins recht nahe zu führen, hält Herr Pastor Göhrke – Pfarrer an St. Nikolai – am zweiten Donnerstag in jedem Monat, abends 8 Uhr, im besagten Gotteshause einen überaus fesselnden Vortrag, in welchem er vor unserm Geiste all die Gestalten wieder lebendig werden lässt, deren Andenken mit St. Nikolai im Laufe der Jahrhunderte verknüpft ist.

An den Vortrag schließt sich dann jedesmal eine Führung durch die Kirche und eine eingehende Besichtigung der Monumente, Grabschriften, Gemälde usw. an. Und in der Tat ist keine Kirche unserer Stadt gerade wie St. Nikolai zu einer Art Anschauungsunterricht geeignet, durch welchen der kirchlich-religiöse Glaube und zugleich auch das Vaterlandsgefühl geweckt und belebt werden kann.

---

*　　Aus: Dr. Julius Kurth, Über Nikolai und Marienkirche.

XVII
Eine Wanderung durch Berlins alte Friedhöfe

Nachdem ich so mancherlei von dem Leben und Treiben der alten Berliner erzählt habe, will ich zum Schlusse auch noch der Heimstätten gedenken, auf denen sie, die stets Beweglichen und immer Tätigen, ihren letzten Ruheplatz gefunden.

Zur Zeit meiner Kindheit und Jugend befanden sich die Friedhöfe vor den Toren der Stadt. Eine jede Kirche besaß hier ihr eigenes Dominium, auf welchem die Verstorbenen, die zu ihrer Gemeinde gehörten, bestattet wurden.

Diese Kirchhöfe sind aber jetzt fast alle schon überfüllt, und man zieht weiter und weiter hinaus bis in die fernsten Vororte, um den Dahingeschiedenen die letzte Ruhestatt zu bereiten.

Nun ist es interessant, einmal durch die alten Kirchhöfe vergangener Jahrhunderte, die sich jetzt alle nicht mehr vor den Toren, sondern in der Stadt selbst, befinden, eine kleine Wanderung zu machen, um hier auf den Denkmälern der mit Efeu umrankten Gräber die Namen der darin Schlummernden zu lesen.

Gehen wir zuerst nach dem alten Kirchhof der Dorotheen- und Werderschen Gemeinde, der sich in der Chausseestraße Nr. 126 befindet. Wie vielen bekannten und berühmten Namen begegnet man hier, wenn man die Inschriften auf den Denkmälern, den Kreuzen und Grabsteinen studiert!

Da ruht, gleich vorn an dem breiten Gange, neben seinen Eltern, der Königl. Baurat und Stadtältester Gottlieb Christian Cantian, nach welchem die Cantianstraße und der Platz hinter dem Zeughaus benannt worden ist. Geboren im Jahre 1794, gestorben 1866. Ein massiger, aus grauem Stein gebildeter Bau umschließt die Stätte, auf welcher Christian Cantian und viele seiner Verwandten schlafen.

Nicht weit davon befindet sich das Denkmal von Peter Christian Wilhelm Beuth. Er war ein Förderer der Industrie und des Handels in Preußen und wurde am 28. Dezember 1781 in Cleve geboren. Er wurde Oberfinanzrat im Ministerium 1814, dann Ministerialdirektor 1828 und gründete das Gewerbeinstitut, die Bauschule und die Baugewerbeschule in Berlin. Er starb am 17. September 1853. Sein Standbild, von Kiß, steht seit 1861 vor der Bauakademie in Berlin.

Am Haupteingange links ruht Carl Friedrich Schinkel, gestorben 1841; sein Denkmal, ein Obelisk mit dem Porträt des Künstlers, ist von ihm selbst geschaffen.

Dann folgt Christian Daniel Rauch, der Schöpfer der herrlichen Gestalt unserer geliebten Königin Luise, auf dem Sarkophag ruhend, im Mausoleum zu Charlottenburg. Er wurde geboren am 2. Januar 1777 und starb am 3. Dezember 1857. Ein betender Engel schmückt oben seinen Denkstein, auf welchem sich vorn das Medaillonbild des Künstlers befindet.

Neben ihm ruht der Königl. Baurat Dr. Friedrich August Stüler, geb. 1800, gest. 1865, dessen Denkmal, mit dem feinen, geistvollen Porträt des Verstorbenen, von Stronk gefertigt worden ist. Die Inschrift auf demselben lautet: »Dem Vollendeten widmete diesen Denkstein die treue Liebe der Gattin und der Kinder, der Freunde und der Fachgenossen.«

Nicht weit davon ist das schöne Borsigsche Grabmal, des Begründers der großen Maschinenfabrik, Johann August Friedrich Borsig, geb. 1801, gest. 1854, mit der Büste des Verstorbenen.

Sehr schön mit Mosaiksteinen ausgelegt, ist das prachtvolle Denkmal von Eduard Friedrich Hoffmann, des Erfinders der Ringöfen, geb. 1818, gest. 1900.

Auch Schadow, Schubert, Max Spitta haben ihre letzte Ruhestatt auf diesem Kirchhof gefunden. Ebenso ist hier der alte, einst in Berlin so populäre Professor August Boekh bestattet, geb. 1785, gest. 1867, dem im Jahre 1857 – es war im strengen Winter – die Studenten einen wundervollen Fackelzug brachten (zu irgendeinem Jubiläum), der mir noch lebhaft in der Erinnerung ist.

Auf einem großen Steinmonument, der das Grab bedeckt, liest man nur den Namen »Litfaß«, und darunter erblickt man kreuzweise Striche wie zackige Blitze.

Dort in der Nähe, nicht weit von der östlichen Mauer, finden wir auch das Grabs des berühmten Philosophen Georg Wilhelm Friedrich Hegel – mit dem seiner Gattin –, auf dessen einfachem Marmorstein nur die Daten verzeichnet sind: Geb. 27. August 1770, gest. 14. November 1831.

Neben dem Grabe Hegels ist dem Philosophen Johann Gottlieb Fichte ein hoher eiserner Obelisk errichtet, von dem sich in leuchtender Bronze das Medaillonbild des Verstorbenen abhebt. Geb. 19. Mai 1762, gest. 29. Januar 1814. Auch Fichtes Gemahlin ruht in seiner Nähe.

Vor dem großen Gange links abbiegend, kommt man in den ältesten Teil des Gottesackers, auf dem nicht mehr beerdigt wird, der verwildert und verödet ist. Aber mit seinen hohen, efeuumrankten Bäumen über zerfallenden Gräbern und grauen, verwitterten Leichensteinen, vom matten Gold der Herbstsonne beleuchtet, macht er einen höchst eigenartigen, poetischen Eindruck.

Vor dem Dorotheenkirchhof, durch eine niedere Mauer getrennt, befindet sich der alte Friedhof der französischen Emigranten.

Hier ruht der Großvater des jetzigen Kommerzienrats, Pierre Louis Ravene, der Begründer der Firma, geb. 1793, gest. 1861. Auf einem hohen Marmorbau liegt die künstlerisch schön ausgeführte Gestalt des Verstorbenen, wie zum Schlafe, auf dem Sarkophage gebettet.

Ebenso schön, wenn auch in anderer Weise, ist das Denkmal des Vaters von dem jetzigen Inhaber der Firma. Die Marmorfigur des Verewigten lehnt im Sessel, umgeben von einer Art Tempel, so natürlich und wahrheitsgetreu, dass man glaubt, den Lebenden vor sich zu sehen. Leider sind die Lettern auf dem Sockel unten so verblasst, dass man die Inschrift nicht mehr lesen kann.

Ein hervorragendes Monument ist auch das von Jean Pierre Frederik Ancillon – Pasteur à l'église française des Réfugiés –, den König Friedrich Wilhelm III. an seinen Hof berief, um die Erziehung des Kronprinzen zu leiten, und den er, seiner Verdienste wegen, 1832 zum Kabinettsminister der auswärtigen Angelegenheiten machte.

Ganz besonders überraschte es mich, auf diesem Friedhofe das Grab der so bekannten, im Berliner Volksmunde immer noch fortlebenden Madame Dutitre zu finden, von der ich auch in diesen Blättern so manche scherzhafte Anekdote erzählt habe. Der mit Efeu umrankte kleine Hügel ist frisch aufgerichtet, und die goldenen Lettern auf dem Denkstein sind erneuert worden. Man sagte mir, dass Herr Geheimrat Bèringuier, dessen Familie gleichfalls ihre Heimstätte auf diesem Friedhofe besitzt, dafür Sorge getragen habe, das Grab der den alten Berlinern unvergesslichen Frau vor dem Verfall zu bewahren. Auf dem Stein steht verzeichnet:

»Marie Anne Dutitre, née George, fille de Benjamin George et de Sarah Robert, née le 27 Janvier 1748, morte le 22 Juillet 1827«.

Neben der Entschlafenen ruhen ihre Eltern.

In der Reihe von Madame Dutitre hat auch Ludwig Devrient, der berühmte Künstler, seine Ruhestatt gefunden. Er wurde geboren am 15. Dez. 1784 und starb am 30. Dez. 1832. – Das Denkmal auf seinem Grabe, das auf der einen Seite eine lachende und eine weinende Maske zeigt, wurde ihm von seinen Kunstgenossen gewidmet. – –

Von dem Dorotheen- wandern wir nun zum alten Dreifaltigkeitskirchhof, der, mit dem alten Jerusalemer und Neuen Kirchhof vereinigt, seinen Eingang vom Blücherplatz, auch von der Bellealliancestraße aus, hat. Diese Friedhöfe sind vortrefflich gepflegt und gut gehalten; sie sind reich an schönen Denkmälern und Monumenten, einige auch aus längst vergangener Zeit. – Der große Pädagoge Moritz Fürbringer, der Evangelist Johannes Goßner, geb. 1773, gest. 1858, auch Professor Paulus Kassel, weiland Prediger und hervorragender Kanzelredner an der Christuskirche, geb. 1821, gest. 1892, haben hier ihre Ruhestätte.

Das Denkmal des Generalpostmeisters, Heinrich von Stephan, geb. 1831, gest. 1897, ist wunderschön. Eine herrliche, trauernde Frauengestalt mit schleppendem Gewande, dessen Faltenwurf meisterhaft ausgeführt ist, lehnt an dem Grabstein. Professor Uphues hat es geschaffen.

Auch Felix Mendelssohn-Bartholdy, der unsterbliche Komponist und Musiker, ist hier auf dem alten Jerusalemer Friedhofe gebettet. Ein einfaches Kreuz steht auf seiner Ruhestätte mit den Daten seiner Geburt, 3. Februar 1809 zu Hamburg, und seines Todes, 4. Nov. 1847 zu Berlin, verzeichnet. Der Großvater des Künstlers, Moses Mendelssohn, war Jude. Doch all seine Kinder, seine drei Söhne und die beiden Töchter, gingen zum Christentum über. Der Vater von Felix, Abraham Mendelssohn, der als Bankier in Hamburg den Reichtum seiner Familie begründete, war mit der schönen und stolzen Lea Salomon aus Berlin vermählt, und in seinem Hause, als er später mit seiner Familie in die preußische Hauptstadt übergesiedelt war; verkehrte die beste und geistvollste Gesellschaft Berlins.

Der Bruder der Lea, Bartholdy, wie er sich und wie auch nach ihm sein Schwager sich nannte, war Offizier und preußischer Generalkonsul in Rom, der Schöpfer der berühmten »casa Bartholdy« in der Via Sistina. – Auch Abraham und Lea Mendelssohn-Bartholdy ruhen vereint auf dem Jerusalemer Friedhof.

Neben Felix hat seine Schwester Fanny ihre Grabstätte. Sie heiratete den bekannten Hofmaler Hensel und war, gleich ihrem Bruder, so begabt für Musik, dass ihr Vater von ihr sagte, sie sei mit Bachschen Fugenfingern auf die Welt gekommen. Ihr Grab schmückt ein einfacher Stein mit den Daten ihrer Geburt und ihres Todes. Sie war vier Jahr älter als ihr Bruder.

Durch eine kleine Pforte gelangt man in die südwestliche Abteilung des Friedhofes. Am Gange neben der Südmauer ist das Grab Adalbert von Chamissos. Ein einfacher, dunkler Marmorstein deckt die Schlummerstätte des Dichters, und darauf steht nur das Datum seiner Geburt und das seines Todes.

Chamisso wurde, wie allbekannt, auf dem Schlosse Boncourt in Frankreich geboren, im Jahre 1781, am 27. Januar. Eigentlich heißt er Louis Charles Adelaide de Chamisso de Boncourt.

Wer kennt nicht das herrliche Gedicht, in welchem er das Schloss seiner Väter besingt:

> Hoch ragt aus schatt'gen Gehegen
> Ein schimmerndes Schloss hervor,
> Ich kenne die Türme, die Zinnen,
> Die steinerne Brücke, das Tor!

In den Stürmen der Revolution wurde dieses schöne Schloss der Erde gleichgemacht, und nach langem Umherirren in allen möglichen Ländern Europas, fand der heimatlose Jüngling endlich eine bleibende Stätte in Berlin, als Page der Königin Luise. So wurde Deutschland ihm ein neues Vaterland. – Später studierte Chamisso Medizin und Naturwissenschaft, besonders Botanik, und erlernte die deutsche Sprache so meisterhaft, dass er die wunderbar schönsten Dichtungen in derselben verfasste.

Nach mannigfachen weiten Reisen kehrte er stets wieder nach Berlin zurück, und es ist rührend zu lesen, wie er gedichtet hat:

> O, deutsche Heimat! Woll' ihm nicht versagen
> Für viele Liebe nur die eine Bitte:
> Wann müd' am Abend seine Augen sinken,
> Auf deinem Grunde lass den Stein ihn finden,
> Darunter er zum Schlaf sein Haupt verberge!

Und dieser Wunsch ist ihm erfüllt worden, als er am 1. August entschlummert. Er ruht in deutscher Erde und neben ihm seine treue Gattin, Antonie Piaster, die ihm im Tode vorangegangen.

Nahe der Südmauer; die sich längs der Baruther Straße hinzieht, befindet sich auch das Grab des berühmten Schauspielers und Theaterdirektors Iffland, wie ja bekannt, ein Zeitgenosse Goethes und Schillers, der im damaligen Theaterleben eine geschichtliche Bedeutung gewonnen. Eine schwarze Marmortafel schmückt sein, von einem eisernen Gitter eingefriedetes Grab; daraus steht mit goldenen Lettern nur: »Iffland. Er starb 1814.«

Iffland wurde am 19. April 1759 in Hannover geboren, kam als Schauspieler an das Hoftheater in Gotha, dann nach Mannheim, wurde später in Berlin Direktor des hiesigen Nationaltheaters und dann 1811 Direktor des Königl. Schauspielhauses, als welcher er am 22. September 1814 ins Jenseits hinüberging.

Gleich neben Iffland hat eine andere einstige Größe aus der Theaterwelt ihre Ruhestatt. Auf ihrem Gedenkstein liest man:

> Friederike Bethmann,
> gewesene Unzelmann, geb. Flitter,
> Königl. Hofschauspielerin,
> geb. zu Gotha 1768,
> gest. in Berlin 1815.

Nahe der Kreuzung des mittleren Hauptweges ist die Grabstätte des fantasievollen Dichters des »Kater Murr«, der »Elixiere des Teufels« usw., des Kommerzienrates

> E. T. W. Hoffmann,
> geb. in Königsberg in Preußen am 24. Januar 1776,
> gest. in Berlin am 25. Juni 1822.

Sein Grabstein trägt folgende Inschrift:

> Ausgezeichnet im Amte,
> als Dichter,
> als Tonkünstler,
> als Maler.
> Gewidmet von seinen Freunden.

Über jenen Lettern schwebt ein goldener Schmetterling.

Außer den älteren Meistern finden wir auf diesem Friedhofe auch eine große Zahl berühmter Dichter und Künstler der neueren Zeit, die wir in ihrem Schaffen und Können selbst noch gesehen und hochgeschätzt haben.

Da sind die Grabstätten von dem großartigen Komiker Georg Engels, geb. 1844, gest. 1907; von dem Hofschauspieler Theodor Döring, geb. 1803, gest. 1878. (Wer ihn als Mephisto im »Faust«, als Shylock im »Kaufmann von Venedig« gesehen, dem ist er unvergesslich geblieben!) von der Winona Frieb-Blumauer, geb. 1816, gest. 1886, von Helmerding, dem beliebten Komiker – mit einem, ihm sehr ähnlichen Medaillonbilde auf dem Stein – und von Gustav Berndal, geb. 1830, gest. 1885. Auf seinem Denkmal ein lebenstreues Porträt von ihm, in den Stein gemeißelt. Berndal ist in Gastein, wo er sich zur Kur aufhielt, gestorben. Der Kaiser ließ seine Leiche nach Berlin kommen und sorgte auf seine Kosten für die Bestattung und für die Errichtung des schönen Denkmals. – Auch Friedrich Haase, der feine, geistvolle Darsteller von Charaktertypen, geb. 1825, gest. 1911, ruht hier neben seiner Gemahlin.

Ein kunstsinniges Monument ist Theodor Reicher, dem Wagnersänger aus Wien, geb. 1843, gest. 1903, gewidmet. Die trauernde Muse, mit gesenktem Haupte, die Leier in der herabsinkenden Hand. Auf dem Steine das Bild des Sängers und darunter in goldenen Lettern:

> Wie man die Götter empfängt,
> So begrüßte jeder mit Andacht,
> Was der Genius ihm
> Singend und redend erschuf.
> An der Glut des Gesanges
> Entflammten des Hörers Gefühle,
> An des Hörers Gefühl
> Nährte der Sänger die Glut.

Noch will ich die Grabstätte erwähnen von dem Geh. Sanitätsrat Theodor Ravoth, Professor der Berliner Universität, geb. 1816, gest. 1878, der für das körperliche und geistige Gedeihen der Berliner Jugend rastlos tätig gewesen. – Dann die des bekannten Lateiners, weiland Professors am Königl. Friedrich-Wilhelm-Gymnasium, Wilhelm Zumpt; auf dem Grabstein die Worte: »Non omnis moriar«. – Und schließlich die des liebenswürdigen Dichters und Schriftstellers, des fleißigen Mitarbeiters am »Kladderadatsch«:

> Dr. Rudolf Löwenstein,
> geb. 1819, gest. 1891.

Noch viele Namen interessanter und bekannter Menschen, die hier unter dem Rasen schlummern, könnte ich nennen, doch das würde zu weit führen. Nur eine Grabschrift will ich noch auszeichnen, die mir, als ich sie im Vorübergehen las, besonders zum Herzen gesprochen:

> Was wir bergen in den Sorgen,
> Ist der Erde Kleid.
> Was wir lieben, ist geblieben
> Für die Ewigkeit. – –

Der zweite neue Dreifaltigkeitskirchhof, den wir jetzt besuchen, liegt an der Bergmannstraße, auf dem Wege zur Hasenheide. Auch er ist sehr sorgsam gepflegt und gleicht einem blühenden Garten. Auch hier auf den Gräbern finden wir zahlreiche Namen, die uns interessieren. Gehen wir zuerst zu der Ruhestatt von David Schleiermacher, weiland Prediger an der Dreifaltigkeitskirche, der als Geistlicher eine wahrhaft ideale religiöse Richtung in seinen Predigten und Lehren verfolgte. Geb. 1768, gest. 1834. – Sein wohlgetroffenes Porträt befindet sich auf dem Denkstein und darunter die Worte:

> Gedenket an eure Lehrer,
> Die euch die Worte Gottes gesagt.
> Welcher Ende schauet an und
> Folget ihrem Glauben nach.
> Ebr. 13. 7.

Ein anderer Geistlicher in seiner orthodoxen Richtung der Schleiermacherschen ganz entgegengesetzt, ruht nicht weit davon. Dr. M. Stöcker, gleichfalls weiland Prediger an der Dreifaltigkeitskirche. Geb. 1835 zu Halberstadt, gest. zu Gries in Tirol. Auch sein Bildnis, in Büstenform, tritt aus dem Denkmal hervor; auf seinem Grabstein die Worte: »Alles und in allem Christus.«

Die Stätte des Professors Carl Lachmann, dessen Bildnis auf dem Stein dargestellt ist, wird, wie mir der Kustode auf dem Kirchhof sagte, sehr viel, und zwar meist von Engländern, aufgesucht. – Prof. Lachmann wurde am 4. März 1793 in Braunschweig geboren. In Göttingen widmete er sich besonders dem germanischen Studium. Erst Kollaborator am Friedrich Werderschen Gymnasium in Berlin, dann Professor und Oberlehrer am Friedrichs-Gymnasium in Königsberg, kam er 1827 als Professor und Mitglied der Akademie der Wissenschaften nach Berlin, wo er 1855 starb. Von seinen germanistischen Schriften ist die bekannteste die über das Nibelungenlied.

In seiner Nähe ist das Grab des berühmten Romantikers Ludwig Tieck, der den Don Quichotte, und in Verbindung mit den Schlegels, die Dramen Shakespeares übersetzt und so viel meisterhafte Werke, Sagen, Märchen, Novellen hinterlassen hat. Auf seinem einfachen Gedenkstein stehen nur die Daten: Am 31. Mai 1773 geb, am 28. April 1853 gest.

Charlotte von Kalb, geb. Marschall v. Osthemm, wie bekannt eine Freundin Schillers, schläft auch hier auf dem Friedhof. Ihre Jugend verlebte sie in Meiningen. Äußerlich kalt und verschlossen, aber im Innern voll glühender Leidenschaft, wurde sie, gegen ihre Neigung, mit dem Major Heinrich von Kalb vermählt. In Mannheim lernte sie Schiller kennen und erglühte in leidenschaftlicher Verehrung für den jungen Dichter. Ihretwegen verließ Schiller dann Dresden und zog im Jahre 1787 nach Weimar, wo sie lebte. Später ward ihre Liebe dem Dichter Hölderlin zu Teil, und dann schloss sie Jean Paul in ihr Herz, der sie in seinem »Titan« als *Linda* verherrlicht hat. 1804 starb ihr Gemahl, und sie verlor auch ihr Vermögen. Sie lebte dann verlassen, allein und erblindet in verschiedenen Städten und zuletzt in Berlin, wo die Prinzessin Marianne von Preußen ihr eine Wohnung im Königl. Schloss verschaffte, in welcher sie im Jahre 1843, 84 Jahre alt, starb.

Ihre Gedenkworte lauten:

> Ich war auch ein Mensch
> Sagt der Staub.
> Ich bin auch ein Geist
> Sagt das All.

Weiter unten begegnen wir dem Grabmal des großen Meisters Adolph Menzel, das, aus dunklem Marmor gehauen, die lebensvolle Bronzebüste (nach R. Begas) des berühmten Malers trägt. Gest. 9. Februar 1905.

Stilvoll und schön ist die letzte Ruhestätte der großen Künstlerin Marie Seebach, ihr weißes Marmorbildnis eingeschlossen in dem dunklen Stein, auf dessen Höhe ein trauernder Engel steht, der Rosen streut. Geb. 1829, gest. 1897, ruht sie hier vereint mit ihrem Sohne Oskar, der im Jahre 1893 schon vor ihr hinübergegangen ist.

Ein prachtvolles Denkmal, ein Obelisk mit einer schönen, in Schleier gehüllten trauernden Gestalt, ist der Fürstin Sophie v. d. Osten-Sacken, geb. Freiin v. Dieskau, gewidmet, von ihrem Enkel, dem Prinzen Adolf v. Hohenlohe-Ingelsingen-Koschentin.

Die Fürstin wurde geboren 1733 und starb 1811.

Das von einem eisernen Gitter umgebene Erbbegräbnis der Familie Mommsen, mit dem Grabe des berühmten Geschichtsforschers Theodor Mommsen, bietet nicht viel Anziehendes. Es sieht wenig gepflegt und daher verlassen und vereinsamt aus.

Noch ist das Kube-Denkmal – ein Engel am Kreuze lehnend, mit einer Lyra in der Hand – dankbar zu erwähnen; denn Friedrich Wilhelm Kube, Doktor der Philosophie, geb. zu Berlin 1812 und gest. zu Meran 1886, hat die Stiftung für alte unbemittelte Lehrerinnen geschaffen, denen im Kube-Hause bis zu ihrem Tode eine sorgenfreie Existenz gewährt wird.

Nicht weit von ihm schläft die junge schöne Gräfin Gertrud von Pfeil, geb. Leo (ihr Vater war der bekannte Shakespeare-Leo), geb. 1857, gest. 1891. Ihr liebliches Marmorbildnis schaut lächelnd und friedlich auf ihre blumige Grabstätte nieder. – –

Jetzt, liebe Leser, wenn Ihr noch ein wenig Geduld habt, folgt mir wieder hin zum fernen Norden, zur Invalidensäule, in dem Invalidenparke.

Dieses mächtig emporragende Monument kennt wohl ein jeder. Mancher hat es vielleicht auch bestiegen. Aber nicht alle werden wissen, dass sich um diese Säule herum, eingezäunt durch ein eisernes Gitter, ein kleiner Friedhof befindet, auf welchem die königstreuen Soldaten ruhen, die in den revolutionären Kämpfen der Jahre 1848 und 1849 gefallen sind.

Ihrer ist eine ziemlich bedeutende Zahl. Vierhundertfünfundsiebzig ruhen hier! – Das heißt, von solchen, die am 18. März in Berlin gefallen und deren Leiber hier bestattet, sind nur einundzwanzig. Die übrigen sind in den Kämpfen auswärts geblieben, in Posen, Baden, Mainz, Schleswig usw. und dort auch beerdigt. Nur ihre Namen sind hier auf den Gedächtnistafeln verzeichnet, die sich ringsumher an der Mauer befinden; darunter sind auch Offiziere und Hauptleute genannt.

Vorn auf dem hohen Sockel der Säule erblickt man das Reliefbild des Königs Friedrich Wilhelm IV und darunter sind die Worte zu lesen: »Treu ihrer Pflicht, für König und Vaterland, Gesetz und Ordnung, gefallene Brüder und Waffengenossen. Errichtet durch den Unterstützungsverein von Berg und Mark.«

Der kleine Friedhof ist sauber gepflegt. Die Gräber sind mit dichtem Efeu umsponnen, und daneben blühen Rosen und Nelken. Der alte Invalide, Herr Knabe, der die Stätte pflegt und im Sommer die Blumen und den Rasen reichlich begießt – er tut dies jetzt schon 12 Jahre –, ist gar nicht dazu verpflichtet und erhält keinerlei Lohn für seine Mühe. Er tut dies nur aus Mitgefühl, denn sonst würde der kleine Garten bald verdorren und verfallen. – –

Wenn man von der Säule aus nach rechts in die Straße einbiegt, gelangt man in kurzer Zeit zu dem alten Invalidenkirchhofe, auf welchem eine große Zahl bekannter und berühmter Helden des deutschen Vaterlandes gebettet ist.

In der Mitte des Friedhofes ragt das große Marmordenkmal Gerhard David von Scharnhorsts empor. Es wurde im Jahre 1826 nach Schinkels Entwurf errichtet, mit gusseisernen Löwen und Reliefs von Tieck.

Vorn auf dem Monument stehen die Worte: »Bei Großgörschen verwundet. An dieser Wunde gestorben in Prag am 18. Juni 1813. Die Waffengefährten von 1813 stifteten dies Denkmal. Die Überreste des Generals wurden 1826 hierher geführt, um unter diesem, seinem Andenken gestifteten Denkmal zu ruhen.«

Als ich diese Zeilen las, fiel mir unwillkürlich Schenkendorfs schönes »Lied von Scharnhorst« ein:

»Keiner war wohl treuer, reiner,
Näher stand dem König keiner,
Doch dem Volke schlug sein Herz!
Ewig auf den Lippen schweben
Wird er, wird im Volke leben,
Besser als in Stein und Erz!« –

Gerade vor Scharnhorsts Denkmal ist die Grabstätte des Feldmarschalls Hermann von Boyen, gest. 1848, des Gründers der Landwehr.

Und auch nicht weit davon ruht Friedrich Friese, Leutnant und Adjutant im Lützowschen Freikorps. Geb. 27. Sept. 1785 in Magdeburg, geblieben den 15. März 1814 bei La Lobbe in Frankreich. Die Überreste wurden auf seinen früheren Wunsch aus Frankreich hierher geführt und am 15. März 1843 hier bestattet. Ihn ehrt ein gusseisernes Kreuz auf dem Grabe.

Und wieder, als ich dies las, klang mir ein altes Lied im Ohr, das Lied, welches einst Körner gedichtet:

Die wilde-Jagd und die deutsche Jagd,
Auf Henkers Blut und Tyrannen!
Drum, die ihr uns liebt, nicht geweint und geklagt,
Das Land ist ja frei, und der Morgen tagt,
Wenn wir's auch nur sterbend gewonnen!
Und von Enkel zu Enkel sei's nachgesagt:
Das war Lützows wilde verwegene Jagd!

Am Mittelgange befindet sich das Grabmal des Generalleutnants Hans Carl von Winterfeld, des tapferen Kämpfers aus einer noch früheren Zeit. Auf dem Denkstein vorn ist das Medaillonbild des Generals und auf der andern Seite desselben sind die Worte Friedrichs des Großen eingraviert:
»Er war ein guter Mensch, ein Seelenmensch. Er war mein Freund.«
»Geboren wurde Hans von Winterfeld am 4. April 1707 zu Wanselow in Ungarn; er fiel bei Moys am 7. Sept. 1757. Die Überreste des Helden wurden zuerst beigesetzt bei Lüben in Schlesien und am 7. Sept. 1857 hierher geführt, um unter diesem von seinem Geschlecht gestifteten Denkmal weiter zu ruhen.«

Vom Mittelgange abseits, nahe einem Wärterhäuschen, schläft Tauenzien von Wittenberg, gest. 1824, ohne Denkmal.

General Emanuel von Tauenzien, Graf von Wittenberg, geboren in Potsdam am 15. September 1760, focht an der Spitze des 4. preußischen Armeekorps bei Großbeeren am 23. August 1813. Wittenberg nahm er in der Nacht vom 13. bis 14. Januar 1814 mit Sturm, daher sein Beiname. Er starb als Kommandant von Berlin am 20. Februar 1824.

Sehr amüsant ist die folgende Anekdote, die von ihm erzählt wird.

Als er die Stadt Breslau heldenmütig verteidigte, wurde er gewarnt; der Feind würde bei der Einnahme der Stadt das Kind im Mutterleibe nicht verschonen. Darauf erwiderte er kaltblütig: »Das tut nichts. Meine Soldaten sind nicht schwanger!«

Einer der ältesten Friedhöfe Berlins ist noch der Sophienkirchhof, nahe der Kirche gleichen Namens, westlich abseits von der Rosentaler Straße. – Auf diesem befindet sich das Grab des bedeutenden Komponisten und Musikers Karl Friedrich Zelter der 1758 in Berlin geboren wurde. Er war Direktor der Singakademie und hat die erste Berliner Liedertafel begründet. Er erhielt den Professortitel und starb im Jahre 1832. Seine Freundschaft mit Goethe und sein Briefwechsel mit demselben ist ja weltbekannt.

Auch das Grab des berühmten Geschichtsforschers Leopold von Ranke, gest. 1886, befindet sich auf dem Sophienkirchhofe. – Östlich abseits von der Rosenthaler Straße kommen wir zu dem alten Garnisonkirchhofe mit dem Grabe de la Motte-Fouqués, gest. 1843, und dem des berühmten tapferen Freischarenführers von Lützow, gest. 1834. – –

Noch wäre der Kirchhof von St. Matthäi in der Großgörschenstraße zu besuchen, der freilich nicht zu den alten zählen kann; denn er ist erst in neuerer Zeit angelegt worden, als das Stadtviertel im Westen vor dem Potsdamer Tore zu wachsen begann. Dort ruhen auch eine Menge von Künstlern und Gelehrten, wie L. von Sybel, gest. 1895, der Bildhauer Franz Drake, gest. 1882, der berühmte Arzt und Gelehrte Dr. Rudolf Virchov, gest. 1902, der Bildhauer Kiß, der Schöpfer der herrlichen Amazone vor dem alten Museum, die Brüder Grimm, gest. 1859 und 1863, der hervorragende Schulmann Direktor Diesterweg, der berühmte Maler Professor Gustav Richter, und schließlich auch *meine Lieben*, mein Vater, Dr. Adolf Rutenberg, und mein Mutterchen, mein unvergesslicher Bruder, der Amtsgerichtsrat Adolf Rutenberg, Onkel und Tante Spiller, und dann noch viele Freunde und Bekannte. – Sie warten auf mich – nur Geduld, – ich komme bald! – –

Zum Schlusse möchte ich nun noch einen kurzen Rundgang durch die alten jüdischen Friedhöfe machen, und ich hoffe, dass mich der freundliche

Leser auch dorthin begleiten wird, da die hier Ruhenden gleichfalls ihren sehr berechtigten Anteil an der Entwicklungsgeschichte Berlins haben.

Zuerst richten wir unsere Schritte nach der Großen Hamburger Straße, wo sich der erste alte jüdische Begräbnisplatz hinter dem Grundstück der jüdischen Altersversorgungsanstalt befindet. Er war vom Jahre 1672 bis zum 24. Juni 1827 in Benutzung gewesen, hatte dann lange Zeit sehr vernachlässigt dagelegen, ist aber jetzt wieder sauber und freundlich mit grünen Rasenplätzen hergerichtet; auch sind die gesunkenen Grabsteine wieder aufgerichtet worden.

Aus den langen Reihen der mit hebräischen Lettern beschriebenen Denksteine ragt in der Nähe der südlichen Kirchhofswand ein höherer Stein empor, umschlossen von einem eisernen Gitter, in dem sich ein mit Efeu umrankter Grabhügel befindet. Hier stehen wir an der Grabstätte Moses Mendelssohns. Unter der hebräischen Inschrift ist zu lesen: Moses Mendelssohn, geb. zu Dessau am 6. Sept. 1729, gest. zu Berlin am 4. Januar 1786. Das Grab trägt die Nummer 751. – Etwas weiter entfernt findet man an der Kirchhofsmauer zwei alte Epitaphien eingelassen, unter welchen der auf diesem Friedhof zuerst Bestattete, Herr Gumpericht Jechiel Aschkenast, und sein im Jahre 1689 verstorbener Schwiegersohn Baruch Naustitz ruhen. Aschkenast hatte das Grundstück der jüdischen Gemeinde zu einem Friedhofe geschenkt. Über den Epitaphien sind zwei Marmortafeln in die Mauer eingelassen, auf denen sich Widmungen an die längst Geschiedenen befinden, die von Herrn Samuel Nehemia-Speyer herrühren, einem in achter Generation von dem Verstorbenen abstammenden Enkel.

Mancher Gelehrte und manches hervorragende Mitglied der jüdischen Gemeinde liegt noch auf diesem Friedhofe gebettet. So z.B. der im Jahre 1806 verstorbene Hofbaurat Itzig und die am 10. Mai 1826 verschiedene Frau Hofrat Dr. Wolfs, geb. Herne Marcuse, die damals in der Berliner Gesellschaft wohlbekannt war.

Auch ruhen dort die Goldschmidts, die 1789, zwei Jahre nur später als die Familie Mendelssohn, die Generalprivilegien und Rechte christlicher Bürger durch Freibrief König Friedrich Wilhelms II. erhielten, und deren Nachkommen – wie in der »Vossischen Zeitung« vom 26. Dez. 1793 mitgeteilt wird – in Potsdam zum Einzug der kronprinzlichen Braut, späteren Königin Luise, ein großes Fest der dortigen Bürgerschaft in ihrem Hause, Hohenwegstraße 5, gaben. Eine Tochter aus jener Familie war sogar Ehrenjungfrau bei dem Einzuge der Kronprinzessin, was für damalige Verhältnisse, da die junge Dame doch Jüdin war, viel Aufsehen erregte.

Die Nachkommen dieser Goldschmidts leben noch jetzt in den Brüdern Rudolf und Karl Goldschmidt hier fort.

Wenn man nun den Kirchhof verlässt und die Große Hamburger Straße weiter hinausgeht, so erblickt man vor dem Hause der jüdischen Knabenschule Nr. 27, in dem von einem Gitter umfriedeten Vorgarten, das Denkmal von Moses Mendelssohn, einen Obelisken, auf welchem sich die bronzene Büste des großen Philosophen befindet. Auf dem Steine ist mit goldenen Lettern sein Geburts- und sein Todesjahr verzeichnet. Dies Denkmal ist erst vor kürzerer Zeit errichtet worden, wohl zum hundertsten Geburtstag des Enkels, Felix Mendelssohn, am 3. Februar 1909.

Und nun zuletzt geht unsere Wanderung nach der Schönhauser Allee, zu dem zweiten der alten jüdischen Friedhöfe, auf welchem vom Jahre 1827 an die Verstorbenen der jüdischen Gemeinde gebettet wurden.

Der sehr schön gepflegte und sich weit ausdehnende Kirchhof macht mit seinen zwischen dem Grün emporragenden Denksteinen und seinen alten schattigen Bäumen einen ernsten, fast feierlichen Eindruck.

Von den vielen hier Schlafenden, die durch ihr Wirken und Handeln im Leben ihren Namen bekannt und berühmt gemacht haben, will ich nur diejenigen herausgreifen, die den Leser am meisten interessieren dürften.

Da ruht Giacomo Meyerbeer, der Komponist unserer Lieblingsopern, wie die Hugenotten, der Prophet usw., schlicht und einfach in einem von eisernem Gitter umschlossenen Grabe; auf dem Steine die Aufschrift:

geb. 5. Sept. 1791,
gest. 2. Mai 1861.

Ludwig Bamberger, geb. 1823, gest. 1899, und Eduard Laster, geb. 1822, gest. 1884, ruhen hier vereint nebeneinander; ihr Grabhügel geschmückt mit herrlichen Blumen und einem schönen Denkmal aus Gusseisen, auf welchem die Worte stehen:

Hier ruhen im Tode vereint,
die im Leben
gemeinsames Streben
für Deutschlands Einheit und Freiheit verband.

Wie diese beiden in der Ehrenreihe, ruhen auch Moritz (geb. 1815, gest. 1872) und Sarah Reichenheim, die Stifter des Reichenheimschen Waisenhauses. Auf dem Steine des edlen Gebers stehen die Worte:

Er errettete den Armen,
Der da schrie,

>Und die Waise, die
keinen Helfer hatte.

Auch Baruch Auerbach schläft in der Ehrenreihe unter einem einfachen Grabstein. Er gründete das Waisenhaus in der Oranienstraße, dessen Protektor Kaiser Friedrich, als Kronprinz, war.

Und weiter:

Geheimrat Meyer Magnus mit einem schönen Obelisk von Marmor, geb. 1805, gest. 1883, Landgerichtsrat und Professor. Der Beschützer der jüdischen Gemeinde. Seine Denkschrift lautet:

>Was vergangen,
Kehrt nicht wieder,
Aber ging es leuchtend nieder,
Leuchtet's lange noch zurück!

In der Ehrenreihe:

>Dr. Abraham Geiger,
geb. 1810,
gest. 1874.

mit einem Granitobelisk, in welchen die Worte eingraviert sind: »Die jüdische Gemeinde ihrem unvergesslichen Lehrer und Führer, dem Rabbiner Dr. Abraham Geiger.

>Dr. Leopold Zuntz-,
der bedeutende Gelehrte und Reformator,
geb. in Detmold,
gest. 1886 in Berlin.

dann

>Ludwig Löwe,
geb. in Heiligenstadt 1837,
gest. in Berlin 1886,

Abgeordneter und Besitzer der großen Gewehrfabrik. – Seine Ruhestatt ziert ein schöner Obelisk von dunklem Stein. Auf der einen Seite ist in denselben die mit einem Eichenkranze verschlungene Amtskette gemeißelt.

Major der Artillerie Meno Burg,
Offizier an der Kriegsschule zu Berlin,
der die Kriege von 1813, 14 und 15 mitgekämpft,
Ritter des eisernen Kreuzes,
geb. 1789,
gest. 1853.

Seine Grabstätte schmückt ein schöner Stein aus weißem Marmor.

Dr. med. Wolfgang Straßmann,
Stadtverordnetenvorsteher,
geb. in Rawitsch 1821,
gest. in Berlin 1885.

Eine hohe Granitsäule sein Denkmal.

Dr. Julius Nubo,
Rechtskonsulent der jüdischen Gemeinde in Berlin.
Der erste jüdische Gymnasiast in Preußen,
geb. in Halberstadt 1794,
gest. in Berlin 1860.

Dr. David Friedländer,
Hauptkämpfer für die Emanzipation der Juden. Stadtrat.
geb. in Königsberg 1750;
gest. in Berlin 1834.
Er war ein treuer Schüler und Freund von Moses Mendelssohn.

Dr. phil. Aron David Bernstein,
erster Herausgeber der Volkszeitung, Publizist,
geb. 6. April 1812 zu Danzig,
gest. 1884 in Berlin.

Neben seinem einfachen großen Denksteine steht ein schöner schattiger Ahornbaum. –
  Der Begründer des großen Bankhauses

Samuel Bleichröder,
geb. 1779,
gest. 1855,

und seine Gemahlin Johanna, geb. Aron. Auf dem Denkstein die Worte: »Hier ruhen unsere unvergesslichen Eltern.«

Auch die Begründer der drei ersten großen Firmen im alten Berlin sind hier gebettet:

Valentin Mannheimer,\
geb. in Gommen 1815,\
gest. in Berlin, 7. Januar 1889. –

Das eingefriedete Grab mit schönen Blumen reich geschmückt. Auf dem Denkstein die Worte:

»Stirbst du uns gleich,\
Ewig wird dein Gedächtnis leben.«

Nathan Israel\
und seine Gattin Edel Israel,\
geb. Levy.

Ganz einfache Grabsteine, nur mit Namen, ohne Daten.

Und:

Hermann Gerson,\
geb. 1813,\
gest. 1861. – –

Auch das Grab von Hermann Burchardt ist hier, der auf einer Forschungsreise in Arabien ermordet wurde, und dessen Überreste man in die deutsche Heimat brachte.

Geb. in Berlin 1857,\
gest. bei Udein am 19. Dez, 1909.

Auf seinem Denkstein: »Friede seiner Asche.«

Als letzten noch nenne ich Dr. Max Ring, Mediziner und Schriftsteller, mit dem ich persönlich befreundet war,

geb. 4. August 1817,\
gest. 28. März 1901.

Ein schwarzer Granitsarkophag auf dem Grabe. In seiner Nähe schläft seine Gattin Elvira, geb. Heymann, und neben ihm seine Tochter Ida, die ihm der grausame Tod in der Blüte des Lebens – sie zählte erst fünfzehn Lenze – entrissen.

Zum Abschied

Wenn meiner Kindheit ich gedenke,
Wie war doch da Berlin *so klein!*
Nicht hundert Jahr' seitdem verflossen, –
Doch sechzig, siebzig mögen's sein!

Berlin war klein! Doch die *Berliner*
Die waren alle riesengroß!
»*Wir in Berlin!*«, so hieß es immer,
Als gäb' es gar kein schön'res Los.

Ja, selbst wenn man die Alpen lobt,
Wie herrlich dort das Abendglühn,
Gleich rief man: »Von des Schlosses Brücke
Sehn ganz wir's so, – *wir in Berlin!*«

Denkt ihr, ich sei *nicht* so gewesen? –
Ach, selig pries ich mein Geschick,
Dass ich am Strand der Spree geboren,
Ganz nahe bei der Fischerbrück!«

Dann bin ich viel herumgewandert.
Ich weilte an der Seine Strand,
Und fuhr auf blauen Meereswogen
Hinüber zu Albions Land.

Zur Peterskuppel blickt' ich staunend,
Im Wunderland, im alten Rom,
Und auf dem Zauber-Eiland Capri
Stand betend ich am Felsendom!

Doch, als ich endlich heimwärts kehrte,
Nach langer Wandrung kreuz und quer, –

Da schien Berlin mir wie verzaubert,
Ich kannte ja die Stadt nicht mehr!

Die alten Häuser sind verschwunden;
Paläste ragen, hochmodern!
Stadtteile, neue, sich erstrecken
Bis in den Wald, in weite Fern!

Und in den Straßen, auf den Plätzen,
Welch buntes Leben, welcher Glanz!
Wie reich geschmückt der Läden Fülle, –
Man steht und staunt, verliert sich ganz!

Zur *Weltstadt* ist Berlin geworden,
An Schönheit kommt ihr keine gleich!
Sie bietet Wissen, Kunst, Vergnügen,
An dem besonders ist sie reich!

Und die Berliner? – Nun, die *alten*,
Sind mit der Lupe kaum zu sehn
Im Völkerstrom, der sich ergossen
In unser liebes Spree-Athen!

Doch um so *zäher* fest sie halten
An der Erinn'rung einst'ger Zeit
Drum hab' auch ich in treuer Liebe
Dies Buch der *alten* Stadt geweiht!

Ist sie verschwunden auch vom Boden,
In unserm Geiste lebt sie fort.
Im Herzen jedes Ur-Berliners
Hat sie gefunden sichern Hort!

Und all die Neuen, die Modernen,
Die her zu uns in Scharen ziehn, –
Hier lesen sie's, warum wir immer
Stolz sagten: »*Ja, wir in Berlin!*«

www.ingramcontent.com/pod-product-compliance
Lightning Source LLC
Chambersburg PA
CBHW051613230426
43668CB00013B/2093